KB265498

How to speak better

Barbara Walters

당신도 말을 잘할 수 있다

임규홍 · 나익주 ● 옮김

How to speak better

Barbara Walters

당신도 말을 잘 할 수 있다

임규홍 · 나익주 ● 옮김

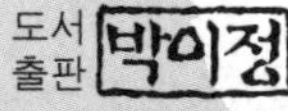

옮 · 긴 · 이

임규홍 林圭鴻
경상대학교 사범대학 국어교육과 졸업
경상대학교 대학원 국어국문학과(박사)
경상대학교 국어국문학과 교수
국어교육의 이론과 실제(1996, 한신문화사)
틀리기 쉬운 우리말 바로쓰기(1996, 신아사)
어떻게 말하고 들을 것인가(1998, 박이정)
사고과정으로서 글쓰기(1994, 형설출판사, 역서)

나익주 羅益柱
전남대학교 인문대학 영어영문학과 졸업
전남대학교 대학원 영어영문학과 졸업(박사)
캘리포니아대학교(버클리) 언어학과 객원학자
전남대학교/목포대학교 영어영문학과 강사
광주교육대학교 어학연구소 연구원
인지언어학(2000, 한신문화사, 공저)
삶으로서의 은유(1995, 서광사, 공역)
인지언어학이란 무엇인가(1997, 한국문화사, 공역)

당신도 말을 잘할 수 있다

초판 1쇄/2000년 6월 26일
2판 1쇄/2000년 11월 10일

지은이/바바라 월터스
옮긴이/임규홍 · 나익주
펴낸이/박찬익
펴낸곳/도서출판 박이정

130-070 서울시 동대문구 용두동 129-162
전 화/(02)922-1192~3, 팩스/(02)928~4683
온라인/(주택)576037-01-001536 (우)010447-02-011581
등 록/1991년 3월 12일 제1-1182호

ISBN 89-7878-412-7 03700

인터뷰의 마술사, 바바라 월터스의
당신이 말해야할 모든 것

말을 잘하기를 바라지 않는 사람은 이 세상에 아무도 없을 것이다. 말을 잘 함으로써 인간 관계가 원만해지고 사회 생활에서 성공적인 삶에 이를 수 있다는 것을 부인할 사람도 아무도 없다. 그래서 서양에서는 이미 이천 년이 넘게 "어떻게 하면 말을 잘 할 수 있을까?"하는 물음을 두고 수많은 사람들이 고민해 오고 있다. 그러나 우리는 말의 본질이 입말일진데 그 동안 입말보다는 글말에 눈이 어두워 글말 교육에 모든 힘을 쏟아 왔던 것이 사실이다. 더구나 우리는 '말을 잘한다'는 뜻을 잘못 새김으로써 말 잘하는 사람을 부정적으로 받아들이기까지 했다. 말이 사람의 생각을 바꾸게 하고 자기의 생각을 온전히 잘 전달하는 무한한 힘을 가지고 있다는데 어찌 말하기에 소홀할 수 있겠는가? 그래서 동서양으로 수많은 사람들이 말하기에 대한 나름대로 비법을 쏟아내고 있다. 그러나 내가 지금까지 보아온 책들 가운데 이 책만큼 말하기에 대해 분명하면서도 섬세하고 실제적인 책은 보지 못했다.

이 책은 파티, 모임 주최자, 인터뷰, 사회자, 전화하기, 연설, 연구 발표, 상업상, 상품 팔기 등 살아가면서 누구나 겪을 수 있는 다양한 상황에서 말을 잘 할 수 있는 기술을 매우 자세하고 명쾌하게 설명하였다. 면접에서 입어야 할 옷, 태도에서부터 다양한 시각 매체 활용법에 이르기까지 모든 말하기에서 지켜야 할 지침을 실제 활용할 수 있도록 일목요연하게 가르치고 있다. 옮긴이가 이 책을 처음부터 끝까지 읽어가면서 계속 감탄할 만큼 훌륭한 책이었다.

그리고 이 책은 독자가 누구든지 반드시 읽어 볼 만한 책이라고 생각한다. 전화를 거는 일반적인 사람이나, 손님을 맞이하는 모임의 주인에서부터 정치를 하려고 하는 정치가나 전문 기자나 리포터, 학교에서 말하기를 배우는 학생이나 교사에 이르기까지 모든 사람들이 반드시 한 번쯤은 읽어야 하는 훌륭한 말하기 지침서가 아닌가 한다.

이 글이 나온 지 벌써 30년 가까이 지났지만 당시나 지금이나 말하기의 기본 원리는 크게 다르지 않았다. 뿐만 아니라 나는 이 책을 읽기 전에 서양의 말하기와 우리의 말하기가 매우 다를 것으로 생각했는데 실제 그렇지 않았다는 데 깜짝 놀랐다.

저자 바바라 월터스(Barbara Walters)는 유명한 저널리스트로 미국 엔비시의 리포터로 근무하여 각계 각층의 수많은 명사들과의 현장 인터뷰를 하였으며 케네디 대통령의 공보담당관으로 케네디의 연설문을 집필하기도 한 매우 유능한 말하기 전문가였다. 이 글은 저자가 리더스 다이제스트에 기고한 글로 "write better, speak better(1972)"라는 책 3장에 실린 것이다.

글을 옮겨야 하겠다고 마음을 먹으면서 뒤척거린 지 두 해가 지났다. 그런 만큼 글이 알차야 하는데 그렇지 않아서 세상에 내놓기가 더욱 부끄럽고 자신이 없다. 글을 뒤쳐가면서 남의 나라말을 우리말로 뒤친다는 것이 얼마나 어려운지 새삼 알게 되었다. 내용과 표현이 서로 부딪힐 때면 더욱 그랬다. 어렵사리 우리 두 사람은 내용을 살리면서도 우리말답게 표현하려고 최대한 노력을 했으나 우리의 재주와 능력이 모자라 뜻을 잘못 뒤친 데나 우리말 답지 못한 표현도 더러 있을 것이다. 그런 곳이 있다면 그것은 모두 우리가 짐질 몫이다.

　마지막으로 먼저 이처럼 좋은 책을 옮길 수 있도록 책을 소개해주시고 말의 귀중함을 깨닫게 해 주신 경상대학교 김수업 교수님께 감사드리며, 적지 않은 오역을 바로 잡아 주신 일리노이대학교 대학원에서 영어교수법을 공부하는 최세일 선생님께 고마움의 인사를 드린다. 더불어 크게 알려지지도 않은 옮긴이의 글을 선뜻 출판해주신 도서출판 박이정의 박찬익 사장님께 고마움의 인사를 드린다.

　부디 이 책을 읽는 모든 사람이 말하기 공부에 조금이라도 도움이 되었으면 더 이상 바람이 없겠다.

2000년 5월 초

임규홍 · 나익주

How to speak better
Barbara Walters
당신도 말을 잘할 수 있다

5. 대화의 열 가지 문제와 그 해결 방법 · 91

6. 전화를 어떻게 해야 하는가 · 113

7. 면접을 어떻게 해야 하는가 · 125

8. 성공적인 판매를 위한 다섯 단계 · 139

9. 모임을 어떻게 이끌어 갈 것인가 · 149

10. 제가요? 사람들 앞에서 연설을 하라고요? · 165

11. 무대 공포를 어떻게 없앨 것인가 · 171

12. 주제를 어떻게 선택할 것인가 · 181

13. 연설 준비를 어떻게 해야할까 · 197

1. 대화의 힘

그 해마(Walrus)는 "우리가 신발, 선박, 봉랍 그리고 양배추와 왕들과 같은 많은 것들에 대해 이야기 할 때가 되었다"고 말했다. 그런데 그 해마(Walrus)와 마찬가지로 우리도 아주 많은 것들에 대해서 말을 해야 하고, 그 많은 주제들에 대해서 말하는 방법 또한 우리에게 매우 중요하다. 그래서 말 잘하기는 우리가 마땅히 배워야 하는 기술이다.

말을 잘 하는 기술이 당신에게 얼마나 중요할까? 그 기술은 없어서는 안 될 중요한 것이며, 당신의 성패를 좌우하는 핵심 요소일 수 있다.

거의 300년 전, 영국의 작가이자 정치가인 조셉 애디슨은 이렇게 말했다. "만약 사람들의 마음이 열려져 있다면, 우리는 현명한 사람의 마음이나 바보 같은 사람의 마음 사이에 별 차이가 없다는 걸 알 수 있다. 하지만 차이점은 현명한 사람은 그의 생각을 집어내고 골라서 대화하는 방법을 알고 있는 반면, 우둔한 사람들은 그들의 생각을 선별하지 않고 아무렇게나 말한다는 것이다." 이것은 오늘날에도 여전히 사실이다. 사람들이 당신을 판단하는 기준은 바로 대부분의 경우에 당신이 말하는 내용과 방식이다. 바로 이런 점에서 말하기는 당신에게 매우 중요하다.

소리내어 말한다는 것은 아마도 인간의 가장 큰 재능이다. 일부 사람들의 주장처럼, 동물과 새, 물고기, 벌, 심지어 식물이나 꽃도 그들 특유의 특정한 말을 가지고 있을 수 있다. 그러나 지구상의 그 어떤 종도 인간만큼이나 완전히 발전된(들을 수 있는) 소리를 내는 기술을 가지고 있지는 않다. 그리고 사회가 많이 발전하면 할수록 사람들이 말하는 언어는 더 풍부해지고 그가 사용하는 소리도 매우 다양해진다.

자명종 시계 소리에 깨어난 순간부터 눈을 감고 잠이 들 때까지, 우리는 계속 소리들을 사용하여 말을 하고 다른 사람들은 이 소리말을 매개로 하여 듣고 우리를 이해한다. 커피를 마시러 앉기 전에 "안녕?"이라 말한다. "안녕?"이라고 말하는 방법의 수를 세어본 적이 있는가? 사랑스럽게? 형식적으로? 무뚝뚝하게? 심지어 화가 나서? "안녕?"이라고 말하는 당신의 태도가 듣는 사람들에게 어떤 결정적인 영향을 준다고 생각해 본 적이 있는가?

"안녕?"이란 인사말이 아침의 지루함을 달래줄 수 있고, 사무실의 전직원의 기분을 좋게 하거나, 눈썹을 치켜올리게 또는 내리게 할 수도 있다. 단 한마디 말로 무엇을 말할 수도 있고, 안 할 수 있다는 것은 참으로 놀랍다. 하지만 당신은 당신의 경험으로부터 이 모든 걸 잘 알고 있다. 단어에는 그 어떤 힘이 있다. 그리고 그들이 말하는 방식에 따라 그 힘은 특별해진다.

"그것은 네가 할 말이 아니야……"

직속 상관이 당신의 책상으로 걸어오면서 "당신의 도움이 필요해요"라고 말한다. 그는 명령을 하고 있는 것인가 아니면 요구를 하고 있는 것인가? 일상적인 주문을 하는 것인가? 아니면 환영한다는 인사 치례의 말인가?

"들어오세요"라는 말은, 당신이 돈을 지불하는 동안 우유 배달부에게 집으로 들어오라고 말하는 것인가? 아니면 오랫동안 보지 못한 친구를 즐거이 맞아들이는 말인가?

이런 표현은 단순한 상황의 단순한 어구이다. 그러나 그것을 말하는 방법에 따라 감정을 각기 다르게 전한다. 이제 다른 영역을 살펴보자. 복잡한 상황에서의 중의적인 어구에 대해 생각해 보자.

칼빈 쿨리지에게 1928년에 입후보와 재선의 가능성에 관해 묻자 그는 "전 출마하기로 결정하지 않습니다"라고 말했다. 쿨리지는 솔직하게 말하는 사람으로 잘 알려져 있다. 그리고 그의 말은 정말 꾸밈이 없다. 그러나 아직 미국 국민들에게 있어서 가장 중요한 것은 대통령이 수수께끼 같은 말을 한다는 것이다. 그는 정말로 정치판에서 물러나려 하고 있었는가? 아니면 자기 정당이 다음 번 선거에서 자기를 후보로 뽑을 것을 요구하고 있었는가?

린든 베이니스 존슨 대통령은 1968년에 유사한 말을 했을 때, 자기 정당의 추천을 받는다 하더라도 재선에 나가지 않을 것이란 걸 조심스레 덧붙였다. 이것은 쿨리지의 말이 가져다 주는 두 가지 혼동 가운데 하나를 막는 것이다.

현재 우리가 사용하는 말과 그 말을 사용하는 방식이 한 나라를 뒤흔들 것 같지는 않다. 그러나, 그런 것들은 우리의 사업과 사회 그리고 우리 가족과 공동체 사회에 상당한 영향을 줄 수 있다.

우리들은 각각 상황에 따라 여러 방식으로 말한다. 식료품 가게 계산대 뒤에 있는 사람에게 말하는 방식이 있고, 고용주나 고용자에게 말할 때에는 또 다른 방식으로 말을 한다. 사친회(P.T.A.) 회의의 토의 집단에서 이야기하는 방식이 있고, 소득세 보고서를 조사하는 사람과 말하는 다른 어떤 방식이 따로 있다. 그리고 우리 친지나 친구와 좋은 시간을 보낼 때도 또 다른 방식으로 이야기한다.

우리가 말하는 어휘나 어조는 역시 처한 상황이나 만나는 청중에 따라 변한다. 어떤 때는 확고한 어조나 어휘가 필요할 때도 있고, 어떤 때는 온순하게, 어떤 때는 불쾌하게, 어떤 때는 부드럽게 말할 때도 있으며, 화낼 때도 기분이 좋을 때도 있다. 우리는 지루하지 않기를 원한다.

지루한 것보다 우리를 더 지치게 하는 것이 없는 것처럼, 친구나 사업 동료와 즐거운 대화를 나누는 것보다 우리를 더 기쁘게 하는 것은 없다. 바보 상자가 현재 어디에서나 판을 치고 있음에도 불구하고, 그것 때문에 즐겁게 대화를 하는 기술은 이전 어느 때보다 더 귀중한 재산이 되고 있다. 즐거운 대화는 곧바로 알 수 있다.

흥미나 존경, 믿음을 불러일으키는 이런 기술은 어떻게 정의하는가? 더욱이 우리 자신은 어떻게 이러한 기술을 발전시키는가? 다음 장에서는 이 두 문제를 살펴보고 답할 것이다.

파티에서 훌륭한 주최자가 되는 방법

말을 잘 해야 좋은 초대자다. 고객이 될 만한 사람과 함께 칵테일을 곁들인 점심식사를 할 경우나, 당신의 사장과 함께 집에서 저녁식사를 할 때 또는 파티나 학교 회의장 등등 여러 가지 경우에 이 말은 적용된다.

군 장교에게 성직자를 소개해 주는 방법을 아는가? 유명인사나 미망인 또는 이혼한 사람들을 소개하는 방법을 아는가? 불청객이나 파티에서 소란을 부리는 사람 또는 다른 사람의 이름을 잊어버렸을 때의 당혹스러운 상황을 피하는 방법을 또한 아는가? 손님들과 대화를 어떻게 시작하면 좋은지 알고 있는가? 대화가 너무 가열되면, 능숙하게 주제를 바꾸는 방법을 또한 아는가? 손님들을 쭉 편안하고, 행복하게 할 수 있는 방법을 아는가? 또한 파티가 끝날 때 작별인사는 어떻게 하면 되는지 아는가?

이런 질문들에 대한 모든 대답들은 "성공적인 파티 주최자가 되는 기술"이란 제목의 장에서 살펴보게 될 것이다. 또한 그 곳에서 여러분은 저명인사나 정신적으로 어려운 상황에 처한 사람들과 대화하는 방법에 관한 제안도 찾아볼 수 있을 것이다. 예를 들면, 아이를 잃었거나, 남편, 부인 또는 부모를 잃은 사람에게 적절한 위로의 말을 찾는 것은 결코 쉬운 일이 아니다. 심지어 적절한 말을 찾았다고 생각하더라도, 알맞은 어투를 찾는 데는 어려움이 있게 마련이다.

우리는 얼마 전 이혼한 친구를 만난 적이 있다.

"유감스러운 일이야"라고 우리는 약간 서글프게 말한다.

"뭐 유감스러워 할 것 전혀 없어"라며 친구는 쾌활하게 응답한다. 그러면 우린 당혹스러워 한다. 또 어떤 경우에는 거의 호전적인 태도로 응답한다.

처음에 말했던 "유감스러운 일이야"라는 말은 괜스레 한 일이 되어버린다. 쾌활함(진심이든 꾸며낸 것이든)이나 호전적인 그 친구의 답변에 적절히 대답하는 것은 더욱 어려운 일이다.

맹인이나 신체 장애인과 대화하는 방법을 아는가? 아마 당신은 매우 부드럽게 또는 동정적인 태도로 그런 사람들과 대화하려 할 것이다. 물론 이런 접근 방법은 옳지 않다. 신체 장애인들은 그네들의 신체적 결함을 타인들이 별다르게 생각하지 않기를 바란다. 즉, 여느 사람과 동일하게 대우받기를 원한다. 정상적인 사람이 장애인들을 일반 사람들과 동일하게 여기고 대화를 한다는 것은 힘든 일이다. 특히 첫 만남에서는 더더욱 어려울 것이다. 그러나 우리는 이런 부자연스러움을 극복하는 방법을 배울 수 있다.

지루한 사람, 술 취한 사람, 위선적인 사람, 논쟁하길 좋아하는 사람, 소문 피우고 다니는 사람, 입이 거친 사람, 당혹스러운 사생활에 관해 기어이 이야기하는 사람 등의 사람들과 대화하는 방법을 아는가? "대화時의 열 가지 문제점과 그 해결 방법들 "이란 제목의 장에서 우리는 그런 방법들을 배우게 될 것이다.

자신의 생각(당신의 상품) 팔기

우리들 대부분은 전화로 대화하는 데 많은 시간을 보낸다. 이런 경우 무엇을 어떻게 이야기해야 하는지는 매우 중요하다. 당신이 전화상으로 이야기를 할 때, 상대편에서는 당신의 이야기만을 듣는 것이 아니라, 당신의 말을 들으면서 당신의 개성을 그려본다. 당신은 전화상으로 대화를 할 때마다 상대방이 당신의 개성을 그려보고 있다는 사실을 유념해야 할 것이다. 특히 다른 사람에게 처음으로 전화를 할 때는 반드시 이 사실을 유의해야 한다.

"전화로 대화하는 방법"이란 장에서는 전화로 대화할 때, 당신이 만들고자 하는 당신 자신의 이미지를 개발시키는 방법 및 당신의 말을 더욱 효과적으로 만들 수 있는 방법들에 대한 제안들이 다루어 질 것이다.

또 다른 장에서는 면접 시험에 관해 집중적으로 다룰 것이며, 그 장에서는 면접 시험을 준비하는 방법들까지 가르쳐 줄 것이다.

효과적인 대화술은 직장에서의 성공에 매우 중요한 요소다. 고객이 될 수 있는 사람과 판매에 관한 이야기를 할 경우든, 사업상 회의를 주관할 경우이든, 다른 사람들로 하여금 당신의 아이디어에 흥미를 느끼게 할 뿐만 아니라, 당신의 아이디어에 의해 영향을 받게 할 수 있는 대화 능력은 매우 중요한 사업 수완 중 하나이다. 그리고 여느 전문 기술과 마찬가지로 효과적인 대화술 또한 학습될 수 있다.

예를 들어, 고객이 될 수 있는 사람에게 전화로 자기를 소개하는 방법을 아는가? 전화상으로 고객과 약속하는 방법을 아는가? 서류 가방을 들고 고객이 될 수 있는 사람의 사무실로 들어갈 때 무슨 말을 해야 하는지 아는가? 일단 이야기를 시작했을 때, 어떤 식으로 이야기를 이끌어 가야 할까? 자신감을 발휘해야 할까? 당신의 고객을 설득시켜야 할까? 아니면 고객 스스로가 당신의 이야기를 듣고 수긍이 가도록 해야 할까?

고객과 그 대화의 상황에 따라서, 서로 다른 접근법과 어조 및 판매전략을 사용해야 할 것이다. "성공적인 판매를 위한 다섯 가지 접근법" 이란 제목의 장에서는 당신에게 도움이 되는 사항들을 제시해 줄 것이다.

효과적인 만남을 계획하고 이끌어 갈 수 있는 능력은 매우 중요한 능력이다. 그런 능력은 쉽게 알아 낼 수 있으며, 또한 우리가 살아가는 데 매우 큰 도움이 된다. 훌륭한 회의 주관자는 그의 조직 능력뿐만 아니라 상황처리 능력으로 존경을 받는다. 그러한 회의 주관자는 판사나 변호사 또는 정책입안자로서 지도적 위치에 오를 수 있다. 그리고 회의를 주관하는 데 필요한 기술은 그렇게 복잡하지 않으며 쉽게 배울 수 있다.

당신은 회의에 참가하는 각 참가자에게 회의의 주요 화제들에 대해 지속적인 관심을 유도하는 방법을 아는가? 회의한 내용을 요약 정리하는 방법을 아는가? 다양한 사람들에 의해 제시된 다양한 의견들을 알맞은 말로 요약해서 발표해 주는 방법을 아는가? 회의를 적절하게 마치는 방법을 아는가? "회의를 주관하는 방법" 이라는 장에서는 이러한 질문들에 대한 답을 얻을 수 있을 것이다. 그 장에서는 훌륭한 회의 주관자가 되기 위해서는 필수적인 기술을 개발시키는 방법들이 제시될 것이다.

다음과 같이 그 해마 씨는 말했다.
"다양한 사안에 대해 이야기 해 볼 시간이 다가 왔군요"
"신발—그리고 배—그리고 밀납에 대해서,
— 양배추—그리고 왕들에
대해서 말이죠."

루이스 캐롤(옮긴이 주: Lewis Caroll은 아동문학작가로 이상한 나라의 앨리스(Alice in Wonder Land) 등을 썼음)의 작품(옮긴이 주: 집 「바라보는 유리창 사이로」(Through the looking glass)에 실린 '해마와 목수'(The Walrus and the Carpenter)라는 시로서, 해마와 목수가 어린 석화들을 자기들에게로 오라고 설득하여 잡아 먹는 방식을 묘사하고 있음) 속의 인물인 그 해마는 대화에 전혀 흥미가 없었다. 그의 마음은 오직 어리석게도 자신과 자신의 친구 목수를 따라온 온통 감칠맛 나는 굴에 사로잡혀 있었다. 그러나 우리는 "많은 것에 대해 이야기"해야 할 경우가 있다. 만약 우리 모두에게 내재되어 있는 말하기 기술과 능력을 개발할 수 있는 기회가 있다면, 우리의 말은 언제나 훨씬 더 재미있고 효과적임이 입증될 것이다.

당신은 따분한 사람인가?

자신이 따분한 사람이라고 생각하는 사람은 결코 따분한 사람이 아니다. 만일 자신이 따분한 사람일지도 모른다는 생각이 한 번도 들지 않았다면, 당신이야말로 따분한 사람일 가능성이 많다. 왜냐하면 따분한 사람의 두드러진 특징은 그러한 상태를 스스로 자각하지 못하기 때문이다. 따분한 사람은 자기 만족이 지나치게 심해서 다른 사람에게 미치는 영향에 관심이 없다.

따분함은 매우 다양한 모습으로 나타난다. 내 생각으로는, 가장 나쁜 보기 중의 하나가 할머니에 대한 이야기로 시작하여 가족의 족보에 대한 갈래를 조사하고 먼 후손에까지 가서 끝을 내는 사람이다. 그가 이야기할 동안 듣는 사람들은 점잖게 무기력한 화석처럼 둘러앉아 있다.

나는 역시 익살꾼들의 따분함을 싫어한다. 당신은 눈길을 그에게 주어 "당신 이러한 것에 대해 들어본 적 있소?"라는 말이 수면 위로 솟아오르는 것을 보기만 하면 된다. 그리고 밑도 끝도 없는 근원에서 증상을 끌어내고, 지난번 수술에 대해 한땀한땀 살갗을 기운 것을 설명하며 가장 행복해 하는 우울증 환자의 따분함도 우리는 잘 안다. 나는 최대한 부드러운 말로써 "잠깐만요"하고 남의 말에 끼어들어 예의 없는 말을 계속 이어나가는 그런 남자를 진짜 싫어한다. 그리고 두 문장마다 어떻게든 유명한 사람들의 이름을 넣으려고 하는 속물들의 따분함도 있다.

지루한 사람은 대부분 "나는 기억하고 있지"라고, "나"를 매우 강조함으로써 시작한다. 따라서 자신의 생각에도 너무 많은 것—특히 당신의 가족에 대해서—을 너무 자주 기억한다는 생각이 들 때는, 거기서 말을 그만두는 것이 좋다.

따분한 사람이라고 해서 모두 말이 많은 사람은 아니다. 지나치게 엄숙할 정도로 조용하면서 따분한 사람도 있다. 그래서 자기 가정에서 위압적인 태도로 가족들을 우울한 침묵에 빠뜨린다. 모임에서도 그는 입 속에 무언가 먹을 것을 집어넣는 경우를 제외하고는 결코 입을 열지 않는다.

따분한 사람은 치료가 될 수 있을까? 만약에 그 따분함이 만성이 되기 전에 우리의 병세를 알게 된다면 치료할 수 있다. 이러한 징후들에 대해 스스로 경계할 수 있고, 또 일단 위험을 경계하면, 따분함에 대한 조치를 취할 수 있다.

그 가운데 가장 훌륭한 방법은 우리 자신의 일 뿐만 아니라 우리를 둘러싸고 있는 이 세상의 일들에 대해 관심을 가지고 활동성을 유지하는 것이다. 따분한 업무에서조차도 자기 자신이 최선을 다하면서 시간을 보내는 사람이 자기 집에서도 최선의 시간을 보내는 것은 당연하다. 자신을 따분하지 않게 한 사람들이 다른 사람도 결코 따분하게 만들지 않는다.

요컨대, 자기가 재미를 느끼는 사람이 남도 재미있게 한다. 자신 스스로 생기 있는 사람이 곧 다른 사람을 생기있게 하고, 당신에게 고마움을 느끼게 된다.

— 아이 에이 알 와일리

2. 훌륭한 대화의 비결

　　　　대화를 재미있게 하는 사람은 어디에서나 환영받는다. 그리고 당신은 그런 사람이 되는 방법을 배울 수 있다. 이 장에 있는 연습 문제와 충고들은 당신이 사람들 속에서 자신감을 갖도록 해주고, 다양한 주제에 대해 대화를 시작하는 방법을 제시해주며, 일반적인 실수와 사람을 당혹하게 만드는 침묵을 피하는 방법들도 알려준다.

대화는 어떤 면에서 자아의 표현이다. 대화는 우리의 개성을 옹호할 수 있는 기회, 우리가 느끼는 방식을 주위 세계에 말할 기회, 또는 "울분을 토해낼 수 있는" 기회를 우리에게 제공한다. 이런 종류의 이야기는 즐겁고 가치가 있다. 그것은 마치 뜨거운 인두로 땜질을 하는 것, 열대어에게 먹이를 주는 것, 또는 그림이나 소설을 가지고 노닥거리는 것처럼 재미있다. 그런 대화는 일종의 안전 밸브 역할을 하며 거의 모든 사람들에게 쉽게 일어난다.

　　그렇지만, 단지 "가슴 속에 응어리진 어떤 것을 토로하기 위해" 대화를 하는 경우, 그런 대화는 아주 좋지 못한 대화가 되어버린다. 그런 대화는 또한 일방적이다. 독백을 아무리 많이 해도 그것은 결코 진정한 대화로 이어지지 않는다. 이것은 농구 선수들 모두가 득점을 하려 할 때, 공이 골고루 연결되지 않아 좋은 경기를 할 수 없는 것과 같다.

　　최상의 상태에서, 대화는 정보의 교환 및 공유, 관심사의 공유, 아이디어 끌어 모으기 등을 의미한다.

　　대화는 주고받기, 반응과 반작용을 포함하는 양방적인 것이다. 더 나아가 대화는 다면적인 것이다. 즉, 대화는 많은 사람들 사이에서 일어나는 많은 아이디어들의 소통이다.

　만약 당신이 대화를 회피하는 경향이 있다면, 최근의 대화 상황 속에서 당신이 겪었던 경험들을 분석하라. 이런 경험들 중에서 더 성공적이었고 덜 성공적이었던 경험들을 상세히 기억하려고 노력하라. 그런 후, 당신 자신에게 아래의 질문들을 하라.

대화의 지혜는 당신 자신이 많은 것을 보여주는 데 있기보다는 다른 사람들에게서 지혜를 찾는 데 있다. 당신과의 대화를 통해 그 자신과 자신의 위트에 만족하는 사람은 또한 당신을 아주 마음에 들게 한다.

— 라 브뤼에르

대화상의 어려움을 끝내는 여섯 가지 방법

■ 내가 대화의 주제를 고르는데 어려움을 느꼈던가? 내가 금기시된 주제에 관해 이야기함으로써, 다른 사람을 당혹스럽게 만들지는 않았던가?

■ 대화 참가자에 따라 나의 말을 조절하는 것이 문제였던가? 특별한 사람 또는 특정한 유형의 사람들이 있을 때 말문이 막혔던가? 연장자에게나 유명인사들에게 제대로 경의를 표하지 못했던 것은 아닌가?

■ 다른 사람을 대하는 일상적인 태도에 문제가 있었던 것은 아니었던가? 독단적이며, 짐짓 겸손한 체 하고, 논쟁적이지 않았던가? 다른 사람들의 태도나 태도 변화에 적절히 적응하지 못했던 것은 아닌가?

■ 대화를 시작하는 데 어려움을 겪지는 않았던가? 또는 다른 사람들에게 대화를 시작하도록 하는 데 어려움을 겪지는 않았던가?

■ 대화를 계속 진행시키는 데 실패하지 않았던가? 대화를 정체 상태로 만들어 버리지는 않았던가? 나는 한 주제에서 다른 주제로 자연스럽게 넘어갈 수 있었던가? 나는 너무 서툴게 대화를 끝마치지는 않았던가?

■ 나를 불편하게 만들었던 것이 어떤 기계적인 실수였던가? 아니면 그것이 잘못된 발음이었던가, 이름을 잊어버려서 그런가, 속어의 지나치게 사용했던 것은 아닌가?

당신의 분석을 바탕으로, 이 장의 내용 가운데 당신에게 가장 적절한 내용을 주의 깊게 살펴보라. 한 번에 한 내용만을 택하여, 이 장의 마지막 부분에 제시되어 있는 연습 방법들을 따라 해 보라.

보다 격식 있는 대화 상황에 신중하게 준비하라. 만약 당신이 사업상의 회담이나 인터뷰를 할 예정이라면, 그 주제에 대해 가능한 많은 정보를 수집하라. 만약 당신이 초면의 사람을 만나기로 되어 있다면, 그 사람에 관해서 최대한 많이 배우려고 노력하라. 일상적인 만남 속에서도 당신은 많은 계획을 세울 수 있다. 즉, 당신은 말하기 전에 상대에 대한 것을 생각해야 한다.

그러나, 특별한 경우에 사용하려고 어떤 말 조각들을 미리 준비하여 외우지는 마라. 왜냐하면, 그런 것은 실제 별로 효과가 없기 때문이다. 당신은 대화가 어떤 식으로 전개될지 정확히 예측할 수 없다. 더욱이 이 책을 공부하면서, 바로 이어지는 대화에서 부딪히는 어려움이나 차후의 여러 대화에서 당신이 겪을 수 있는 대화의 모든 문제점들을 어느 정도 해결할 수 있다고 기대해서는 안 된다. 어느 우울한 일요일 느닷없이 75세 된 마틸다 아줌마가 자신의 애완용 카나리아 새를 데리고 와서는 3주 동안 당신과 함께 지낼 예정이라고 말할 때, 이 책의 어떤 장—이 문제에 관련하여서는 어떠한 책도—도 당신이 무슨 말을 해야 하는지 말해 줄 수 없다. 그러나, 어떤 원리로 무장되어 있으면서 사전 연습을 했다면, 당신은 단순히 졸도하는 것 이상의 태도로 그녀를 맞이할 수 있거나 돌려보낼 수 있을 것이다.

연습 문제 1

한 주 동안 당신의 대화들과 그 대화들의 특징들을 세심하게 적어 보아라. 당신의 약점이 무엇이었으며? 장점은 무엇이었던가? 그 주가 끝날 때, 당신이 가장 많이 향상시켜야 할 점이 무엇인지 결정하라.
한 달이나 두 달 동안 매주 거의 똑같은 시각에 앉아서 그 과정을 반복하라. 당신의 계획이 무산되거나 방해받지 않을 시간대를 선택하라.

적절한 대화의 주제

1)등산을 하지 않는 사람들을 위한 대화 주제들

만약 당신이 대화의 적절한 주제를 찾아내는 데 어려움을 겪는다면, 문제의 핵심은 당신이 잘못된 방식으로 대화의 주제에 대해 생각하고 있는지도 모른다. 당신은 아마도 사람들이 이야기하는 주제들과 대화를 흥미롭게 만드는 주제에 대해 잘못된 생각을 가지고 있을지 모른다.

일반적으로 잘못된 생각 중의 하나는 매우 특이한 사건만이 이야기할 가치가 있다고 하는 것이다. 당신은 말도 안 되는 우연의 일치, 엄청난 성과, 충격적인 경험, 유쾌한 상황 등을 찾아서 마음 속을 샅샅이 훑었을 것이다.

물론 이 세상에는 매우 흥미롭고 재미있는 일들이 생겨나며 사람들은 그런 것들을 듣고 말하는 것을 즐긴다.

그러나 사람들은 지금도 일상적인 삶에서 일어나는 평범한 사건들이나 문제들에 대해 이야기하면서 매우 유쾌한 저녁 시간들을 보낸다. 예를 들어, 아이들을 학교에 등교시키기, 토마토 나무에 버팀목을 설치해야 되는가, 주

말을 보낼 만한 좋은 장소들에 대하여 담소하며 즐거운 저녁 시간을 보낸다.

그래서, 비록 당신이 다섯 쌍둥이를 가지고 있지 않고, 또 아마존강 상류를 탐험한 적이 없고, 총으로 위협을 받으며 강제로 4명의 은행 강도들을 위해 아침을 준비한 경험이 없다 하더라도, 대화에서 침묵을 지킬 필요는 없다. 당신의 삶이 아무리 단조롭더라도, 그 삶은 많은 대화거리를 제공해 준다. 대부분 사람들은 일상적인 사건에 주로 관심이 있다는 사실을 또한 기억하라.

2)날씨와 인기 있는 다른 화제

화제에 대한 또 다른 잘못된 견해는 대화의 주제는 문학적이거나, 난해하거나, 매우 유식한 것이어야 한다고 생각하는 것이다.

물론 사람들은 상대성 이론이나, 체스의 초반 첫 수, 원자의 핵분열 이론 등과 같은 특별한 화제에 대해 이야기하기도 한다. 그러나, 사람들은 삶과 사랑, 음식과 음료, 날씨 등에 대한 이야기를 더욱 자주 하곤 한다. 그러므로, 당신이 수개월 동안 공부한 화제만이 대화에 적합한 것이라고 생각하지 마라.

3)무엇에 대해 이야기해야 하는가

실제로 거의 모든 주제가 대화에 적합한 주제가 될 수 있다. 당신은 농구나 배드민턴, 뜨개질이나 크로세 뜨개질, 진실이나 명예, 차나 동정심, 도보 여행이나 방문 판매, 주식 시장, 체인점, 신발, 봉랍(封蠟)하기, 양배추, 임금 등에 관해서 이야기할 수 있으며, 책, 연극, 영화, 텔레비전 프로, 뉴스, 국가 정책, 지역 문제 등에 관해서도 토론할 수 있다.

당신은 이야기, 일화, 경험, 견해 등을 서로 주고받을 수 있으며, 잡지 기사, 신문 사설, 설교 등에서 나온 몇몇 아이디어들도 회상할 수 있다. 그리고 그 아이디어 자체보다도 그런 아이디어에 대한 당신의 반응이 대화에 있어 더욱 중요하다.

대화 목적 중 하나가 말하는 사람들의 생각과 당신의 생각을 비교해 보는 것이기 때문에, 그들은 자기들이 관심을 갖는 것에 당신도 역시 열성적인 관심을 가지고 있길 바란다. 또한 그들은 당신과 약간의 흥미로운 의견의 차이를 발견하길 바란다.

대화는 이중적 즐거움을 지니고 있는 매우 친근한 예술이다. 즉, 유사한 믿음을 공유함으로써 따사로움을 느끼며, 서로간의 의견 차이를 발견함으로써 자극을 받는다는 점에서 그렇다. 그러므로, 독창적이지 못한 사람이라고 여겨질까 두려워서 상대 말에 동의한다는 말을 주저해서는 안 된다. 그리고, 논쟁적인 사람으로 간주될 것을 우려해서 동의하지 않는다는 말도 주저해서도 안 된다.

당신이 베스트 셀러에 대해 다른 사람들처럼 술술 이야기하지 못한다고 해서, 침묵을 지켜야 한다고는 생각하지 말라. 만약 국제 회의장의 기자들이 성가시게 느껴진다면, 솔직하게 그렇다고 말하라. 그러나 당신이 반대 의견을 말할 때 대화가 유지될 수 있도록 친근한 표현을 사용해야 한다는 점을 기억해야 한다. 만약 당신이 어떤 종교를 믿고 있는 전도사를 개종시키는 임무를 지니고 있는 것처럼, 당신의 의견을 타인에게 강요하면, 당신의 이야기는 대화에 도움이 되는 것이 아니라 대화를 가로막는 것이 될 것이다.

당신이 원한다면 당신의 선입견도 말하라. 단, 그렇게 할 때, 당신의 말이 선입견임을 단어나 어조를 통해 제시해야 하며, 당신의 선입견들이 불쾌하게 들리지 않도록 해야 한다. 만약 당신이 칼로리를 계산하는 것이나 아마추어 심리분석가의 말을 듣는 것을 견딜 수 없다면, 당신의 그 마음을 감추려 하지 말라. 그렇지만, "참을성이 없는 사람"으로 낙인찍히지 않도록 주의하라.

어떤 사람들은 도전적인 진술을 좋아한다. 그들은 유진 오만디의 추종자에게, "당신은 그의 연기가 너무 빠르다고 생각하지 않으세요?"라고 말할 것이다. 그런 발언은 아마도 열띤 토론을 불러일으킬 것이며, 또한 의견의 불일치를 가져올 수 있다. 도전적인 말은 주의 깊게 잘 조절해야 하며, 당신 자신과 동료들에 대한 확신을 확고히 갖게 되기 전에는 도전적인 진술을 안 하는 것이 더 낫다.

화제를 제시하기 전에, 그 화제에 관하여 당신이 스스로 얼마간 알고 있어야 한다는 점을 명심하라. 이렇게 말한다고 해서, 당신이 그 화제에 대하여 해박한 지식을 가지고 있어야 한다는 뜻은 아니다. 그러나, 당신은 그 화제에 익숙해야 한다는 사실은 명심하라. 만약 당신이 스키를 타본 기간이 1 주일밖에 되지 않는다면, (스키에서의) 크리스차니아 회전하는 방법에 대하여 말하지 않는 것이 더 낫다. 당신이 대화하는 곳에 스키 전문가가 참석해 있을 수도 있으므로, 당신은 처음 스키를 탔을 때의 반응, 예를 들어, 균형을 잡지 못해 쓰러진 일 등에 대해서 이야기하는 편이 훨씬 안전하다.

4)이야기하지 말아야 할 것
당신이 언급해야 할 화제의 다양성은 언급을 피해야 할 비교적 소수의 화제에 의하여 더욱 강조된다.

낯선 사람들에게 당신의 사생활에 대하여 늘어놓는 것은 피해야 할 금기 사항이다. 그다지 친하지 않는 동료들에게 당신 친구나 가족의 약점을 이야기하면서 놀리는 것도 부끄러운 일이다. 만약 당신이 비난받지 않고 완벽하게 말할 수 없다면, 책이나 영화나 연극의 구조에 대해 그것을 보지 못한 사람에게는 아예 이야기하지 않는 것이 좋을 것이다. 소개받자마자 당신이 드러내놓고 말할 수 없는 비밀스런 이야기를 시작하게 되면, 다음 번에 당신이 다시 초대받을 수 있는 가능성은 매우 희박해 진다.

대화를 할 때 오직 하나의 화제에 대해서만 이야기하는 것은 아무런 화제 없이 대화를 하는 것과 마찬가지로 좋지 않다. 우리는 모두 쓸데없는 이야기만 늘어놓거나, 자신의 아픔이나 고통을 타인이 결코 잊지 못하도록 하거나, 자기 자식 자랑을 끝없이 지껄이는 지루한 사람들로부터 고통받았던 경험을 가지고 있다.

만약 당신이 사용할 수 있는 화제의 양이 한계가 있다고 여겨지면, 새로운 화제들을 찾아 보라.

5)화제를 찾아서 전개하는 방법

당신은 매일 신문을 읽거나 아마도 한 두 개의 잡지를 구독하고 있을 것이다. 그리고 라디오 프로그램을 청취하고 텔레비전을 볼 것이다. 당신은 친구로부터 이야기를 듣고, 교회에 가서 설교를 들으며, 극장에도 간다. 당신은 고객들, 판매원들, 동료들 그리고 당신의 가족들과의 무수히 많은 흥미로운 경험들을 가지고 있다.

이런 것들 모두가 대화의 화제가 된다.

당신이 신문에서 대화의 화제가 될 만한 것들을 보게 되면, 그것을 기억해 두라. 연필로 그것에 동그라미를 그려라. 물론 더 나은 방식은 그것을 떼어내 보관하는 것이다.

잡지에서 발견한 아이디어를 마음 속에 기억해 두라. 예를 들어, "미국인들은 완벽주의자들이다. 그들은 어떤 일을 하는 데 최선의 방식이 있다고 믿는 단순한 신념을 가지고 있고, 그 최선의 방식을 찾기 위해 지속적으로 노력한다."의 구절은 기억해 두어라.

연설이나 설교에서 들은 독설적인 문구를 기억하라. 예를 들어, "모든 사람은 반복할 수 없는 실험이다"와 같은 말이다.

그런 자료로부터, 당신 자신이 사용할 수 있는 화제의 창고를 채워라. 만약 당신의 기억력이 그런 낱낱의 사항들을 기억할 만큼 좋지 않다면, 메모장이나 카드 파일을 사용하라. 이 자료들이 마음 속에 생생히 남아 있는 동안에 이런 자료들을 개발하라. 어떤 아이디어에 관하여 친구나 가족들과 이야기해 보라. 당신이 그 아이디어의 가능성을 검사해 보고 탐구했을 때, 그 아이디어들은 훨씬 달라 보일 것이고, 확실히 더욱 충만해 보일 것이다.

만약 당신이 이런 방식으로 화제를 찾아내어 전개한다면, 당신은 대화할 때에 결코 당황하지 않을 것이다.

6)대화에서 느끼는 어려움이 화제 때문인가

화제에 대해서 실제로 어려움을 전혀 겪지 않았을 가능성도 있다. 당신이 이야기를 잘 할 수 있는 화제들이 있었을 것이다. 그런데 대화에서 그런 화제들이 단지 너무 부끄러워서 말하지 못했을 뿐이다.

당신이 목표를 너무 높게 잡았을 수도 있다. 그 목적을 의식하지 않았다면, 당신은 아주 유창하게 이야기했을지도 모른다.

또는, 당신이 잘못된 목적을 가지고 있을 수도 있다. 당신은 자신을 어떤 훌륭한 대화자—그렇지만 스타일 면에서 당신에게는 어울리지 않는—와 당신 자신을 비교했을 수도 있다. 만약 당신이 위에 언급한 경우에 해당된다면, 다시 시작하라. 당신이 새롭게 시작할 수 있도록 그 다음 대화에서 단지 청취자로서 앉아 있어라.

침묵을 이용하라. 그리고 경청하라. 듣는 연습을 하라. 대화가 끝난 후, 대화에서 다루어졌던 화제들과 그것들이 어떤 식으로 토의되었는지를 당신 자신이나 다른 사람들에게 이야기해 줄 수 있는 능력을 갖도록 하라.

대화 참가자들을 비교해 보고, 또한 그들의 성공들과 실패들을 비교해 보라. 그들의 대화 기술을 평가해 보라.

그 다음 대화에서는, 물론 대화에 직접적인 기여는 하지 않더라도, 질문을 하라. 다른 사람들의 입을 열게 하라. 그리고 당신이 들은 것을 평가해 보라.

그리고 또 다른 대화에서는, 한 문장으로 발언하고 질문하라.

그런 후, 다음 번 대화에서는, 당신이 하고자 하는 말을 마음껏 해 보아라. 당신이 어떻게 대화를 하고 있는지를 살펴보아라.

당신은 그 결과를 아주 자랑스럽게 여길 것이다.

연습 문제 2

당신이 읽고 들은 것에서 화제가 될 만한 항목들을 적어 보아라. 한 주 동안 당신이 들었던 화제들의 항목과 당신이 실제 참여한 집단 속에서 토론되었던 화제들의 항목을 주말에 작성하여 보아라.

양쪽 항목에 공통으로 나타나는 화제가 있는가?

첫 번째 작성했던 항목에서 당신이 실제 집단 대화에서 사용할 수 있었는데 사용하지 않았던 항목이 있었는가?

만약, 그런 항목이 있다면, 당신은 왜 그 화제를 사용하지 않았는가?

데일 카네기의 지지자 모임에서, 한 사람이, 어떤 사업의 유망주와 우연히 만났을 때 카네기의 가르침을 어떻게 응용하였는지를 다음과 같이 증언하였다. "나는 규범집에 있는 것을 모두 행했다. 나는 온화하게 그를 맞이함으로써 그와 관계를 시작하였다. 나는 그에게 미소를 지었으며, 그 자신에 대한 것들을 물었다. 그리고 그가 나에게 말하는 동안 나는 최대한 주의를 집중했다. 나는 자신이 매우 멋있는 사람이라는 그의 견해에 일부러 동조해 주었다. 그는 거의 한 시간 동안 말을 했고, 우리가 마침내 그 모임에서 헤어졌을 때 나는 평생 갈 친구를 사귀었다는 것을 알았다." 그 사람은 잠시 멈추고 숨을 고르더니 "하지만, 이런 참! 그(=사업의 유망주)가 만든 적은 어떻구요"라는 문장으로 자신의 말을 끝맺었다.

— 「맥클린스」 매거진에서

7)다른 사람의 눈으로 화제를 보라

사람들 중에는 아주 많은 화제들에 대하여 이야기할 수 있는 사람이 있고, 또는 어떤 화제에 대하여 오랫동안 동안 이야기를 할 수 있지만, 대화에는 잘 적응하지 못하는 사람들이 있다. 어떤 사람은 화제와 관련하여 매우 괜찮은 이야기를 하고서도 다른 사람들의 웃음이나 흥미를 이끌어 내지 못하고, 오히려 다른 사람들로 하여금 신음소리를 내거나 지루함을 느끼게 할 수도 있다.

좋은 대화는 단지 한 사람만이 아니라 두 사람, 세 사람 또는 그 이상의 사람들을 포함하기 때문에, 대화 상대자나 대화 집단의 지식과 관심사를 알아야 할 필요가 있다.

훌륭한 대화 참가자는 다른 사람들도 관심을 가지고 있고, 또한 어느 정도 알고 있는 화제를 찾기 위해 노력한다.

에스콰이어나 세븐틴과 같은 잡지가 특정 독자층을 위하여 이야기나 기사를 쓸 때, 독자들의 기호에 맞게끔 글을 쓰듯이, 훌륭한 대화 참가자는 어느 정도 청자의 기호에 맞추어 말을 해야 한다.

만약 월파스트 믹서기 회사—최근에 당신이 이 회사의 믹서기를 구입했던—에서 근무하는 믹서기 디자이너를 만난다면, 당신은 그의 회사 믹서기를 최근 구입했다는 사실을 그에게 말하고, 그 제품에 대한 칭찬을 하거나 그 믹서기 디자인의 문제점에 관해서 그에게 물어 볼 수 있다. 그러나 당신은 그 믹서기의 결점들을 나열하거나 디자인을 다른 식으로 했어야 더 나았다는 당신의 견해를 곧바로 밝히면서 이야기를 시작해서는 안 된다.

상대편이 대화에 적극 참여하도록 격려하려고 노력하라. 팔스타프처럼, 당신 자신이 재치 있게 이야기해야 할 뿐만 아니라, "다른 사람들의 재치를 유도해 내려고 노력해야 한다." 아이디어의 상호 교환을 방해하지 않으면서 대화가 지속될 수 있도록 노력하라. 대화를 즐겁게 유지하기 위해 노력하라.

오래된 친구들과 이야기할 때는 이것이 문제가 되지 않는다. 우리는 오래된 친구들이 좋아하는 것과 싫어하는 것을 알고 있다. 우리는 동일한 것에 대해 이야기하는 것을 즐긴다. 비록 잠시동안 이야기를 하지 않은 채 조용히 있다 하더라도, 우리는 편안함을 느낀다. 편안함을 느끼지 못한다면, 우리는 오래된 친구가 아닐 것이다.

그러나, 낯선 사람들과 이야기할 때는, 어려운 점들이 발생한다. 그들의 관심사를 찾는 데 시간과 노력이 필요할지도 모른다. 우리는 점차적으로 낯선 사람들과 만나고 이야기하는 것을 심지어 부끄러워하게 될지도 모른다.

이런 것들이 대화시에 당신이 안고 있는 문제들인가? 그렇다면, 낯선 사람들과 보다 편안하고 즐겁게 만나고 이야기하기 위해서 당신이 무엇을 할 수 있는지 알아보자.

낯선 사람과 이야기할 수 있는 방법

어떤 행사에서 낯선 사람들을 만날 예정일 때는, 당신 친구에게서나 그 낯선 사람들의 친구들로부터 그들에 관한 얼마간의 정보를 알아내려고 노력하라. 그들의 직업과 관심사에 관하여 물어 보라.

■당신이 낯선 집에 들어갈 때, 주의 깊게 주변을 살펴 보라. 그 집에 사는 사람들에 대하여 좀더 잘 알 수 있게 도와 줄 수 있는 단서들을 찾아 보아라. 그들은 어떤 그림을 가지고 있으며, 어떤 책이나 잡지를 가지고 있는가? 그들이 타임지나 뉴욕커지를 구독하는가? 또는 라이프지나 포춘지를 즐겨 읽는가? 만약 실내 장식이나 전등갓에 대한 그들의 취향이 당신에게 맞지 않는 것이라면, 그런 화제들을 당신의 항목에서 제외시켜라.

당신이 칭찬할 수 있으며 공통된 관심사를 제시할 수 있는 물건들을 찾아 보아라.

■거대한 연회장에서는, 사람들이 모여 있는 집단 속에 끼어 들기 전에 그 집단들을 조사해 보라. 당신과 조금이라도 공통점을 가지고 있는 것처럼 보이는 사람들이 속해 있는 집단을 찾으려고 노력하라.

■당신이 한 집단 속으로 끼어 들어갔을 때는, 화자들의 개성에 대한 정보를 얻을 수 있도록 말하기 전에 잠시동안 상대의 말을 경청을 하라. 실수를 저지르는 것보다는 약간 기다리는 것이 더 낫다. (만일 당신이 들은 내용이

흥미롭지 못하면, 다른 집단으로 살며시 이동하라. 그리고 끼어 들기 전에 그 집단에서 이야기되는 내용을 잠시 동안 경청하라.)

■연회의 주인이 낯선 사람을 당신에게 소개해 줄 때, 그 주인이 하는 말을 귀담아 들어라. 예를 들어, "카르 씨는 중동 지역에서 막 돌아 왔습니다"라고 주인이 말했을 때, 당신은 그에게 어떤 임무를 맡았었는지 또는 최근 그 곳에서 일어난 사건들에 대한 그의 견해 등을 물어볼 수 있다. 또는 당신이 그처럼 멀리 떨어진 곳에 대한 이야기를 직접적으로 들을 수 있는 기회를 갖게 되어 기쁘다고 이야기할 수도 있다. 얼마 지나지 않아 당신은 그에 대해서 훨씬 많이 알게 될 것이다.

■당신 자신의 정보에 대해 스스로 이야기하라. 당신의 직업을 이야기해 주거나 그를 만나기 직전까지 당신이 우연히 무엇을 하고 있었는지를 이야기하라. 이것은 아마도 상대로 하여금 상대에 대한 어떤 것을 당신에게 이야기하도록 유도할 것이다.

■개인적인 질문을 하라. 그렇지만, 지나치게 개인적인 질문은 하지 않는 것이 좋다. 우리는 결코 어떤 사람의 월급이 얼마인지 물어보지는 않는다. 그러나 만약 연회장의 주인이 베들레헴 철강회사에 다닌다면, 당신은 한 손님에게 " 당신도 베들레헴 철강회사에 근무하십니까?"라고 충분히 물어 볼 수 있다. 만약, 그가 베들레헴 철강회사에 근무한다면, 당신은 더 많은 관심을 나타내 보이거나 더 많은 질문들을 할 수 있다. 만약, 베들레헴 철강회사에 근무하지 않는다면, 그는 아마도 자신의 진짜 직업이 무엇인지 말해 줄 것이며, 당신은 그 곳에서부터 다른 질문을 해 나갈 수 있다.

■낯선 사람의 첫 몇 마디가 그가 당신에 대한 어떤 관심을 가지고 있는지를 알 수 있는 단서를 제공해 줄 수 있을 것이다. 만약 그가 "이 비는 확실

히 농작물의 성장에 도움이 될 거야"라고 말한다면, 당신은 그의 관심사가, "만약 이 비가 계속된다면, 상점들을 모두 문을 닫는 게 더 나을 거야"라고 이야기하는 사람의 관심사와 다르다는 것을 알 수 있을 것이다.

■당신과 이야기하는 상대가 오히려 당신보다도 더 불안해 할 수도 있다. 그를 도와 주라. 그로 하여금 편안함을 느낄 수 있도록 자그마한 사안들에 대해 이야기하라.

■대화 분위기의 변화에 민감하라. 그리고 그 변화에 따라 당신도 변할 준비를 갖추어라. 상대방의 얼굴 표정과 손 움직임 그리고 서 있는 자세 등을 주시하라. 언제 그가 생기를 띠는가? 그가 언제 흥미를 잃고 애매해지며 또는 무관심해지는가?

■특히 낯선 사람과 이야기를 할 때는 논쟁적인 접근—즉, 도전적인 발언—은 삼가라. 정치와 종교에 관한 이야기는 피하라. 그런 화제들을 가지고 대화하면, 대화가 곧 끊길 것이고, 연회장의 주인은 당신에게 결코 방문해줘서 고맙다는 말을 하지 않을 것이다.

당신의 태도를 점검하라

대화할 때 가장 거슬리는 것이 무엇이냐고 질문을 받은 대학생들은 그들을 불쾌하게 만드는 것은 화제도 아니고 사람도 아니라 오히려 사람들의 태도라고 답변했다. 그들은 친근한 사람들과는 대화하기가 쉽지만 독단적인 사람과는 이야기하기가 어렵다는 것을 발견했다.

당신이 확신하지 못하는 것은 바로 당신의 태도인가? 당신이 걱정하는 점은 당신의 말 그 자체가 아니라 말하는 방식인가? 당신의 태도를 개선시킬 수 있을 것 같은데 구체적으로 어떤 목표를 잡아야 할지 모르겠다고 생각하는가?

아래에 두 항목이 있다. 한 항목은 일반적으로 대화에 있어 바람직하다고 여겨지는 태도들을 나열한 것이고, 다른 항목은 잘못된 태도를 나열한 것이다. 두 항목을 훑어 보라. 만약 당신이 몇 가지 바람직한 태도를 가지고 있다고 생각되면, 그 태도들을 강화시키고 발전시켜라. 만약 당신이 잘못된 태도를 가지고 있다고 여겨지면, 그것들을 바꾸어라.

훌륭한 대화 참가자가 되기 위한 일곱 가지 방법

1)관심을 가져라

무슨 일이 진행되고 있는지, 무엇에 관한 이야기를 하고 있는지, 다른 동료들이 무엇을 하고 있는지에 관심을 가져라.

당신이 잘 알고 지내는 사람에게만 관심을 가지지 말고, 대화에 참가하고 있는 모든 사람들에게 관심을 가져라. 모든 사람들에게 골고루 눈길을 주어라. 말을 많이 하지 않아 불안해 보이는 사람을 골라서, 그런 사람들에게는 반드시 이야기를 걸어 보라.

2)친근해져라

만약, 대화에 참석한 사람을 비난한다거나, 그의 발언을 비꼬거나, 가식적인 태도를 보이며, 그들을 소중히 여기지 않고 있음이 당신의 표현에서 드러나면, 대화는 시들해질 것이다.

전문적인 코미디언들 사이에 이용되는 욕설 주고받기를 흉내낼 정도로 억지로 대화를 이끌어 가는 잘못을 저지르지 마라. 코미디언들의 다툼체의 말투는 그대로 두면 단조로웠을 대본에 흥미를 부여하기 위하여 개그 작가가 신중하게 조합해 놓은 대본일 뿐이다.

3)명랑하고 유머가 풍부한 사람이 되라

미소를 지어라. 관심을 보이는 친근한 미소를 지어라. 이야기하는 방식에서 당신의 기분이 좋다는 것을 보여 주라.

비극적 가면은 집에 두고 오라. 당신이 얼마나 상처받고 오해받는 영혼인지를 나타냄으로써 주위 사람들이 당신 주위에 모여들게 하지 말라.

4)활발해져라

그렇지만 느긋함도 가져라. 당신은 살아있다. 그러므로 당신의 얼굴 표정과 몸짓을 이용하여 당신이 살아 있다는 것을 보여 주라. 가혹한 발언을 들었을 때라도 마음의 중심을 잃지 않도록 시간적 여유를 가져라. (물론 당신이 활발한 기분을 가질 수 없는 특별한 경우에는 적당한 핑계를 대고 대화를 회피하라.)

그런 좋은 대화에는 어떤 침착함―즉, 느긋함―이 또한 들어있다. 대화는 긴장되고 애를 써야 하는 딱딱한 일(업무)이 아니다. 그것은 유희 활동, 즉 업무로부터 벗어나 활기를 되찾게 해주는 휴식이다.

5)유연해져라

화제와 사람과 분위기는 변한다. 훌륭한 대화 참가자는 그 변화에 따라서 같이 변한다. 강인성은 우리가 칭찬하는 불독(개)의 특징이고, 엄격함은 총구 청소봉의 특징이다. 그러나 이 것들 중 어느 것도 대화에서 요구되는 특징은 아니다.

6)재치를 지녀라

말하기 전에 생각하라는 금언을 따르라. 나중에 생각하지 말고 먼저 생각하라. 이것이 재치의 본질이다. 만약 당신 이웃의 아들이 퇴학을 당했다면, 그와 이야기할 때 대학입시 요강에 대한 화제는 멀리하고, 젊은이들의 무책임함에 대해서는 어떠한 이야기도 하지 말라.

때론 상처받고 있는 사람들을 도와 줄 수 없는 경우가 있다. 왜냐하면, 우리는 그들의 민감한 부분을 모두 다 알 수 없기 때문이다. 그러나 우리는 단순한 경솔함으로 인해 그 사람들이 상처받지 않도록 노력해야 한다.

7)예의 바르게 행동하라

훌륭한 대화는 훌륭한 예의에서 나온다는 생각을 입증할 만한 보기를 제시할 수 있다. 이것은 어떤 것을 부탁할 때 "부탁드립니다." 라고 말하는 것, 또는 즐거운 저녁시간을 보내고 떠날 때 주인에게 "감사합니다"라고 말하는 것을 단순히 기억하는 것을 의미하는 것이 아니라, 그것은 바로 타인을 고려하는 일반적인 태도를 표현하고 있다는 것을 의미한다.

대화에서 반드시 피해야 할 여덟 가지

1)독단적이지 마라

"모든 정치인들은 부패하다" 등과 같이 특정 사실을 과도하게 일반화시키는 발언을 피하라. 액튼 경은 신중을 기하여 "모든 권력은 부패하기 쉽다"라고 말하였다.

완곡한 진술을 하라. '모든'과 '항상'이란 낱말의 사용을 피하라. '어떤'과 '가끔씩'이란 낱말을 사용하라. '약간, 많은, 매우 많은, 때때로, 간혹'이란 말 중에서 적절하다고 생각되는 것을 사용하라. 바닷가에서 3일 동안 머물면서 우연히 만났던 특정한 골퍼들을 실제로 언급하고자 하면서 그들을 일반화시켜 골퍼들이라고 말하지 않도록 신중을 기하라.

'아마도, 당신 생각에는, 지난주 어떤 사람이 하는 이야기를 들었는데, 제가 틀렸을 수도 있겠죠, 그렇지만' 등과 같이 표현하여 체면 손상을 막고 논쟁을 피할 수 있는 방법을 배워라. 무엇보다 중요한 것은 독단적인 어조의 사용을 피하는 것이다. 어떤 사람은 마치 자신이 정부의 기상학자인 것처럼

"눈이 올 것 같군"이라고 말한다. 반대로, 당신이 그 말을 할 때 눈을 깜박거리며 가볍게 이야기한다면, 터무니없는 과장은 사라질 수 있을 것이다. "요즘 유행은 시금치예요"라는 말은 재단사들을 그렇게 화나게 하지 않았으며, 아마도 재단사들에게 한 두 계절 동안 브로컬리(서양 시금치의 일종)로 자신들의 재단 스타일을 맞추게 했을 것이다.

2)젠 체 하지 마라

어떤 것에서나, 어떤 사람들보다 자신이 우월하다는 태도를 보이는 것은 모든 사람들로 하여금 곧바로 당신 곁을 떠나게 하여 당신을 극도의 고립 상태에 빠뜨릴 것이다. 사람들을 경멸하는 눈초리로 보면서 홀로 앉아 있는 것은 매우 괴롭고 그것보다 훨씬 재미있는 것들이 우리에게 있음을 알아야 한다.

3)논쟁적이지 마라

거의 모든 사람들은 훌륭한 싸움을 좋아한다. 예를 들어, 일상적으로 권투시합이나 정치판에서 훌륭한 싸움은 모두가 좋아한다. 그러나 전사들을 자기 거실에서 발견하는 것을 좋아하는 사람은 거의 없다.

대화하는 사람들 속으로 들어가기 전에 싸울 기세가 있었다면 그것을 버려라. 그러면, 그 사람들은 보다 즐거운 시간을 보낼 것이고, 당신도 또한 그러할 것이다. 논쟁을 위한 논쟁을 하지 마라. 당신이 상대의 말에 동의하지 않을 때라도, 로버트 루이스 스티븐슨의 말처럼 "우호적인 반대자"가 되어라.

4)생기 없이 행동하지 마라

대화 상대자들은 당신이 자기의 재치 있는 말에 어느 정도의 반응을 보여주길 기대한다. 대화에서 일어나는 모든 책임을 그들에게 지우도록 하지 마라.

또한 답변은 한 음절 이상으로 하라. 대화는 최소한 두 명이 벌이는 게임

이다. 그래서 한 선수가 열의를 보이지 않는다면 어떠한 게임도 재미있을 수
없다.

5)거짓되게 행동하지 마라

사람들을 칭찬하라. 그렇지만 과도하게 칭찬하지는 마라. 말을 함부로 하
지도 말고 지나치게 아첨하는 말을 하지도 마라. 옳은 것을 칭찬하라. 당신을
초대한 집 여주인이 특출하지 않은 쟁반에 훌륭한 음식을 내어놓았다면, 그
음식은 칭찬하되 그 쟁반은 칭찬하지 마라.

6)자기 중심적이지 마라

당신의 의견을 확실하게 밝혀라. 당신의 반응을 말로 표현하라. 그
렇지만 우주가 당신을 중심으로 돌고 있다는 것과 같은 인상을 주어서
는 안 된다. 당신의 화제를 "피레네 산맥과 나", "인플레이션과 나",
"타지마할 궁전과 나", "대법원과 나", "소수점과 나" 등과 같은 묘사
방식으로 이야기하지 마라.

7)파티의 중심 인물이 되려고 하지 마라

우리는 전염성 있는 유머로 대화를 웃음의 도가니로 몰아넣는 훌륭한 이
야기꾼과 뛰어난 기지, 개성을 좋아한다. 그러나 그렇다고 해서 우리의 모든
말이 반드시 농담이어야 하며, 대화의 주목적이 웃음이라고 생각해서는 안
된다. 좋은 대화는 유쾌할 뿐만 아니라 진지할 수도 있다

당신이 원한다면, 우스운 이야기를 찾기 위해 뉴요커지와 같은 잡지를 읽
고, 이야기하는 법을 배우며, 몇 가지 재치 있는 이야기를 기억하려고 노력하
라. 이런 것들이 당신의 대화를 도와 줄 것이다. 그리고 당신은 무엇인가 재
미있는 얘기—예를 들면, 시드니 스미스의 "주교는 보좌 신부의 설교를 듣고
죽을 자격이 있지"라든지 "그는 매우 유쾌한 사람이었지만 내가 생각하기엔
식용 송아지 고기 수프에 대해서 너무 경박스럽게 이야기를 했어" 등과 같

은——를 읽으면서 여러 차례 껄껄거리며 웃을 것이다.

그러나 대화 속에서 당신 자신의 장점들을 발견하려고 노력한다면, 당신은 대화를 더욱 잘 할 수 있을 것이다. 그리고 어느 누구보다도 더 진지하게 경청하기 때문에, 마을에서 가장 뛰어난 이야기꾼으로 소문난 당신 자신을 발견하게 될지도 모른다.

8)마지막으로, 더듬거리는 사람이 되지 마라

명확하게 말하라. 소리 높여 말하라. 어떤 논평을 이해할 수 있으려면, 어떤 질문에 대답할 수 있으려면, 그리고 어떤 농담이 웃음을 가져올 수 있으려면, 먼저 말 그 자체가 들려야 하고 이해하기 쉬워야 한다.

어떤 파티에서 한 손님이 대화를 완전히 독점해서, 나이 드신 그 파티의 안주인의 어머니가 완전히 짜증이 났다. 그가 전쟁 중 자신의 경험들에 관한 이야기를 시작할 즈음에는, 그녀의 지루함은 앙갚음을 하고 싶은 정도에 이르렀다. 그는 "나는 태평양에서 어뢰 공격을 받았다. 그리고 사실 나는 일주일 동안 정어리 통조림 하나로 살았다"라는 문장으로 자신의 전쟁 경험을 얘기하기 시작했다.

"과연!"이라고 그 격분한 노인이 외치면서 "정어리가 다 떨어질까 두렵지 않았어"라고 말했다.

— 코러닛 지의 일리너 시 우드

대화 시작하기

어떤 사람들은 자기 소개 단계에서 씩씩하게 이야기하고 나서는 갑자기 이야기를 멈추어 버린다.

대화 시작의 기본 방법들을 검토해 보자.(이에 대한 소개는 다음 장에서 논의된다.)

　모임의 주인이나 소개를 시켜 주는 사람은 누구든지 어떤 사람을 서로 소개시켜 줄 때는, 소개받는 한 쪽 사람 또는 소개받는 두 사람 모두에게 그들에 관한 어떤 이야기—그 두 사람의 대화의 시작을 이끌어 줄 어떤 이야기—를 해 주어야 한다. 예를 들어, "그린 여사는 우리 여성 클럽의 회장이십니다", "그린 여사는 마을에서 가장 아름다운 장미를 키우고 계십니다", "피츠 씨는 유엔에서 근무합니다", "피츠 씨는 항해를 아주 자주 하십니다" 등의 이야기를 해주어라.

　최근에 브로드웨이에서 연극 한 편이 공연되었는데, 그 동기는 단지 몇 년 전 어떤 연회에서 연회 주최자가 두 사람—한 사람은 극작가이고 다른 한 사람은 연출가임—을 소개할 때 한 짤막한 소갯말에서 비롯되었다. 그 주최자가 소개받는 두 사람에게 다음과 같은 말을 하면서 서로 대화를 하도록 유도했기 때문이다. "둘 다 붉은 머리이고, 의기소침해 보이니 당신네 두 사람은 무언가 서로 공통점을 찾아야만 합니다."

　심지어 큰 연회에서도 주인이 주의 깊은 사람이라면 새로운 손님들 옆에 몇 분 동안 머물면서 그들이 대화에 자연스럽게 참여하도록 배려할 것이다.

　상대편의 이름을 확실히 모른다면, 즉각 그 이름을 확실히 알아내라. 이것은 친구가 나타났을 때 새로 소개받은 그 사람을 자기 친구에게 소개해야 할 경우에 대비하는 것이다.

　만약 이름이 특이하면, 당신은 이에 대해 논평하거나 철자를 물어 볼 수 있을 것이다. 왜냐하면, 일부 사람들은 자기 이름을 매우 자랑스럽게 여기기 때문이다. 그러나 여기서 조심하라. 만약 그 이름이 기괴하면, 그 이름이 이상하다고 생각하는 그 자체를 드러내지 않는 것이 더 낫다. 오스벗 쓰위슬틱 씨는 당신이 말하지 않더라도 이미 그의 이름으로 인해 아마도 많은 고통을 받아왔을 것이다.

　주위 환경에 대해서 말을 하면서 대화를 시작하는 것이 일반적이며 좋은 대화 시작법이다. "멋진 연회군요, 그렇죠?"와 같은 발언이 대화 시작에 사용될 수 있을 것이다. 그리고 집이나 다른 손님들에 대한 즐거운 이야기가 대화 시작에 적합한 내용일 것이다.

화제 발전시키기

얼마 동안은 가볍고 일상적인 화제로 이야기하라. 사건, 날씨, 음식, 계란술 보관의 어려움, 오르되브르(前菜:수프 전에 나오는 가벼운 요리), 냅킨 등을 화제로 삼을 수 있다.

처음 대화를 할 때에는 어조를 경쾌하게 유지하라. 한 은행가와 어떤 경제학 교수는 서로 소개를 받자말자 둘 다 농담 어조로 이야기를 했다. "당신이 바로 우리 불쌍한 은행가들에게 우리가 무엇을 해야 하며, 어떤 생각을 해야 하는지를 이야기한 친구들 중에 한 명입니까?", "당신은 그것을 좋아하는 것처럼 보이는데요? 당신네들은 항상 가장 뛰어난 교수들을 빼돌려서 은행으로 데리고 가고 있습니다." 몇 차례 더 생글생글 웃으며 이야기를 주고받고 난 후에 그들은 국가의 현 상태에 대한 심각한 이야기로 넘어갔다.

상대방의 신변이나, 직업 또는 관심사가 무엇인지를 묻거나 당신 자신에 대한 정보를 스스로 이야기하는 것은 훌륭한 대화 시작법이다. "당신은 이 지방에서 오셨습니까?", "여기서 오랫동안 살아 왔나요?" 또는, 만약 주인이 기술자라고 말하면, 당신은 그가 토목 기술자인지, 전기 기술자인지 아니면 화학 기술자인지 물어볼 수 있다. 그러나 지나치게 개인적인 질문을 해서는 안 된다.

당신에 대한 정보를 스스로 이야기 할 때도, 직업이나 관심사 정도만 단순히 언급해야 한다는 사실을 명심하라. 당신의 전체 일과가 어떻게 돌아가는지에 대해 5분 이상 발표를 해서는 안 된다.

서로가 만족할 수 있는 화제를 찾고 올바른 어조를 사용하는 데는 시간과 노력이 필요할지 모른다. 때때로 두 사람이 눈이 맞아 곧바로 이야기에 착수하는 경우도 있다. 그들은 사람들이 붐비는 방 안을 가로질러 서로를 주시하고 있다가, 곧장 서로를 향해 걸어가서는 버섯 재배에 관한 힌트를 주고받는

데 몰입한다.

그러나, 때로는 6개 또는 그 이상의 화제로 대화를 시도해보지만, 어느 화제도 대화의 불꽃을 피우지 못하는 경우도 있다. 이런 일이 생겨도 포기하지 마라. 계속 노력하라. 다른 동료에 대하여 당신이 알고 있는 사실들을 기억하면서, 당신이 할 수 있는 한 최선의 아이디어를 계속해서 제시하라. 그러면 갑자기 당신들 두 사람이 또는 당신들 모두가 매우 즐겁게 이야기 할 수 있는 화제가 나타날 것이다.

대화 이어나가기

대화를 자연스럽게 이어지게 하는 데, 즉 대충 이야기해도 대화 참가자들이 대화를 계속하고 싶다고 느끼게 하는 데는 많은 요인이 있다. 여기 당신에게 도움이 되는 몇 가지 제안이 있다.

듣기: 상대편(들)이 하고 있는 말을 잘 들어라. 바위 위로 흘러 지나가는 물처럼 대화가 당신 위로 흘러 지나가도록 내버려 두지 마라. 아이디어들에 정확한 초점을 맞추어라.

적극적으로 듣고 그 이야기에 반응하라. 그것에 대해 생각하고 느껴 보아라. 당신의 반응을 보여 주어라. 고개를 끄덕이거나 미소 지어라. 조류에 따라 수동적으로 떠다니는 해파리가 되지 마라. 들은 내용을 나중에 매우 정확하게 이야기 할 수 있도록 매우 잘 들으려고 노력하라.

주제나 현재 논의되고 있는 주제의 모습을 주시하라. 2분 뒤에 언급될지 모르는 내용을 앞질러 생각하지 마라. 이것은 당신이 지루한 연설을 견디는 데 도움이 될 수 있다. 그렇지만, 대화는 세심한 주의가 필요하다. 어떤 사람이 당신의 말을 듣지 않고 잠에서 막 깨어나서 갑자기 당신에게 질문하는 것에 대해 답변하기를 원하는 사람은 없을 것이다. 그것은 대화를 중단시키는 일이다.

상대편이 말하고 있는 도중에 끼어 들지 마라. 상대의 말을 예의바르게 경청하라. 그에게 말할 수 있는 기회를 주라. 이야기하고 있는 사람과 다른 생각을 가지고 있다고 해서 이야기 중간에 끼어 들려고 안달하지 마라. 그가 말을 언제 마무리할 것인지를 알 수 있도록 주의 깊게 경청하는 방법을 배우라. 그러면 당신은 대화 도중에 끼어드는 사람이 아니라, 또 다른 아이디어를 가지고 있는 동료 대화자의 자격으로 이야기할 수 있게 된다. 그렇게 할 때 당신은 의도했던 말을 할 수 있을 것이며, 다른 사람들의 즐거운 동료가 될 수 있을 것이다.

당신의 발언: 이것은 거의 모든 종류의 말을 의미할 것이다. 예를 들어, 사실에 대한 솔직한 진술, 질문, 의견 표현, 온화한 반대 표시, 당신이 생각하기에 진실에 가까운 어떤 것에 대해 이미 이야기된 것을 수정 보완해 주는 말 등을 할 수 있다.

그러나 들을 때와 마찬가지로 말할 할 때도 화제에서 벗어나지 않도록 주의하라.

10분전에 이미 외국 스포츠 카에 대한 얘기를 끝내고 새로이 야영에 대한 이야기를 사람들이 하고 있는데 외국 스포츠 카 이야기로 되돌아가서는 안된다. 사람들이 스탠리 스티머에 관한 이야기를 하고 있을 때, 무슨 말을 할지 계획을 세우는데 시간을 허비하지 마라. 계획된 멋진 말은 보통 지루하게 들린다.

영국 역사가인 조지 맥콜리는 지혜와 마찬가지로 수다떨기로 유명했다. 그를 아는 어떤 사람이 "확실히 그는 인도로부터 귀국한 후에 더 상냥하다……이제 그는 말하는 도중에 잠깐잠깐 말을 멈추고 침묵하는데, 이 침묵은 그의 대화를 완벽하게 즐거운 대화로 만들어 준다"라고 말했다.

당신의 발언이 최소한 단음절 이상의 발언이 되게 하라. '예'나 '아니요', '아마도'와 같은 말은 대화에 활기를 불어넣지 못한다. 당신의 동료 대화자가 뭔가를 생각할 수 있는 발언을 하라. 반면에, 연설이나 문장을 길게 하지도 말라. 간략하게 말하라. 당신의 발언이 처음과 끝을 가지게 하라. 당신은 어떤 화제에 대해 이야기하고자 하는 것이 아주 많을 수 있다. 그러나 다른 동료도 그 화제에 대한 가치 있는 몇 가지의 아이디어들을 가지고 있을 것이다. 그에게 기회를 주라.

이 장의 첫 부분에 제시된 사항을 기억하라. 대화는 주고받기를 의미한다. 장황한 말은 상대에게 숨막힐 것 같은 답답함을 준다. 거꾸로 지나치게 짧은 말도 대화의 진행에 거의 도움을 주지 못한다.

화제의 전환: 아무리 좋은 화제라도 그것에 대한 이야기가 바닥날 때가 찾아오게 마련이다. 그 때는 흥미는 감소되고, 말은 지루하다. 그 때가 바로 새로운 화제로 넘어 가야 할 순간이다.

화제를 이동시키는 한 가지 방법은, 그전까지 다루어졌던 화제를 끝내는 것이다. 프로스트 양은 플로리다 오렌지라는 말로서 그녀 말을 마친다. 그리고 잠깐 동안 침묵이 흐른다. 그때 난데없이 "지난 주 아주 흥미로운 사람을 만났어요. 그는 벌레를 기르고 있어요"라는 발언이 나오면, 당신은 그 흥미로운 사람과 벌레 또는 기이한 직업에 대해 관심을 쏟게 된다.

화제 이동의 또 다른 방법은, 그전까지 얘기되었던 화제의 마지막 부분의 내용을 골라서, 그 내용을 바탕으로 조금씩 새로운 화제로 이동해 나가는 것이다. 어느 누구도 집을 저당하는 방식에 대해 다른 말을 덧붙이지 않을 때 당신은 "저당 이야기는 더 이상 흥미를 끌지 못하는 것 같군, 안 그래요? 옛날에는 저당 이야기 없이는 어떤 드라마—내용상 재미있다고 내놓은 드라마라 할지라도—도 흥미로울 수 없었지. 극중 긴장감은 환상적이었고, 모든 사람들은 극의 마지막에 가서 6%에 저당 잡힌 그 노인이 빚을 청산하게 될지 그 여부에 대해 궁금해 했지. 그러나 오늘날 드라마의 주제는 중혼이나 심리 신경 쇠약증 환자들에 관한 것이지……" 당신은 이제 대화의 화제를 근대 드라마로 전환시켜 놓았다. 또는 대화의 화제를 중혼이나 심리 신경 쇠약증 환자들로 옮겨 놓았다.

화제 이동의 세 번째 방법은, 당신이 어떤 것을 하고 있다고 다른 사람이 느낄 수도 없게 신속하고 갑작스럽게 화제를 옮겨버리는 것이다. "자, 이제 헤밍웨이에 대해선 어느 정도 이야기가 다 된 것 같은데, 그렇지 않나요? 아무도 반대하지 않으신다면, 전 저쪽에 있는 그림에 관한 질문을 하고 싶은데요. 저 그림은 제가 이곳에 도착한 이후 줄곧 제 눈에 거슬렸습니다……" 또는 간단히, "주제를 바꿔서"라고 이야기할 수도 있다.

재치 없이 무리하게 화제를 바꾸려고 시도하지는 마라. 만약 화제가 신기한 약에 관한 것이고 어떤 사람이 자기 아주머니 마아싸가 병을 어떻게 치료했는지에 대해 이야기하고 있다면, 곧장 아주머니는 주제에 매달려 당신의 엠마 아주머니가 딸기 와인 만드는 비결에 대해 이야기하지 마라. 만약 당신이 아줌마들에 관해서 이야기해야 한다면, 당신의 이야기를 오레오 마이신을 복용해서 살아난 아줌마들에 한정시켜라.

그리고 너무 급박하게 화제를 변환시키지 마라. 다른 사람들이 해당 화제에 대해 계속 관심을 가지고 있는 것처럼 보일 때는, 당신이 흥미가 줄어들었다고 해서 다른 사람들에게 다음 화제로 넘어가자고 강요해서는 안 된다. 한두 가지의 공손한 발언을 하거나 조용히 앉아서 관심 어린 눈길을 주려고 노력하라. 즐거운 대화를 위해서는 인내의 동전 몇 개가 지불되어야 한다.

문제의 야기: 우리 모두는 때때로 실수를 범할 수 있다. 이야기를 한다는 흥분 속에서, 우리는 대화 참가자들 중 한 사람에게 일어났던 비극을 일시적으로 망각하게 된다. 우리는 미처 자각하기도 전에 실수를 범하며, 타인에게 상처를 입히는 어떤 말을 또 해버린다.

문제의 해결책은 개개인의 상황에 달려있다. 만약 어떤 사람에게 치명적인 실수를 저질렀을 경우, 그 사람을 잘 안다면, 당신은 "미안해 제인"이라고 말하고 다른 화제로 넘어 가는 게 낫다. 그렇지만, 당신이 실수를 범할 위험 수위에 단지 근접했다면, 곧바로 이야기의 방향을 신속히 바꾸기 위해 최선을 다하라. 그런 상황에서는 사과의 말을 많이 하지 마라. 그리고 당혹스러워 지지 않도록 노력하라. 마음의 중심을 잃지 않음으로써, 당신은 다른 사람들도 중심을 잃지 않게 도와 줄 수 있다.

실수를 범한 사람이 다른 사람이라면, 실수를 저지른 사람에게 약간의 도움을 주라. 그녀가 우연히 떠올린 화제에 대하여 관심을 가지고 이야기하라. 그녀가 당혹해 하면, 당신이 생각해낸 새로운 화제를 제시하라.

대화의 끝: 대화가 어울리지 않는 경우가 있다. 다리 게임은 대화가 필요 없으며, 어떤 경기자들은 경매의 경우를 제외하고는 조용히 그 게임을 진행하기를 좋아한다. 우리는 연극 배우의 연기를 보고 그들의 대사를 듣기 위하여 극장에 가는 것이지, 옆 사람의 이야기를 들으려고 공연장에 가지는 않는다. (여기서 담화 그 자체의 본질이 제시된다. 만약 저녁에 친구들이 당신 집에 머무른다면, 밤새도록 말도 하지 않고 텔레비전만 본다고 비난하기 전에, 그들이 특정 텔레비전 프로그램을 보기를 원하는지 먼저 물어 보라.)

아무리 좋은 대화라 하더라도 끝나게 마련이다. 다른 사람이 시계를 꺼내 보기 전에 떠날 준비를 하라. 코트나 외투에 관해 얘기하면서 빈둥대지 마라. 문간에서 새로운 대화를 시작하지 마라. 주인과 여주인에게 간단하게 감사의 뜻을 전하고 떠나라.

하나의 대화를 끝내는 것은 또한 다른 대화—당신에게 참여하도록 권유해주길 바라는 그 다음의 대화—가 이어지도록 하는 것이기도 하다.

대화는 짧은 순간 갑작스럽게 타올라야 한다. 일분 이상을 꾸준히 얘기하는 사람은 사람을 지루하게 할 위험을 안고 있다.

— 할란 밀러

대화할 때 범하는 일곱 가지 오류

대화할 때 범하는 가장 큰 오류는 당연히 금기시 되는 화제에 대해 얘기하거나 상대방의 입장을 고려하지 않고 이야기하는 등 대화의 기본적 원리를 위반하는 것이다.

그러나 우리가 피해야 할 몇 가지 기계적 오류들이 있다. 이런 실수들은 대화 기술에 대한 진지한 생각을 하지 않고, 우리 자신의 대화 방식에 대한 비판은 하지 않은 채, 상투적인 대화 속으로 우리 자신을 빠져 들어감으로써 생기는 부주의에서 오는 결과들이다.

당신은 아래에 제시된 오류들을 하나라도 가지고 있는가? 그렇다면, 오류의 정정을 위해 여기에 제시된 방법을 적용함으로써 그런 오류들을 제거하라.

애정을 나타내는 말들: 일반적인 대화의 오류는 애정 표시의 말을 떠올려, 그 표현들이 적절한지 생각하지 않고 사용하는 데 있다.

어떤 사람들은 자신들이 좋아하거나 칭찬하려는 모든 것을 '귀여운', '사랑스러운', '흥미로운', '환상적인'이라고 부른다. 반면에 싫어하거나 불만족스럽게 여겨지는 모든 것을 '기괴한', '소름끼치는', '지루한', '괴상한', '지독한'이라고 표현한다. 때때로 대화의 대부분이 대체로 '더러운'과 '멋진'으로 이루어진 것처럼 보인다.

산을 '귀엽다'라고 하면 이상하다. '소름끼치는'이란 말보다 사람, 장소, 책을 표현하는 데는 훨씬 적절한 단어들이 많이 있다.

애정을 나타내는 단어들을 정정할 수 있는 방법은, 이처럼 그 외의 다른 단어 사용법을 배우는 데 있다. 잠시동안 애정을 나타내는 단어들을 당신의 대화에서 삭제시켜라. 당신이 기술하고 있는 것에 적합한 단어를 사용하려고 노력하라. 평가를 위해 사용하는 표현들을 세련되게 만들어라. 차별적으로 칭찬하고 비난하라. 정말 그것이 '뛰어나는가', '좋은가', '괜찮은가', '초라한가', '전혀 장점이 없는가'에 대해 먼저 생각하라. '찬양할 만한', '결함 있는',

'경외스러운', '위조의' 등의 표현을 사용하는 법을 배워라. 당신의 어휘력을 향상시켜라. 그런 다음, 원한다면 '귀여운', '소름끼치는' 등의 낱말을 사용하라. 단 상황에 맞게 적절히 사용하라.

불필요한 단어나 어구들: 다른 사람들은 자신들이 말하는 대부분에 '당연히', '정말로', '사실상', '그대로' 등의 표현을 덧붙인다. 예를 들며, "당연히 난 그 사람보고 가자고 얘기했다. 당연히 그는 ……"에서와 같이 '당연히'를 덧붙여 사용한다. 남용하는 또 다른 표현으로, '솔직히', '사실을 말해서', '말하자면', '보시다시피', '아시다시피', '내가 의도하는 바를 네가 안다면', '내 요지를 알겠니' 등이 있다.

불필요한 이러한 낱말들이나 어구들을 제거하라.

일시적 유행어: 어떤 사람들은 말할 때 유행어나 유행하는 어구들을 사용한다. 그들은 어떤 것을 '싫어하기'보다는 그것들에 '알레르기 반응을 보인'다. 요즈음은 '전반적인 상황, 접촉, 역동적인, 과정, 기본, ~의 관점에서' 등의 표현들은 훨씬 적게 사용하는 것이 좋을 수 있다.

과도한 속어: 속어 그 자체는 잘못된 것이 전혀 없다. 비록 오늘날 어느 정도 수용되는 오래된 형식의 속어만을 사용하겠지만, 대학 교수조차도 속어를 사용한다. 그러나 새로 생긴 대부분의 속어는 거의 오래가지 못한다.

속어의 지나친 사용을 피하라. 속어를 사용함으로써 당신의 말에 힘을 싣고 색채를 더할 수 있다고 생각되는 경우에만 그것을 사용하라.

허식: 어떤 사람은 불어를 2년간 공부한 뒤, 자신이 훌륭한 교육을 받았다는 것을 다른 사람들이 알아주길 바란다. 대화를 할 때, 그녀는 아주 싫은 것(bête—noire), 사람(accouchement), 세기말(fin de siècle), 사랑(amour) 등의 불어 표현을 자주 사용한다. 그녀와 같은 부류의 사람이 되지 마라. 너무 많은 외국어

어구를 사용하지 마라.

우리는 또한 때때로 말을 거꾸로 꼬아버림으로써 젠체하려는 사람과 마주치게 된다. 교육을 잘 받은 사람은 "그 사람들 중의 한 사람"이 되려고 작정한다. 그냥 두면 문법적이었을 문장을 터프가이 식의 표현으로 바꾼다. 그 결과 우스꽝스러운 문장이 되고 만다. 대화할 때, 몇 가지 아주 엄선된 단어들을 첨가한다고 해서, 원래의 당신의 모습과는 다른 무언가 대단한 인물이 될 것이라고 생각하지 마라.

과장하기: 여러분은 어떤 이야기가 "내가 이제껏 들은 것 중에서 가장 우스운 이야기"라고 미리 공공연히 떠벌이다가, 다른 동료들이 자신이 기대한 만큼 웃지 않아 맥이 빠지곤 하는 자칭 재치 있는 사람의 모습을 틀림없이 본 적이 있을 것이다. 또는 어느 열성적인 사람이 어떤 제품의 뛰어남을 설명했다가 그보다도 더 객관적인 제품 사용자가 그 기계의 한계를 말했을 때 자신이 한 말을 취소하는 것을 본 적이 있을 것이다.

과장을 피함으로써 당혹함을 피하라.

"나는 요전날 밤 그것에 대한 우스운 이야기를 들었다"와 같은 말로 당신의 얘기를 소개함으로써 당신의 이야기는 더욱 효과적인 것이 될 것이다.

개인적 경험을 서투르게 이야기하기: 흥미로운 개인적 경험에 대한 이야기는 너무 많은 말을 덧붙임으로써 엉망이 되어 버릴 수 있으며, 또한 "그래서 그는 말했다", "그래서 나는 말했다", "그리고 그녀는 말했다", "그리고 그들은 말했다" 등의 표현을 과도하게 사용함으로써 엉망이 되어 버릴 수 있다. 이런 식의 대화에는 이야기의 내용 자체보다도 더 많은 형식적인 장치가 있기 때문이다.

흥미로운 개인적 경험은 너무 상세히 말해버림으로써 엉망이 될 수 있다. 예를 들어, "나는 이 이발소에 갔다. 그 이발소는 마플 거리와 노트 거리의 한 모퉁이에 있었다. 그 이발소의 주소는 1516번지였다. 5년 전에 문을 닫았다. 어쨌든 나는 이 이발소에 갔다. 나는 암청색 옷을 입고 있었다"와 같이 개인적인 경험을 장황하게 이야기함으로써 대화는 엉망으로 되어버린다. 이러한 이야기에서는 오랜 시간이 지나서야 중심이 된 어떤 사건 발생에 대한 내용이 나올 것이다.

좋은 이야기라도 세부 사항이 모호하면, 그 이야기는 나빠진다. "글쎄, 이 남자가 있었던 것 같고, 이 가게에 들어간 것 같으며, 이른바 이것들 중의 하나를 요구했던 것 같다……"라는 예를 살펴보자. 이 남자는 '이' 이야기가 무엇에 관한 것인지 알지 못하는 것처럼 보인다.

말하고자 하는 개인적 경험의 요지가 무엇인지 결정하라. 이름을 밝히되 당신 마음대로 밝히지는 마라. 중요한 세부사항만 언급하라. 단 언급된 사항에 대해서는 구체적이어야 한다. 이야기를 진전시키고 이야기 속의 인물을 드러내기 위해서는 대화를 가끔씩 사용하라.

말하기 기술을 개선시키기 위해서는 훌륭한 이야기꾼의 이야기를 들어 보라. 도움이 될 만한 이야기를 읽어 보라. 다음과 같이 시작되는 매우 좋은 이야기가 있다. "옛날 옛적에 세 마리 곰이 살고 있었습니다. 아빠 곰, 엄마 곰 그리고 아기 곰 이렇게 셋이서 말입니다." 20단어 이하의 단어가 사용되는 환상적인 이야기 첫 부분으로서 당신은 곧바로 이 이야기 속으로 빠져들어가게 된다.

대화 기술을 연습하는 방법

대화 능력 향상을 위한 훈련용 연습 문제들은 거의 없다. 그나마 구연 동화를 실연해보거나 사람을 소개하는 연습을 해보는 정도가 있을 것이다. 최선의 대화 훈련 방법은 대화 그 자체이다.

■ 집에서 당신의 가족과 연습하라.

당신의 약점이 화제라고 느낀다면, 가족 모두가 보았던 연극(또는 영화, 텔레비전 프로)에 관하여 이야기하라. 대화가 얼마동안 이어지도록 노력하라. 석간 신문에 실린 것과 같은 그날의 사건들로부터 대화를 만들어 가라. 저녁 식탁에 앉을 때, 6개 정도의 가능한 화제를 가지고 오라.

■ 당신의 친구들과 연습하라.

친구 몇 명을 저녁 식사에 초대하라. 그날 저녁 시간 계획을 세울 때, 저녁 내내 브리지 게임이나 여타의 게임을 하도록 시간 계획을 세우지 마라. 저녁 시간 중 일부는 대화를 위해 남겨 두라. 만약 당신이 천성적인 친근함이 당신의 장점이라고 느끼고, 그것을 발달시키고 싶다면, 저녁 대화 시간 때 다른 사람의 말을 들으면서 친근한 관심의 태도를 가지는 데에 주의를 집중시켜라.

■ 낯선 사람과 연습하라.

이 경우에는 당신이 지금까지 읽은 대화 원리들을 실제 적용시키려고 노력하라. 당신을 도울 수 있는 힌트를 주의 깊게 찾아라. 상대방에게 당신을 맞추어라. 이야기하려고 노력하라. 생동감이 넘치며, 관심을 보이는 청자나 화자가 되어라.

■ 대화를 찾아 나서라

대화로 발전될 것 같은 상황들을 찾아내라. 친구와 낯선 사람을 만나는 것에 대하여 건전하고 적극적인 태도를 길러라. 이야기할 수 있는 각 기회들이 대화 훈련을 제공할 것이다. 대화 실력이 향상되어 감에 따라, 당신은 좋은 대화가 제공하는 자극과 느긋함을 더욱더 많이 체험할 것이다.

몸짓 언어를 어떻게 읽어낼 것인가

우리 모두는 입말뿐만 아니라 목소리가 아닌 다른 방법으로도 의사 소통을 한다. 우리는 눈썹을 움직이거나 손짓을 한다. 그리고 어떤 사람에게 눈길을 마주치기도 하고 멀리하기도 한다. 또는 의자에 비스듬히 앉아 있기도 한다. 우리가 생각하기에 이러한 행동은 다분히 의도적인 것처럼 보이기도 하고 우연한 일치로 보이기도 한다. 그러나 최근 몇 년 전, 연구자들은 이러한 것들은 거의 언어와 마찬가지로 일관성이 있으며 이해할 수 있을 정도의 어떤 체계를 지니고 있다는 것을 발견했다.

모든 문화는 나름대로의 몸짓 언어를 가지고 있다. 프랑스 사람은 프랑스식으로 걷고 움직인다. 말할 때도 북미 사람들은 눈꺼풀을 내리 깔거나 머리나 손을 수그리면서 말을 끝맺는 경향이 있다. 그들은 손을 들거나 턱을 갸우뚱하거나 눈을 크게 떠서 의문을 제기한다.

실제로 이중 언어를 사용하는 사람들은 역시 몸짓 언어도 이중 언어적이다. 유명한 뉴욕 시장인 피오렐로 구아르디아(Fiorello La Guardia)는 영어와 이태리어, 이디시어를 사용하면서 정치를 하였다.

그의 연설을 녹화한 필름을 목소리 없이 돌려볼 때, 그의 여러 몸짓들에서 그가 사용하고 있는 언어를 식별해낸다는 것은 그렇게 어렵지 않다. 영어로 더빙된 외국 영화가 무미건조하게 보이는 한 가지 이유는 몸짓들이 그 언어와 일치하지 않기 때문이다.

동작학 전문가들—몸의 움직임을 통해 의사 소통을 연구하는 학자들—은 몸짓들의 정확한 어휘를 하나하나 다 읽어내려 하지는 않는다. 예를 들어, 학생이 교수와 대화를 할 때 나이가 많은 사람의 눈길을 평소보다 더 오래 바라본다. 이것은 그 사람에 대한 존경과 애정의 표시일 수 있다. 또는 교수의 권위에 대한 미묘한 도전일 수도 있다. 동작학 전문가는 고립된 의미 있는 어떤 몸짓을 찾는 것이 아니라, 맥락 속에서의 패턴들을 찾는다.

동작학은 이루어진 지가 이제 약 19년쯤 된 아직 얼마되지 않은 학문으로, 완전히 인류학자 버드휘스텔박사 한 사람의 두뇌에서 나온 학문이다. 그러나 이미 동작학은 잡다한 작은 관찰의 결과를 제시하고 있다.

몸짓 언어 가운데 가장 두드러진 요소가 눈의 움직임이다. 미국사람들은 다른 사람과 눈을 마주칠 때와 방법에 대해 매우 조심스러워 한다. 정상적인 대화에서는 한 차례의 눈 맞춤은 약 1초 동안 지속되며 그리고 나서는 두 사람 모두 또는 둘 중의 한 사람이 다른 쪽으로 눈길을 돌린다. 미국인 두 사람이 서로의 눈을 자세히 들여다볼 때는 감정이 고조되어 그 둘 사이의 관계는 더욱 친밀한 관계로 이어진다.

외국에 체류중인 미국인들은 그 지역 사람의 눈동자 움직임의 의미를 해석하기가 어렵다는 것을 알게 된다. "텔 아비브는 정신이 산란했다. 그 곳 사람들은 나를 올려다보기도 하고 내려다보기도 하였다. 마침내, 한 친구가 이스라엘 사람들은 거리에서 다른 사람을 빤히 쳐다보는 것을 아무렇지도 않게 여긴다고 설명해 주었다."고 한 사람이 말하였다.

미국에서는 지나가는 사람을 쳐다볼 때, 그 사람의 존재를 당신이 알고 있음을 알려줄 수 있을 정도만 바라보도록 되어 있다. 극동 지역의 일부 지역에서는 대화하는 동안 상대편을 조금이라도 쳐다보는 것은 무례한 것으로 간주된다. 영국에서는 예의바른 청자는 화자에게 자신의 눈길을 고정하여 주의 깊게 쳐다보고, 관심의 표시로 이따금씩 눈을 깜박거려 주기도 한다.

사람들은 몸짓으로 말하는 것을 이용하여 입으로 말하고 있는 것을 속이려고 할 때가 있다. 따라서 발로 마루를 끊임없이 치고 있다는 것을 의식하지 않으면, 어떤 사람은 조용하며 자기 조절을 하는 사람으로 보일 수도 있다. 분노는 발이나 다리로 드러내기도 하는 또 하나의 감정이다. 때때로 두려움은 간신히 지각할 수 있을 정도의 동작으로 나타나기도 한다(예 : 가볍게 흔들어 대는 신경질적인 다리의 움직임). 그런데 여자들은 교활하면서 유혹적인 몸짓을 사용하기도 한다. 아이들은 입말과 몸짓 언어—적절한 태도, 눈 움직임 등—를 배우는 동안, 또한 자신들 주위의 공간에 반응하는 방법—더 섬세한 것—을 배운다. 사람들은 일종의 사적인 공간 내—자신이 느끼기에 자신과 다른 사람들 사이에 있어야만 하는 허공의 양을 나타냄—에서 여기저기 걸어다닌다.

인류학자인 에드워드 티 홀 박사는 서로 알지 못하는 북미의 성인 남자들의 경우에 사적 대화 동안 편안함을 주는 개인적인 거리를 팔 길이에서 약 4피트 정도 떨어진 거리라고 하였다. 남미 사람들은 그보다 더 가까이 서서 얘기하길 좋아한다.

미국 사람과 아랍 사람의 공간적인 습관은 훨씬 더 일치하지 않는다. 아랍 사람들은 말하기 위해 서로 가까이 다가서서 상대편의 눈을 골똘히 쳐다보고 상대편의 얼굴에서 나오는 호흡을 들이마실 수 있다. 이러한 행동들은 미국 사람들에게는 성적인 친밀성을 연상시킬 수 있으며, 성과 관련이 없는 맥락에서는 그들에게 불편함을 느끼게 할 수 있다.

사람이 필요로 하는 공간적인 범위는 또한 성격의 영향을 받는다. 예를 들면, 내성적인 사람은 외향적인 사람보다 팔을 움직이는 공간이 더 필요할지도 모른다. 상황과 분위기 또한 사람이 필요로 하는 거리에 영향을 받는다. 성애 영화를 보려고 줄을 서서 기다리는 영화팬은 가족 오락 영화를 보기 위해 기다리는 사람들보다 훨씬 더 촘촘하게 붙어서 줄에 서 있을 것이다.

사람들 사이의 의사소통이 완전히 말로만 이루어진다면 무미건조할 것이다. 그러나 소리말은 흔히 의사소통의 최소한의 부분이다.

3. 파티의 성공적인 주최자가 되는 방법

말을 잘한다는 것은 사교성에 있어서 필수적 요소이다. 훌륭한 주최자는 말을 어떻게 하면 생동감 있게 할 수 있는가를 잘 알고 있다. 몇 가지 간단한 절차를 따름으로써, 당신은 손님들을 편안하게 할 수 있고, 생동감 넘치는 대화와 의견 교환—모임을 기억에 남는 모임으로 만들어 주는— 을 하도록 손님들을 격려할 수 있다.

성공적으로 파티를 수행할 경우 당신은 며칠 동안 얼굴에 밝은 기운이 맴돌 것이다. 이것은 우리들 모두 느낄 수 있는 감정이다. 성공적으로 파티를 수행하여 당신과 손님들에게 즐거운 저녁 시간을 보장해 주는 것은 쉬운 일이다. 사회적 빚을 갚기 위한 파티이든, 자선 단체를 돕기 위한 파티이든, 사업상의 은혜를 갚기 위한 파티이든, 또는 단순히 재미를 위한 파티이든, 성공적인 파티의 비결은 간단한 몇 가지 사전 주의 사항, 약간의 상상력 그리고 세부 사항에 대한 세심한 배려에 있다.

만약 당신이 이런 비결을 따른다면 파티는 모든 이에게 즐거움을 줄 것이다.

훌륭한 저녁을 위한 첫째 비결은 잘 선택된 손님 명부이다.

매번 똑같은 얼굴이 당신의 파티에 나타나는가? 그들이 당신의 컨추리 클럽의 대표적인 회원들인가? 아니면 당신의 사업 동료인가? 손님들 각자가 다른 사람들은 무엇을 하는 사람일 것 같다 라는 것을 미리 자신들의 손가락으로 표시 할 수 있는가? 그렇다면 골프 선수는 골프에 대해 말할 것이고, 법률가는 법에 대해, 남자는 남자에 대해, 여자는 여자에 대해 말 할 것이다.

저녁 파티에 대해 더블유 에스 길버트는 "테이블에 놓여 있는 음식보다는 의자에 앉아 있는 사람들이 더 중요하다"라고 말했다. 파티 때마다 똑같은 의자에 똑같은 손님들이 앉아 있다면, 그들이 아무리 개인적으로 매력이 있으며 활기에 찬 사람들이라 하더라도, 그것은 매번의 식사에 송로(松露) 버섯—다른 어떤 맛있는 음식이든—만을 제공하는 것만큼이나 재미없고 지루한 일일 것이다.

파티 때마다 당신의 손님을 다양하게 해라. 실제로 그렇게 해보라. 친숙하지 않은 얼굴들을 데려 오도록 하라. 그리고 손님들에게 서로를 알 수 있는 기회를 주어라. 만약 당신이 이미 알고 있는 사람을 초대한 경우라면, 적어도 같이 즐길 수 있는 사람들을 가능한 많이 초대하라. 여러분들은 항상 초대할 사람을 자유롭게 고르는 것은 아닐 것이다. 어떤 사람은 사업상의 이유로 초대될 것이다. 당신은 남녀 비율에도 신경을 써야 한다. 즉 초대해 달라는 미혼의 남성이 많다고 언제나 그들만 고를 수는 없는 노릇이다.

늙은 조(Joe)가 외롭고, 갈 데도 없다고 해서 당신의 모든 파티에 그를 초대해야 한다고는 생각지 마라. 만약 그렇게 생각한다면 당신은 그를 항상 초대하는 습관이 생길 것이다. 사실, 잠깐만 생각해 보면, 당신이 단순히 습관적으로 일부 사람들을 당신의 파티에 초대하고 있음을 알게 될 것이다.

소개의 다섯 가지 규칙

손님들이 도착하자마자 그들을 주위 사람들에게 소개시켜라. 사려 깊은 주인들조차도 사람들을 소개시키는 방법에 대해서 혼란스러워 하며 지나치게 그 사람들을 의식한다는 것은 놀라운 일이다. 아래의 기초적인 사항을 마음에 새겨라.

여성이 18세 이상이면 남자를 여성에게 소개시켜라.

"카리오 씨, 스테픈 하딩 씨를 소개해도 될까요?" 아니면 격식을 덜 갖추어 "카리오 씨, 이 분은 스텝하딩 씨입니다."

둘 다 같은 성일 경우 젊은 사람을 나이 든 사람에게 소개시켜라.
　"아버지, 이 사람은 조 화이트의 아들인 로버트입니다." 또는 "아버지, 브루스 핵스텝입니다."

18세 이하의 소녀라면 나이든 사람에게 먼저 소개시켜라.
　"엘렌 로스 씨와 엘런 로스 여사님, 이 사람은 에드나 돔입니다."

상당히 나이 많은 사람에게는 성별에 관계없이 먼저 소개시켜라. 또한 저명한 사람에게도 마찬가지이다.

격식을 차릴 필요는 없지만 정확히 소개시켜라.
　"셜리 에더, 레스터 론델 씨 아셔요?"
　"셜리 에더, 레스터 론델 씨를 만난 적 있으셔요?"
　"셜리 에더, 레스터 론렐 씨와 이야기를 나눠 보세요"

　긴장해서 당신이 잘 알고 있던 이름, 아니면 수년 동안 알았던 이름이 기억나지 않는다고 해도 당황하지 마라. 모든 사람이 이와 같은 경험을 한 적이 있다는 것을 잊지 마라. 솔직히 인정하라. "이십 년이 지났군요. 당신 이름을 잘 기억하고 있었는데. 죄송합니다만, 지금 이 순간 기억이 잘 안 나는군요. 당신이 직접 이름을 말씀해 주시겠습니까?"
　한 사람을 어떤 집단에 소개시킬 때, 그러한 망각으로부터 벗어나는 유용한 방법은 이름이 잘 기억나지 않는다는 사실을 겉으로는 드러내지 말고 한 사람씩 이름을 리듬감 있게 소개하면서 넘어가는 것이다. 이렇게 하다 보면 기억이 나지 않았던 이름이 생각날 수도 있다.
　너무 많은 사람들이 참석해서 실제적으로 불가능하지만 않다면, 새로 온 손님을 모두에게 돌아다니면서 소개시켜라. 대부분 주인들은 항상 움직여야 된다는 압박 때문에 손님들에게 몇 마디 소개한 후에는 손님들을 놓아두고 다른 곳으로 가 버린다.

새 손님을 처음 만나는 한 무리의 손님들에게 남기고 떠나야 한다면, 서로에 대해 충분히 이야기해서 대화의 시작점을 찾을 수 있도록 도와주어라. 여러분은 이렇게 말 할 수 있겠지요. "로이는 방금 북서태평양에서 왔어요. 거의 못 올 뻔했죠. 배의 엔진이 콜롬비아강의 관문을 건널 때 고장 났다지 뭐예요."

> 신문 사교란 칼럼니스트인 이고르 카시니는 버나드 바루크에게 자신의 저녁 만찬에 참석했던 모든 명사들을 위해 자리들을 어떻게 예약했는지 물었다. 버나드 바루크는 "나는 그 문제에 대해서 전혀 신경을 쓰지 않아, 중요한 사람은 불평을 하지 않으며, 불평을 하는 사람들은 중요한 사람들이 아니야"라고 안심시켰다.
>
> — 베네트 서프, 사용하기 전에 잘 흔들어라

자리 배열하기

손님을 공식 만찬에서 어떻게 앉히느냐에 따라 파티가 잘 될 수도 있고 망쳐질 수도 있다. 세심하게 좌석 배열을 하라. 미리, 남자 주인과 안주인은 의견을 충분히 교환하라. 그리고 나서 탁자 카드에 이름을 적어라. 그래야 당신의 자리 배열이 다시 바뀔 염려가 없다. 전체 탁자들의 배열이 짜일 때까지 그 카드를 적당히 배열하라. 섞고 맞추어라.

각 손님들의 흥미나 개성, 대화 능력에 대한 정보를 비교하라. 우표 수집이 취미인 존이 현대 예술 전문가인 엘리스 옆에 앉아도 될까? 장난기 많은 글래디즈를 인기 많은 빌 옆에 앉혀도 될까?

하지만 단순히 그들의 배경이나 흥미의 상관 관계에 따라 손님들을 묶어

놓지는 마라. 즉, 석류는 모두 한 식탁에 놓고, 배는 모두 다른 한 식탁에 놓는 식으로 손님들을 배열하지 마라. 반대로 과일 바구니를 뒤집듯 다양한 사람들이 섞이도록 하라. 상대편의 대화의 자양분이 샘솟게 하도록 앉혀라. 다른 사람이 제공하는 풍부한 이야기를 공유할 수 있도록 자리를 배열하라.

일반적으로 남편과 아내를 같이 앉혀서는 안 된다. 물론 그들이 신혼이거나 서로 떨어질 수 없는 경우는 예외로 하며, 또한 자신의 배우자가 이성의 매력적인 사람 옆에 앉아 있으면 화가 나게 되는 집착형의 배우자들도 예외로 해 주어라.

때로는 아내가 눈동자를 한 번 돌려 남편의 대화를 단숨에 방해할 수 있는 거리에 계속 있고 싶어하는 것과 반대로 남편의 경우에도 그렇게 하는 것은 정당화될 수 있다. 만일 당신이 솔로몬처럼 현명하게 자리 배열을 하고자 한다면, 남편과 아내를 따로 앉히지만, 서로가 완전히 바라보이는 자리에 계속 앉혀 두어라.

가장 잘 균형 잡힌 자리 배열을 한다 하더라도 편안하고 즐거운 대화를 확실히 보장하는 것은 아니다. 주변의 대화가 어떻게 진행되고 있는지를 당신이 앉아 있는 곳으로부터 계속 살펴보아라. 만약 어떤 한 테이블이 잠잠해진 것으로 보이면, 당신의 식사가 채 끝나지 않았다 하더라도, 그곳으로 가서 대화를 진행시켜라. 그러나 그들이 당신을 원하지 않는다면, 그들을 성가시게 하지는 마라. 뛰어난 웨이터와 훌륭한 주인은 방해를 하지 않는다.

대화의 재개에 도움이 될 만한 재미있는 대화 거리들을 비축해 두어라. 아침 신문에서 본 책이나 영화에 대한 논평들, 지방 신문 기사들, 또는 기분 전환용 일화 등이 대화의 재개라는 목적을 달성하는 데 도움이 될 수 있다.

주인으로서 당신의 책임은 패널 토의에서 사회자가 하는 것과 다를 바 없다. 당신은 대화의 속도를 조절해야 하고, 또한 대화의 불꽃을 피워야 하며, 모든 대화자들에게 대화 활동에 참여할 기회를 주도록 해야 한다.

식사 후 담화

당신은 때때로 저녁 식사가 끝나자마자 주인의 임무는 끝났다고 생각하는 주인들을 종종 볼 것이다. 그는 슬며시 텔레비전이 있는 방으로 가버리고, 당신은 그 때를 마지막으로 더 이상 그의 모습을 보지 못하게 된다. 이런 행동은 무례한 행동임에 틀림없다. 많은 사람들이 모인 파티에서 잘 훈련된 진행 요원에 의해 진행된다면 주인이 별 무리없이 자리를 뜰 수 있으나, 당신이나 내가 주최한 파티에서는 식사가 끝났다고 자리를 떠서는 안 된다.

30여 년 전 애스퀴쓰 부인이 런던에서 어떤 환영 만찬을 베풀었다. 그녀는 훌륭하게 손님을 접대한 후에 2층으로 사라져 카드놀이를 했다. 다음날 한 식당에서 옆 테이블에 앉아 있던 한 여자가 "애스퀴쓰 부인! 어제 저녁 당신의 파티에 갔어요"라고 하자 그녀는 웃으며 고개를 숙여 절했다. 그러나 낮은 목소리로 그녀는 "저는 그 곳에 있지 않았어요, 감사합니다 하느님"라고 중얼거렸다.

오늘날의 파티 주최자는 그런 특이한 행동을 해서는 안 된다. 손님들이 식사 후 거실에 있을 때, 당신이 해야 할 임무들은 여전히 아주 많다. 식사하고 거실에서 앉아 있을 때 즈음에는 대부분 사람들은 누구와 이야기하고 싶은지 알게 된다. 그러나 어떤 사람도 대화에서 소외되지 않게 하는 것은 당신 책임이다.

만약 파티의 규모가 아주 작아서 모든 사람들이 거실에 충분히 앉을 수 있다면, 방에 있는 장식품을 치우고서라도 대화를 쉽게 할 수 있도록 미리 의자를 거실에 배치하라. 만약 우연찮게 모든 손님들이 어떤 한 사람의 이야기를 듣고 싶어한다면 모든 의자를 하나의 호(弧) 모양 또는 타원형으로 배열하라.

손님들이 자신들의 자리를 어떻게 배열하든지, 사회자로서의 역할을 계속 수행하라. 이리저리 돌아다니되, 절대로 방해하지는 마라. 때로는 감독자, 안내자, 지휘자 역할까지도 하라. 그렇지만 드러내 보이지 말고 오직 필요한 만큼만 그런 역할을 하라. 대화 도중에 어떤 사람의 감정이 상하게 된다면,

지체없이 그를 도와주어라. 만약 짜증난 목소리가 들리기 시작하면, 기분 전환을 시켜 주어라.

만약 어떤 사람이 자기 개에 대해서 끝도 없는 이야기로 사람들을 지루하게 한다면, 그의 말을 조심스럽게 제지하라. 그리고 그 사람의 오른쪽에 앉은 다섯 아이의 어머니에게 영화 속의 성에 대한 묘사가 너무나 적나라하게 되었다고 생각하는지를 묻거나, 베벌리 실즈를 마리아 칼라스만큼 위대한 가수로 생각하는지를 물어라.

로마 시인 호레이스는 "파티의 주최자는 장군과 같다"고 하였다. 왜냐하면, 어려움에 처했을 때 그의 재능이 드러나기 때문이다.

당신에게 긴장감을 느끼게 하는 소리로 들립니까? 어떤 면에선 그렇게 들릴 수 있다. 파티에서 주인이 긴장감을 풀 수 없는 것은 말등에 탄 사람이 쉴 수 없는 것과 마찬가지이다. 어느 순간에라도 말은 놀라 뒷걸음질을 칠 수도 있다. 그렇지만 당신이 파티를 정성스레 준비한다면, 조직적이고 사려 깊게 진행한다면, 남자 따로 여자 따로 이런 식으로 모이는 것을 막는다면, 그리고 무엇보다도 계속해서 대화가 생기 있게 돌아가도록 한다면, 파티가 끝날 때 손님들은 물론 당신도 만족스런 시간을 보냈다고 생각할 것이다. 손님들은 그날 저녁을 찬란하게 기억할 것이다. 그리고 당신은 그 훌륭한 파티의 불꽃을 지핀 사람이 될 것이다.

신사 숙녀 여러분, 이것이 바로 주인이 갖춰야 할 기술입니다.

기억해야 할 것

시간을 할애하여 파티의 모든 세부 사항에 대한 세심한 계획을 세워라. 세심한 계획 세우기는 그렇게 할 말한 가치가 있음을 당신은 알게 될 것이다.

☞ 당신의 손님 명부를 다양화하라.
☞ 소개하는 일을 가벼이 여기지 마라.
☞ 테이블에 당신의 손님을 섞어서 잘 어울리도록 배치하라.

☞ 대화가 지속적으로 흘러가게 하라.

☞ 마지막 손님이 떠나기 전까지는 아직 파티가 끝나지 않았다는 것을
  명심하라

당신은 이름을 기억할 수 있다

인간 관계에서 통찰력 있는 선생으로 알려진 데일 카네기는 『친구를 얻고
사람들을 감화시키는 법』이란 책에서 자신에게는 "사람의 이름이 언어로 된
가장 달콤하고 중요한 소리이다"라고 말했다. 자신들의 분야에서 지도적 위치
에 있는 많은 사람들은 이러한 진리를 알고 실천한다.

우리 중 많은 사람들은 이름을 오랫동안 기억하는 능력이 없다. 정말로 이
름을 잊어 먹는 일은 아주 흔해서 끝없는 유머의 주제가 되고 있다. 그러나 이
것은 웃을 일이 아니다. 이름과 얼굴을 연결시키지 못하면 좋은 사업 기회와
좋은 친분을 해칠 수 있다. 적어도 그 순간에는 당혹감을 느낄 것이다.

데일 카네기는 자신의 인성 개발 강좌들이 큰 사업으로 변하기 오래 전, 자
신의 학생들 대부분이 이 고통스러운 심리적 장벽—이름과 얼굴을 연결시키며
겪는—으로 어려움을 겪고 있다는 것을 알았다. 또한 그 자신도 이 때문에 골
치가 아팠다. 그래서 그는 자신의 나름대로 치료법을 찾아 나섰다.

그에게 조언을 해주었던 전문가들은 별로 도움이 되지 않았다. 그래서 자신
의 생각과 실험을 통해 마침내 이름과 얼굴을 정확히 기억하는 것은 신의 선
물이 아니라 산수와 같이 효과적으로 배울 수 있는 '기술'이라는 결론에 도달
했다. 그는 오늘날 성공적으로 사용되고 있는 일련의 실용적인 규칙들을 끌어
내었으며 매우 간단하다. 이 규칙들을 습득하기 위해서는 집중적인 노력과 연
습이 필요하며, 그 만큼 효과가 뛰어나다.

1) 누군가를 소개받을 때 그의 이름을 분명히 알아두어라. 만약 파티의 주
인이 미스터 플래글름(Mr. Flamglm)이나 미스 플쉬민(Miss Plshmin)처
럼 들리는 소리를 얼버무린다면, 주저하지 말고 소개받는 사람에게 이름이 무
엇이냐고 물어라. (그러나 부디 파티 주인에게는 묻지 마라. 그는 자신이 당신
에게 소개하고 있는 그 사람의 이름을 잊어버렸을지도 모른다.) 그 손님은 자
신의 이름을 정확하게 반복해도 개의치 않을 것이다.

2) 당신의 마음 속에 그 이름이 자리잡을 기회를 주어라. 이것을 거의 자동적으로 수행하는 가장 좋은 방식은 뒤따르는 대화에서 그 이름을 두 세 번 크게 소리내어 사용하는 것이다. 그러면, 그 이름은 잊혀지지 않을 정도로 마음 속에 새겨지게 된다.

3) 이름을 기억할 때 얼굴도 같이 기억하라. 조심스레 사람을 쳐다보아라. 경찰은 근무 첫날부터 얼굴을 기억하는 법을 엄격하게 훈련받는다. 이 기술은 일상 생활에도 유용하게 쓰인다.

머리 꼭대기부터 시작하라. 금발인가, 검은 색인가, 은발인가. 그 다음 얼굴로 간다. 둥근 형인가, 타원형인가, 야윈 형인가 뚱뚱한가. 눈의 색과 얼굴 형태도 주목하라. 그 이미지가 얼마나 예리한지, 그리고 얼마나 오랫동안 남는지는 놀랄 것이다.

큰 레스토랑이나 나이트 클럽에서 표를 쓰지 않고 외투를 보관하는 여자, 손님의 이름은 들어본 적이 없는 비행기 여승무원, 그리고 얼굴을 기억하는 자신의 능력에 생계가 달린 많은 사람들이 자기가 본 것을 관찰하고 기억하도록 자신을 훈련시킨다. 당신도 역시 그렇게 할 수 있다.

4) 마음 속에 기억한 이름과 얼굴을 서로 결합시켜라. 당신은 마음의 그림을 그리도록 노력하라. 당신은 어떤 사람을 사업과 관련지어 생각할 수 있다. 목수는 톱쟁이(Sawyer)라 이름지을 수 있으며, 토건업자는 다리(Bridge)라 이름지을 수 있다. 실제로 그가 석공이든 아니든, Mr. Mason이라는 이름은 마음의 눈으로 벽돌을 쌓고 있는 그의 모습을 떠올릴 때, 아주 빠르게 우리의 마음 속에 새겨질 수 있다. Butler(집사), Farmer(농부), Fisher(어부)와 그 밖의 다른 이름들도 또한 듣는 순간 마음 속에 즉시 각 이름과 관련하여 어떤 영상이 떠오른다.

5) 당신은 기억을 유지하는 한 방법으로 운율을 사용할 수 있다. "Mr Fowler is a prowler" 또는 "Mrs Farnum should be Barnum"의 표현은 몇 초 안에 만들어낼 수 있는 하나의 예시이다. 몇 가지 심리학적 현상에 의해 이것은 오랫동안 당신의 기억에 남아 있을 것이다.

데일 카네기가 가장 선호하는 방법은, 어떤 일―자신에게 그의 이름을 상기시켜 주는―을 하는 그 사람의 모습을 마음 속에 그리는 것이다. 그는 가능한 한 최대로 터무니없는 그림을 그렸다.

예를 들면, 해밀튼(Hamilton)이란 이름을 기억하려면 머리는 인간의 머리이고 몸은 햄(ham)인 사람을 그려라. 그가 앉은뱅이 저울로 걸어가는 걸 그려보라. 무게 재는 사람이 저울에 달아보고 "당신의 무게는 일 톤이야!"라고 외치는 모습을 그려라.

밴 하텐(Van Hatten)의 이름을 기억할 때는, 거대한 밴(Van)을 운전하고 있는 그의 모습을 그려라. 보통의 뚜껑 대신 큰 모자(Van—Hat—On)가 덮혀 있다. 와클로프스키(Waclawski)의 이름을 기억할 때는, 미국 육군 여부대(WAC)의 유니폼을 입은 Dr. Waclawsk를 그려라. 그의 팔 밑엔 법률 책이 있으며 한 벌의 스키를 신고 있다(Wac—law—ski).

이런 과정은 좀 유치한 것처럼 보일지도 모른다. 그러나 당신이 이런 방법을 사용하고 있다는 것을 아는 사람은 결국 당신 혼자뿐이다. 실제 다시 반복하라. 당신은 이 방법이 정말로 효과적임을 알게 될 것이다.

4. 유명한 사람을 만났을 때

옆 집에 사는 부부와 같이 이야기하는 것은 평범하다. 그러나 당신의 옆 집에 유명 배우나 특출한 정치가가 산다면 어떻게 하겠는가? 다음은 텔레비전 방송국의 인터뷰 기자인 바바라 월터스가 유명 인사를 인간적으로 보는 법과 여러분이 유명한 인사와 우연히 만났을 때 그들과 당신 모두에게 기쁨이 되도록 하는 방법에 대한 몇 가지 조언이다.

유명 인사들은 남과 잘 어울리려고 하지 않는다. 그리고 어느 누구도 그들이 그렇게 섞여 어울리기를 바라지 않는다. 클라크 게이블 영화사의 중역과 같이 있던 한 젊은 여배우가 그에게 "당신을 어떻게 불러야 되죠"라고 물었다. 그는 "당분간 우리는 서로 알고 지낼 것입니다. 그러니 '게이블 씨'라 부르면 됩니다"라고 그는 그녀에게 확실하게 말했다.

이러한 종류의 왕권은 바람과 함께 사라졌다. 오늘날은 뉴잉글랜드 주의 어느 마을이나 미네소타 주의 한 공항 같은 전혀 예상치 못한 현장에서 분산되어 영화를 제작하는 시대이다. 이제는 유명 인사들이 발음도 하기 어려운 이름을 지닌 도시들을 돌아다니며 그 지역들의 여자들과 차를 마시며 강연을 한다. 또한 정치적인 명분과 자선행사와 시위의 대의 명분에 참여하여 여러 지역을 돌아다니는 작가나 배우, 음악가들도 있다. 당신은 선거 운동 위원회 실에서도 그들을 만날 것이다. 또는 자금 조달을 위한 저녁 식사나 새로운 아동 병원의 초석을 세우는 기공식에서 그들을 만날 수도 있을 것이다.

「투데이」지의 프로그램 팀의 일원으로 여러 다른 도시를 돌아다닐 때, 또는 내가 강연을 하러 돌아다닐 때, 새로 알게 된 사람들에게 깊은 인상을 받아 그들이 뉴욕에 올 계획이 있으면 내게 전화해 달라고 요청한 적이 자주 있었다. 이렇게 만난 사람들 중에서 특히 앤 랜더스, 허버트 험프리 부인, 그리고 마틴 루터 킹(2세) 목사 부인과 같은 바쁜 여성들이 생각나는데, 우리는 단 하루를 만나고서 친구가 되었다. 우리는 자주 서로의 일과 가족에 대한 이야기를 담은 짧은 편지를 부담 없이 주고받는다.

당신이 유명 인사를 만나게 되었을 때, 당신에게는 두 가지 선택이 있다. 당신은 스스로 이렇게 다짐할 수 있다. "나는 매우 세속적인 사람이어서 절대로 그와 같은 명사를 귀찮게 하지 않을 것이다." 그런데 이것은 당신이 단지 남들과 마찬가지로 부끄러움이 많다는 것을 뜻하거나 아니면 그에게 용감하게 접근해서 무언가를 말할 수 있다는 것을 뜻한다. 만일 그 명사를 매혹시킬 수 있을 정도로 재치 있고 유쾌한 말로 대화를 시작하는 방법을 알고 있다면, 당신은 후자의 방식을 선호할 것이다. 그런 순간은 많은 월터 미티(Walter Mitty : Thurber의 단편소설의 주인공 이름으로 자신을 대단한 영웅으로 꿈꾸는 몽상가이자 소심가) 방식의 꿈들로 엮어진 것이지만, 그렇다고 전혀 실현 불가능한 것은 아니다. 명사들은 그들의 커피가 식기를 기다리는 동안, 누구에게 말을 걸어야만 한다. 그리고 그 누군가가 당신일 수도 있고 그렇게 되면 당신도 그 대화를 즐길 수 있을 것이다.

유명한 사람에게 접근하는 방법

당신은 유명한 사람에게 존경심을 표현하고 싶은 자연스러운 충동에 따라, 유명한 사람이나 그 밖의 어떤 인사와도 안전하게 대화를 시작할 수 있다. 사람들은 심지어는 자기가 싫어하는 명사들에게도 아양의 말—정말로 그들의 인상이 좋다는 등의—을 하는 경향이 있는데, 명사들은 이 점을 잘 알고 있다. 그러나 당신들은 다를 것이다. 마구 지껄여 대지는 마라. 그리고 너무 오랫동안 말함으로써 웃음이 그의 얼굴을 아프게 하지는 마라. 그리고 속 빈 칭찬의 말—정말로 마음에 들었다, 신기하다, 전설적인, 환상적인, 신성한 등의—을 피하라.

만약 진심으로 말하고 싶고, 당신이 말해야 하는 입장을 완전히 확신한다면, 당신에게 깊은 인상을 심어주었던 그의 뛰어난 행적에 대해 말하라. 그러면 그는 당신에게 매료되고 고마워 할 것이다. 그러나 만약 미리 그의 뛰어난 행적을 확인할 기회가 없었거나 정확한 사건에 대한 당신의 회상이 조금이라도 희미하다면, 그냥 일반화시켜서 말하라. 단순히 친절하게 보여지기를 원하는 호의적인 팬들로 인해 많은 명사들은 괴로워했다.

가장 흔하면서도 가장 큰 실수는, 팬들이 유명 인사를 다른 사람으로 착각하는 것이다. 작곡가들은 자신이 쓰지도 않은 악보에 대해 축하를 받을 때가 있으며, 작가는 다른 작가가 쓴 베스트 셀러에 대해 축하를 받기도 한다. 배우들은 때때로 자신들이 출연하지도 않았던 영화에서의 연기가 잊을 수 없을 정도로 인상적이었다는 칭찬을 듣는다. 오인으로 인한 이러한 칭찬은 명사들에게는 자존심을 상하게 하며, 대화를 계속하는데 김빠지게 만들면서 곧 그 대화는 끝나게 될 것이다.

신체적인 비슷함 때문에 사람을 잘 못 알아보는 혼란은 드물다. 오히려 혼돈은 국적이나 직업에 따라 오점 투성이인 표제 밑에 명사들의 얼굴을 정리하려는 경향에서 나온 것이다. 사람들은 거의 모든 영국 배우에게 '아라비아의 로렌스'라는 작품에서 뛰어난 연기를 했다고 말하며, 앤디 윌리암스를 제외한 모든 남자 가수에게는 월강(月江, Moon River)은 아름다운 주제가라고 말할 것이다. 또한 그들은 키티 칼리슬이 백화점에서 쇼핑하는 것을 보고, 그녀에게 달려가 얼마나 자기들이 그녀가 '내 인생의 항로는 무엇인가?'(What's my line?)라는 노래를 부르는 모습을 보고 싶어하는지에 대해 말할 것이다.

하지만 의심스러울 때는 애매하게 둘러대는 안전한 방법을 모색하여 화제를 바꾸어라. 가령 "난 언제나 당신의 활동을 매우 높이 평가해 왔습니다. 그런데 지금 우리 마을에서는 무슨 일을 하세요?"

무엇보다도, 당신이 어떤 사람(이나 그의 활동)에 대해서 완벽하게 기억해 낼 수 없다면, 당신의 기억을 명확히 되살려 달라고 그에게 요청하지 마라. 어떤 팬이 자기가 명사에게 가하고 있는 정신적 고통은 모른 체 순박하게 활짝 웃으며, 몇 년 전에 본 브로드웨이 쇼의 이름이나 멋진 무대장치들, 회전형 무대였다던가, 어쨌든 온 가족이 그것을 보았으며 당신은 최고였고, 그것은 가장 위대한 공연한 중의 하나였다던가, 내가 그 쇼의 이름을 기억할 수만 있으면 좋을텐데 하면서 기어이 옛 기억의 파편을 더듬으면, 그것은 명사에게는 바로 악몽 그 자체이다.

그 운이 나쁜 배우는 자신의 뉴욕 경력을 낱낱이 이야기할 수밖에 없지만, 자기 마음 속으로는 그것은 자기가 아니라 크리스토퍼 플러머가 주연한 연극으로 밝혀질 것이라는 것을 이미 알고 있다.

얼굴은 알겠는데

명사에게 어떤 팬이 오직 자신의 이름만 알고 있을 때보다도 훨씬 더 실망스러운 경우는 그가 자신의 이름—심지어 틀린 이름조차도—을 전혀 기억하지 못할 때이다. 그 팬은 이런 사실을 전혀 개의치 않는다. 그는 명사의 얼굴이 자신에게 낯이 익은 것은 알지만, 왜 낯이 익은지 알지 못해서 설명을 들어야겠다고 판단한다.

이런 경우에 그러한 팬이 보통 하는 말은 ‘당신 무언가 대단한 사람 아니예요?’이다. 이 말은 대답하기에는 다소 도전적인 질문이다. 아마도 철학자라면 이런 질문을 다룰 수 있을 것이다. 그리고 신학자들은 우리 모두는 신의 자녀라는 개념으로 기꺼이 대답할 수 있을지도 모른다. 이런 질문에 당황한 명사는 다음과 같이 겸손하게 대답을 할 수 있다. “아니오, 실제로 전 아닙니다” 그러나 이 팬은 이렇게 우긴다. “난 당신을 TV에서 아니면 어딘가에서 봤어요. 당신이 그 사람이지요.”

미국 NBC 방송의 뉴스 기자 알린 사리넨은 나에게 그녀가 살아오면서 “당신이 그 사람입니까?”라는 질문을 받는 경험에 대해 말했다. 그녀는 LA에서 새로운 예술 박물관 개막식을 취재하고 있었다. 그녀와 함께 다른 NBC 기자인 잭 팩톤이 있었다. 그들이 박물관 밖에 서 있을 때 한 여성이 명사의 얼굴을 알아보아서 기쁘다는 표정을 지으며 그녀에게 다가왔다. 그녀는 샤리넨 씨에게 "난 「투데이」지의 쇼에 대한 당신의 기사를 좋아합니다. 당신의 영화 평론은 최고예요"라는 칭찬의 말을 늘어놓았다.

"감사합니다"라고 알린은 정중하게 대답하며, "그런데 당신은 나를 주디쓰 크리스트와 혼동하는 것 같군요"라고 덧붙였다.

"아, 그래요"라고 그 여자는 말하며 관심을 잭 팩톤에게로 옮겼다. "하지만 난 당신을 어딘가에서 본 것 같은데…… 아, 맞아, 당신은 대법관 죤이다!"

카메라 앞에서 생활하는 유명 인사들에게 접근할 때는 당신이 사소하지만 언급을 피해야 할 또 다른 사항이 하나 있다. 결코 그에게 당신이 예상했던 것과 다르게 보인다고 말하지 마라. 그런데 많은 사람들이 "카메라가 당신을 잘 못 잡는군요. 실제의 당신 모습이 훨씬 나아요"라는 말이나 "실제로 당신은 훨씬 젊고 날씬해 보이는군요"라는 말을 명사에 대한 굉장한 찬사로 알고 있다는 것은 정말 놀라운 일이다. 그런데 이런 생각은 배우가 카메라에서 더 멋있게 보인다는 자기의 희망 섞인 착각에 빠져 있다는 말이 되며, 이것은 배우의 직업상 생존에 큰 타격이다. 그는 이를 악물고 고맙다고 말하지만, 사실 그런 말은 명사로 하여금 자신감을 없애는 것이다. 명사에게 더욱 해서는 안될 말은 그가 실제보다 TV상에서 더 잘 나온다는 말이다. 어떤 방식이든, 당신에게 다 좋으라는 법은 없으며, 그 명사에게도 또한 그렇다.

나는 이름을 기억할 수 없는 어떤 사람을 만날 때, 내 스스로 2분을 기다리며 생각한다. 그리고 나서도 전혀 그 이름을 생각해낼 희망이 없다면, 언제나 "그런데 그 오래된 불평거리는 어떻습니까?"라고 말한다.

— 벤자민 디스레이얼리

유명한 사람을 만날 기회를 절대 놓치지 마라

이런 것 때문에 명사를 완전히 홀로 남겨두고 이미 알려진 모든 위험 요소를 피하는 것이 관련 유명 인사에게 훨씬 더 편할 것이라고 가정하지 마라. 명사들은 주목받기를 바라고 당신이 느낄지도 모르는 어색함을 해소시킬 우아한 반응들을 비축해 두고 있다. 대부분 그들은 여행할 때 사람들이 자신들에게 질풍 같은 관심을 보이지 않으면 실망스러워 할 것이다.

때때로 문제는 우리 일반인들의 지나친 관심은 그들을 짜증나게 할 것이라고 생각한다는 점이다. 나도 이런 식으로 생각했는데 손해만 봤다.

나는 해리 벨라퐁이 손님으로 참석한 뷔페식 저녁에 참석한 적이 있다. 나를 제외한 그 파티의 모든 여자들이 너무나도 억척스럽게 그를 둘러싸고 있어서 나 한 사람이라도 그의 부담스러움을 덜어 주자고 결심했다. 그리고 그에게서 멀리 떨어져 있는 것이 그에게 친절을 베푸는 것이라고 생각했다. 게다가 그런 식으로 멀리 떨어져 있으면 돋보이게 되어 나의 차가운 무관심이 오히려 그의 주위를 끌 것이라 생각했다. 그런데 얼마 뒤에 나는 내 자신을 확. 걸어 차 버리고 싶은 마음이 들었다. 왜냐하면 나는 우리 시대 가장 재미있고 지적인 배우와 이야기 할 기회를 놓쳤기 때문이었다.

모든 수단을 동원하여 당신에게 찾아온 유명 인사와 단 몇 문장의 대화라도 나눌 수 있는 기회를 잡아라. 그러나 오랫동안 전해 내려온 바른 예절을 사용하여 언제 대화를 끝내는 것이 적당한가를 판단하려고 노력하라.

예의 바른 태도를 가져라

어느 날 남편과 내가 볼티모어의 한 식당에서 조니 카슨과 그의 10대 아들과 저녁 식사를 같이 하면서 왜 수퍼 스타들이 은둔자가 될 수밖에 없는지를 알게 되었던 내 경험은 지금 여기서 내가 말하고자 하는 내 생각을 잘 드러내 준다. 그 식당에서 밥을 먹고 있던 다른 사람들이 우리에게 다가와서 카슨에게 말을 걸기 위해 열두 차례 이상 우리의 식사를 방해했다. 아주 많은 사람들이 그를 몇 발치 떨어진 곳에서 카슨이 밥먹는 것을 응시했으며, 한 사람은 대담하게 의자를 당겨 앉고는 우리와 합석했다. 조니 카슨은 나에게 이것이 바로 자기가 생각하는 무례의 전형이라고 말해왔다.

남편과 나는 또한 그렇게 불쾌한 어떤 저녁 식사—우리는 며칠 동안 이 식사에 대해 얘기를 나누었음—를 기억하고 있다. 우리 우주비행사들이 최초로 달에 착륙한 직후에 뉴욕 주지사 넬슨 록펠러는 그 우주비행사들에게 왈도르프 아스토리아의 큰 무도장에서 화려한 저녁 식사를 대접했다. 초대장을 받기는 아주 어려웠으며, 그 방은 우주비행사 자기들은 물론 각 분야의 유명한 인사들로 가득 찼다. 그러나 리와 나는 이렇게 모인 보기에는 세련된 사람들이 한 사람씩 프랭크 시내트라가 앉아 있는 테이블에 다가서는 것을 처음에는 매료되어 바라보다가 나중에는 진절머리가 났다. 시내트라가 사인 공세를 받지 않고 있을 때는 사진사들과 카메라맨들에게 둘러싸여 있었다.

카메라의 플래시가 밝은 불빛을 내며 계속적으로 그의 얼굴에 터지고 있었고, 낯선 사람들이 자기들의 팔을 그에게 올린 채 기대어 있었다. 그럼에도 그는 용감하게 식사를 하려 했다. 그는 결코 자신의 인내심을 잃지 않았으며, 나도 그의 곤경에 대해 더 이상 이해와 동정이 들지 않았다. 시나트라가 할 수 있는 유일한 선택은 저녁 식사하는 그 자리를 완전히 떠나버리는 것일 것이지만, 그렇게 되면 그날 저녁에 우주비행사들의 관심의 대상이 될 기회를 놓쳐버리게 될 것이었다. 그런데 분명히 이러한 고통들은 시내트라에게는 자기의 편안함보다 더 중요했던 것이다.

　　세미놀족을 위한 캠페인을 마친 뒤, 앤드류 잭슨 장군은 워싱턴 시를 방문했다. 그곳에 머무르는 도중 그는 바지를 마련할 기회가 있어서, 밸러드라는 이름의 일류 재단사에게 바지를 만들게 했다. 밸러드는 뽐내기를 아주 좋아하는 조그만 녀석으로 자기 고객이었던 명사들의 인정을 받는 것을 아주 좋아했다. 그 바지 만들기를 끝마친 며칠 뒤에 밸러드는 앤드류 장군이 테니슨 호텔 앞에서 몇 명의 신사들과 대화 중임을 보고서 그에게로 다가가 말을 걸었다. 앤드류는 그를 어떤 유명한 명사라고 생각하고서 아주 정성껏 손을 내밀어 악수를 하였지만, 그의 이름을 생각해내지 못해서 속삭이듯이 그에게 이름을 물었다. 이 물음에 밸러드는 "나는 당신의 브리치스(breeches: 승마용 바지)를 만든 사람이에요"라고 대답했다. 앤드류 장군은 그의 말을 오인하여 즉시 동석한 사람들을 향하여 그를 브리치스 시장이라고 소개했다. 그 후로 불쌍한 밸러드에게는 죽는 그 날까지 그 칭호가 따라 다녔다.

— 1852년 12월, 하퍼스 매거진

사려 깊게 행동하라

이 모든 것들로부터 나는 무엇을 배웠나? 나는 유명 인사들이 개인적인 식사를 하거나 무엇을 먹고 있는 동안에는 어떤 접근도 하지 말아야겠다고 결심했을 것이다. 만약 당신이 무언가 친절한 어떤 말을 하고 싶거나 사인을 해달라고 하고 싶다면, 메모를 써서 웨이터장에게 전해 달하고 하라.

　　(이것은 아주 사소한 것이지만 중요하다. 유명 인사에게 사인을 요구하기 전에 제발 종이와 펜은 먼저 구해 놓아라. 뭔가를 구해 달라고 요청한다면, 그것은 그에게는 귀찮은 일이다.)

　　유명 인사와 또 다른 만남은 우연히 공개석상에서 만나는 것이다 이 만남에서도 역시 당신은 정중함에 대한 일반적인 규칙을 따라야 한다. 그것은 바로 비행기로 여행할 때이다. 이륙에 대비하여 안전벨트를 동여매고 옆자리의 승객들을 보다가 바로 옆자리의 승객이 유명 인사임을 알게 되었다. 당신은 어떻게 해야 하겠는가?

그건 그렇고 무엇보다도 먼저 사려 깊게 행동하라. 그 명사는 자기의 강한 매력을 없애려는 어떤 시련에서 자기가 또 다른 재치를 발휘하려다가 더 많은 긴장을 얻을 수 있다.

아마도 그 명사는 에너지를 충족시키고 생각들을 정리하기 위해 비행기 여행의 평화스러움과 사생활 보장을 기대해 왔을 수도 있다. 모든 수단을 동원해서 그에게 말을 걸고, 무언가 그의 기분을 좋게 해주는 다정한 말을 해주어라. 그리고 나서는 책을 한 권 집어들고 그를 혼자 남겨 두어라. 만일 피곤을 느끼고 있다면, 그는 당신에게 아주 고맙다고 생각할 것이다. 그리고 당신은 명사가 자신이 대화하고 싶은 기분이 들 때 스스로 대화를 시작하도록 그 명사에게 대화의 문을 이미 열어 놓은 셈이다.

유명한 사람도 역시 사람이다

당신 곁에 있는 명사가 당신과 함께 보낼 약간의 시간이 있으며 당신과 이야기하고 싶은 마음을 지니고 있다고 가정해 보자. 아마도 그는 그날의 강연자로 당신은 주로 듣는 사람이며 공식적으로 안주인일 것이다. 또는 당신은 어떤 파티에서 그를 만나 얼마동안 그의 관심을 듬뿍 받았다. 아니면 당신이 엘리베이터를 기다리고 있는데, 그도 역시 엘리베이터를 기다리고 있다가, 엘리베이터가 와서 탔을 때 당신과 그 명사 단 둘뿐이다. 당신이 그 명사에 대한 당신의 존경심을 예절바르게 표현하여 대화의 서두를 안전하게 꺼냈는데, 그 명사도 당신이 한 찬사의 말에 감명 받았다고 이미 대답을 하였다. 그러면 이번엔 다시 당신 차례다.

유명 인사도 다른 여느 사람들과 똑같이 피곤하고 상처받기 쉬운 육체와 피를 가졌다. 그에게 무언가 공감을 보여주도록 시도해 보라. 사실은 아마도 그가 당신보다 더 상처받기 쉬운 사람이며, 또한 근본적으로 수줍음이 많을지도 모른다. 그의 직업과 그의 실제 개성이 동일하다고는 생각지 마라. 그가 대중에게 보여주는 확신에 차고 섹시한 이미지는 흔히 꾸며낸 한 단면일 뿐이다. 특히 코미디언들은 활동하고 있을 때 화려한 모습을 보여주지만, 사실은 다른 장소에 가면 움츠려 들거나 말도 잘못하는 사람일 수도 있다.

실제로 유명 인사들과 성공적인 대화를 나누는 대부분의 사람들은 인간의 관심사라고 묘사될 수 있는 화제들에 집착한다. "당신은 정말로 환상적인 인생을 살고 있군요, 그렇죠?"와 같이 흥분 상태에서 아무렇게나 내던지는 절제되지 않은 질문—명사가 한쪽 눈을 시계에 둔 채로 대꾸를 하지 않을 수 있는 질문—보다는 이런 인간적인 화제들이 두 사람 사이의 논의로 이어질 가능성이 있다.

한 예를 들면, 저널리스트인 내 친구는 칵테일 파티에서 엘리자베스 여왕과 잊을 수 없는 5분의 대화를 나누었다. 왜냐하면 그 친구가 여왕에게 그 전날 노천 광산을 방문했을 때 어떻게 여왕의 옷을 입고서 그 바람을 견디어 내었는지 물었기 때문이었다. 여왕은 머리부터 발끝까지 적황갈색으로 물들게 되었음을 알았을 때 자신이 느꼈던 놀라움을 묘사하며 흥분을 감추지 못했다. 그리고 모자를 솔로 깨끗이 털어내려고 했던 자기의 시도들과 과연 자신의 옷을 다시 깨끗하게 할 수 있을 것인가 하는 자신의 염려에 대한 이야기를 계속했다. "그런데 그건 정말 새 옷이었어요"라는 말을 했었다. 내 친구는 단순하고 실제적인 문제에 대한 그녀의 관심을 표현함으로써 여왕이기 이전에 한 여성으로서의 그녀의 모습을 보는 소득을 거두었다고 말했다.

여왕 자기도 똑같은 말을 했다고 알려져 있다. 수많은 텔레비전 시청자들은 주영 미국 대사인 월트 애넌버그가 자기의 신임장을 제시하기 위해 버킹검 궁전에 나타났을 때 여왕이 그와 담소하는 것을 보았다. 여왕은 과연 무슨 말로 대화를 시작했을까? 그녀는 그 대사가 대사관을 새로 단장하고 있다는 말을 들은 적이 있어서, 그 일이 어떻게 진행되고 있는지에 대하여 물어 보았다.

당신의 공감을 보여줘라

당신이 유명 인사에게 어떤 질문을 하든지 그 질문에는 그 명사를 향한 당신의 공감이 들어가 있어야 한다. 나는 내 일상의 시간표—아침 몇 시(아침 4:30)에 일어나야 하는가? 또는 어떻게 해야 잠을 충분히 자는가?(나는 깊은 잠을 자지 못함)—를 알고자 하는 사람들에게 언제나 설득당한다. 왜냐하면, 그들이 나도 역시 인간이라는 점—몸이 좋지 않아도 일상적인 계획에 따라 일은 해야하는 한 여성이라는 점—을 인정하는 사려깊은 태도를 보여 주기 때문이다. 나는 또한 내 어린 딸 재클린에 대한 질문에 마음이 부드러워진다. 내 생각엔 대부분의 사람들은 그들의 자녀에 대한 질문을 받기를 좋아한다.

늘 쌀쌀맞은 바바라 스트라이샌드에게 어떻게 어린 아들 제이슨에게 맞는 좋은 육아학교를 선택했는지 물음으로써, 나는 그녀와 대화를 시작할 수 있는 분위기를 잡았다. 메이미 아이젠하워 부인은 오랜 시간의 인터뷰 전에 손녀 수지에 관해 이야기함으로써 마음을 편하게 했다. 전 부통령 험프리 부부는 손자 이야기하기를 좋아하는데, 내가 그들에게 내 딸 제클린 이야기를 하도 많이 해서 그들은 내 집—내가 아니라 내 딸—에 자연스런 포즈로 찍은 사진을 애정을 담아 자필 서명을 하여 보내기도 했다. 그리고 비록 우리가 결코 만난 적은 없지만, 드디어 여배우 바바라 벨 게디즈와 내가 정신적 친구가 되었음을 알았다. 왜냐하면, 그녀는 최근 나에게 자기가 몇 년 전에 쓴, 아름다운 삽화가 들어 있는 아동용 도서를 "나만큼이나 어린이를 사랑하는 바바라 월터스에게"라는 헌정사와 함께 보내주었기 때문이다.

자녀들이 나이가 들었거나 마약을 복용하거나 이혼한 경우에는 예외로 하고 싶다. 이런 경우 자녀들을 화제로 삼는 것은 금기이다. 어떤 명사의 사생활이 좋지 않다는 소문이 아무리 널리 퍼졌다 할지라도, 자기가 그것을 먼저 언급하지 않는 한 어느 누구도 그것에 대해 이야기 할 권리는 없다.

안전한 화제로 말하라

그렇지만, 대부분의 경우에 아이들을 화제로 삼는 것은 안전하다. 당신은 유명 인사에게 자녀가 몇이며, 그들은 몇 살이며, 어디에 있으며 또한 학교 생활에 만족하고 있는지 물어 볼 수 있다. 당신도 역시 부모라면, 당신은 그 명사와 비슷한 배경을 가지고 있어서 그 사람과 대화를 폭넓게 전개할 수 있는 여지가 있다. 당신은 그 명사에게 당신의 아이가 더 나이가 많거나 같다거나 머리 길이가 어떻다거나 당신의 아이가 키우는 애완 동물이 어떠하다는 등의 말을 할 수 있다.

대화의 분위기를 밝게 끌고 가라. 상대방이 밝히려 하지 않는 사실은 언급하지 말라. 당신 딸이 가출을 했다든가 경찰에 붙잡혀 돌아온 시간, 지난 주 심리학자가 당신 딸에게 해준 충고, 네 아들이 자동차를 망가뜨렸던 시간 등에 대해서는 말하지 마라. 이것은 너무 침울하고 너무 개인적이며 슬픈 주제다. 페이튼 플레이스(옮긴이 주 : Payton Place는 소설가 Grace Metalious의 소설의 제목이며, 또한 이 소설의 배경인 New Hampshire주의 가공의 시골 마을의 이름이기도 한데, 이 소설은 1957년 영화화되어 유명해졌음)의 한 배역을 맡은 체하거나 당신 가족의 불운을 극적으로 표현함으로써 명사의 관심을 계속 받고 싶은 유혹에 빠지지 않도록 하라.

취미와 동기를 말하라

이 밖에도 진지한 대화를 나누어 볼 만한 더 자극적인 주제들은 아주 많다. 오늘날 많은 유명 인사들은 전문가로서의 삶 이외에도 깊은 정열을 가지고 있거나 특별한 취미를 가지고 있다. 코미디언 오슨 빈은 실험 학교를 세웠으며, 교육 개혁에 관한 사려 깊은 생각들을 가지고 있다. 딘 러스크는 토마스 제퍼슨에 대한 권위자이다. 캔디 버건은 전문적인 사진 작가였으며 스티브 맥퀸은 경주용 자동차를 모는 기술로 인해 존경을 받았다.

어떤 명사를 만날 것이라는 통보를 미리 받을 때, 당신은 이러한 종류의 배경 정보를 도서관 참고 서적이나, 전기물, 또는 신문철을 찾아서 얻을 수 있다. 또는 만일 그 명사가 강연을 하거나 어떤 영화를 홍보하러 올 예정이라면, 여행 안내자나 진행자로부터 배경 정보를 얻을 수 있다.

나는 롤라라는 이름을 가진 멋진 친구가 있다. 그녀에 대해 말할 때면 난 언제나 "롤라가 원하는 것은 무엇이든지 얻게 된다"라는 노래를 떠올린다. 롤라는 전업 주부이다. 그녀는 키가 크고 잘 생긴 남편이 있으며 4명의 자녀도 있다. 하지만 친구들과의 우정을 돈독히 하는데 걸리는 시간에 대한 자기의 관심과 사람들에 대한 자기의 관심을 제외하고는 그녀는 명성을 얻기 위한 어떤 실제적인 요청도 하지 않는다. 그 결과로, 그녀는 알렌 킹, 쉴라 멕리, 젝 발렌티 그리고 존 휴스톤과 같은 명사들을 자기의 가장 친한 친구들의 목록에 올려놓고 지낸다. 롤라와 나는 최근에 알렌 킹과 그의 부인인 자네트가 에쓸 케네디를 기리기 위해 롱 아일렌드의 집에서 연 파티에 간 적이 있다. 나는 인디아나주의 매력적인 의원인 버치 베이의 옆자리에 앉았다. 그 의원은 민주당의 잠재적인 대통령 후보로 언급되고 있었는데, 그와 나는 당선 가능성에 관한 자기의 견해와 나의 견해를 말했다. 그러나 후식을 먹는 동안 여러 사람들에게 소개되었을 때, 롤라는 이 모임의 주목을 받았으며 또한 그 상원의원의 관심을 끌었다. "베이 상원의원님 그 토마토들은 잘 크고 있는지 말해 주실래요?"라고 천천히 말하기 시작했다. 그 의원은 크게 소리내어 웃으면서 도대체 어떻게 자기가 예전에 토마토를 키운 적이 있으며, 여전히 토마토를 좋아하는지 알았느냐고 물었다. 그녀는 그의 관심을 온통 끌고 있었는데, 오페라를 보러 가기 전에 친숙하지 않은 오페라의 가사에 대해 공부하듯, 그가 이 파티에 올 것이라는 것을 알고서 자신의 집에 있는 신원 조회 서적에서 그에 대한 정보를 찾아보았다고 설명했다. 그녀는 그 상원 의원에 대해 몇 가지 더 많은 것을 알고 있었고, 그를 만나기 위한 준비를 충실히 준비해서 그녀의 이야기가 참신했으며 상대방의 기분을 잘 맞추었기 때문에 나는 그와 이야기할 기회를 가질 수 없었다. 하지만 이런 경험은 당신을 위해서 이야기할 필요가 있다고 난 생각한다.

유명한 사람에게 이야기하지 말아야 할 두 가지

그런데 모든 유명 인사들이 토마토를 키우는 것은 아니다. 게다가 당신은 그의 취미보다도 그의 일에 훨씬 더 친숙할는지도 모른다. 이 경우에 지켜야 할 몇 가지 주의 사항이 있다. 하나는 당신이 권위자가 아니면서 그 분야의 권위자인 척하지 마라. 만약 당신이 그림에 조예가 깊은 체한다면, 그는 바로 당신에게 아크릴화와 콜라주 기법, 그림에 대한 뉴욕의 영향력에 대해 말하려 할 것이고 사실 당신은 그림에 대한 지식이 없어 대화를 더 이상 이어나가지 못하고 좌초당할 것이다. 그러면 그는 틀림없이 당신이 그 분야의 권위자가 아니라는 것을 알게 된다.

전문적인 일에 대한 대화에서 조심해야 할 또 다른 위험은, 많은 사람들이 오직 분명한 것들만을 말한다는 점이다. 사람들은 유명 인사의 생애 중 가장 잘 알려진 업적을 강조하지만, 그것은 전혀 그 명사의 가장 뛰어난 작품이나 그가 가장 좋아하는 작품이 아닐 수 있다. 자신의 초기의 성공작인 <인간의 굴레>만을 기억하는 사람들로 인해 서머셋 모음은 정말 기분이 상했을 것이라고 나는 확신한다. 그리고 노먼 밀러는 자신의 초기 작품인 <발가벗은 자와 죽은 자>만을 언급하는 사람들 때문에 의욕을 잃고 있었는데, 케네디를 소개받았을 때 그가 자신의 <사슴 공원>이라는 작품을 좋아했다고 말하자 매우 기뻐했다는 이야기가 전해진다. 라흐마니노프는 자신의 가장 잘 알려진 두 개의 서곡을 싫어했고 그 곡들을 "아주 형편없는 음악"이라고 불렀다고 말한다.

인간적이며 신중하게 유도한 질문에는 함정에 빠지게 하는 일은 거의 없다. 화가에게는 가장 아름답게 본 그림이 무엇인지 물어 보고, 작가에게는 어떻게 첫 작품을 출판했는지 물어 보라. (그런데 작가에게 절대 어떻게 해서 그 작품의 아이디어를 얻는지를 묻지 마라. 왜냐하면, 이 질문은 진부한 질문이기 때문이다.) 유명 인사에게는 어디에 사는지 또는 그곳이 좋은지 만약 다른 곳에 살 기회가 주어진다면 어디에 살고 싶은 지를 물어 보라. 음악가에게는 뜻이 담겨져 있지 않은 음악은 들을 가치가 있는지 없는지 물어 보라. 그

에게 어떻게 아이들에게 감흥을 주어 음악을 감상케 하는지 그리고 음악은
후천적인 기호인지 아닌지를 물어 보라.

　여러분들이 먼저 알아야 할 것은 유명 인사들이 당신과 같은 사람에게 말
을 걸 것이며 당신은 또한 듣고만 있지는 않을 것이며, 당신도 또한 말을 걸
것이다. 그런데 가장 중요한 것은 명사와 대화하며 당신은 좋은 시간을 보낼
것이란　것이다.

유명한 사람과 이야기할 때 겪는 일곱 가지 문제

동시에 두 명의 유명 인사와 대화할 때: 칵테일 파티나 저녁 만찬에서 흔히
일어날 수 있는 일이지만, 만일 두 명의 유명 인사가 함께 서 있을 때 당신이
좋아하는 한 명사에게만 이야기를 걸어 다른 명사를 전혀 의식하지 않는 실
수를 범하지 마라. 그것은 두 명사를 모두 불편하게 할 것이다. 먼저 "당신
두 사람을 만나 정말 기쁩니다"라고 말하라. 그리고 만일 무언가 미심쩍은
기분이 남아 있다면, 세 사람이 다 함께 대화에 참여하는지 확인하라. 만약
당신이 좋아하는 유명 인사와 함께 있는 그 사람이 친근하지 않거나 심지어
소개를 받았는데도 잘 모르겠다면, 알려지지 않은 그 사람이 대단한 명사라
고 생각하라. 그리고 당신이 유명 인사에게 보여주는 똑같은 친절과 따뜻함
을 그 사람에게도 전하라.

　어떤 유명 인사를 만날 때 그와 함께 일했을지도 모르는 더 유명한 사람
에 대한 질문을 그에게 함으로써 그를 비참하게 만들지 않아야 함을 또한 명
심하라. 예를 들어, 자신의 첫 영화인 누가 버지니아 울프를 두려워하랴?를
감독하고 있을 때, 불쌍하게도 마이크 니콜스는 자신의 휘하에 있는 두 명의
유명한 영화 배우인 엘리자베스 테일러와 리챠드 버튼에 관한 질문에 답하느
라 화가 잔뜩 나 있었다. 그러나 그는 나에게 정말 멋진 인터뷰—그와 인터뷰
는 나의 수많은 인터뷰들 중 가장 멋진 인터뷰의 하나임—를 선사하였다. 그
이유는 내가 "니콜스 감독님, 나는 리즈 테일러나 리챠드 버튼에 관한 이야기

를 듣고 싶은 것이 아니라 당신에 관해 알고 싶다"라는 말로 인터뷰를 시작했기 때문이라고 생각한다. 그리고 나서 그밖에 당신은 무엇을 알고 있는가라고 물으니 결국 그는 자기 스스로 리즈와 리차드에 대한 이야기를 하는 여유를 보여 주었다.

당신이 읽지 않은 작품의 작가와의 대화: 읽지 않은 책을 읽은 것처럼 허세부리지 말고, 또한 '아직 읽을 시간이 없었어요'라는 구차한 변명도 하지 마라. 그리고 도서관에서 대출하기 위해 순서를 기다리고 있다고 말하지도 마라. (그의 인세는 책의 대출이 아니라 책의 판매에서 나온다.) 만일 그를 만날 때까지 시간이 좀 있고 그 책이 넌픽션이라면 나의 방식—일주일 동안 다섯 명의 작가와 이야기 할 때 종종 써먹는 방법—을 사용해 보자. 만약 그 책이 비소설류라면 나는 처음 장과 끝 장, 중간의 몇 장을 읽는다. 시간이 없거나 그 책을 구할 수 없다면 나는 그 책에 관한 서평을 찾아본다. 서평은 전체적 내용을 압축해 놓은 요약본은 아니지만, 준비하지 않는 것보다는 더 낫다. 때로는 주제 문제가 논의의 도약판일 수 있다, 예를 들어, 만약 그 작가가 도시의 황폐에 대해 썼다는 것을 알고 있다면, 무슨 일이 당신의 도시에서 일어날 것인지에 관한 그의 의견을 물어보라.

말하기를 싫어하는 유명 인사: 놀랍게도 말하기를 꺼려하는 유명 인사들 중에는 외향적이며 익살맞은 코메디언들—얼핏보기에는 너무나도 접근하기가 쉬워 보여서 처음 만난 사람들조차도 그들을 퍼스트 네임으로 소리쳐 부르는—이 들어 있다. 버디 해킷과 레드 스켈튼은 완전히 이런 유형의 사람이다. 그들은 결점이라고 할 정도로 아주 사교적이란 인상을 준다. 하지만 무대 밖에서는 친한 친구와의 대화를 제외하고는 거의 이야기하지 않는다. 앨런 킹은 이런 일반적인 경우와는 아주 드문 예외적인 인물이다. 그는 정치에서 종교까지 관심의 폭이 넓으며 자극적인 토론을 가장 좋아한다. 그렇지만, 혼자서 일하는 사람들—화가, 시인, 소설가, 음악가 등—은 거의 모든 경우에 사회적인 모임에서 긴장을 완화시킬 수 없다. 이런 사람들은 감정을 상하게 하지 말고 또한 지나치게 환대하지 마라. 오히려 신경이 극도로 예민한 사람들에 당신이 해주는 것처럼, 온화하고 고요하며 사려 깊게 대하라.

흑인 유명 인사: 많은 백인들은 흑인 명사를 보면 자신들이 전형적으로 편견 없는 자유주의적인 사고의 소유자임을 즉석에서 확인시켜 주려는 경향이 있다. 백인들은 자신에게도 흑인 친구가 있으며 자신들의 자식도 흑인 친구를 종종 데려오며 1955년의 몽고메리시 버스 파업 이후로 흑인의 대의 명분을 지지해 왔다고 말한다. 또는 블랙 팬더스(미국의 흑인 극좌파 과격단체)에 관한 그의 의견을 묻거나 마틴루터 킹의 죽음에 그가 얼마나 충격을 받았는지를 묻는다. 또는 자신의 인종(흑인)을 대표하는 자랑스러운 인물이 된 것에 대해 그에게 축하한다. 그런데 그 흑인 명사의 입장에서 보면 이것은 모두 당신이 힘들이지 않고 생각 없이 내뱉는 매력 없는 말에 불과한 것이다. 정확히 내 생각을 말하면, 그런 상황에서 그 흑인 명사는 살과 피를 지닌 한 인간으로 대접받고 있는 것이 결코 아니라 한 양심적인 백인을 마주 보고 서 있는 흑인 의 대표자로 취급받고 있는 것이다. 이것은 선입견이며 비열한 것이다. 그렇 지만, 이것이 바로 현재 흑인이 처한 상황이다. 그래서 당신이 부드러운 마음 씨를 지녔으며 말콤 엑스를 읽었다고 해서 흑인들의 어려움을 다 아는 것처 럼 속단하지 마라. 당신 자신이 흑인이 아니라면 그들의 삶의 모습이 어떤지 는 아무리 해도 상상조차 할 수 없을 것이다.

　나에게 이 교훈을 가르쳐 준 나 자신의 경험을 기억하고 있다. 내가 블랙

판스더의 지도자인 총명하고 눈부실 정도로 아름다운 엘드리지 클리버 부인과 인터뷰를 하며 이를 필름에 담고 있었다. 나는 마치 그녀의 대의 명분에 대해 완전히 이해하는 열린 마음의 소유자라는 것을 전해 주려는 것처럼 아주 온화한 표정과 공감을 나타내며 캐슬린 클리버에게 다가갔다. 나는 이런 것이 더 편안하고, 궁극적으로 더 심도있는 인터뷰를 이끌어 낼 것이라고 생각했다. 하지만 클리버 여사는 나의 이런 행동과 의도들을 전혀 받아들이지 않고 있음을 분명하게 보여 주었다. 그녀의 태도에서 나는 그녀가 마음 속으로 다음과 말하고 있음을 알아 차렸다. "당신이 원하는 질문만 하세요, 그러면 나는 그 질문들에만 대답할게요. 내가 실제로 겪어 온 어려움들을 다 안다는 듯이 행동하진 마세요".

그래서 그 명사가 흑인이든지 아니든지 당신의 관심을 끌 똑같은 주제에 매달려 이야기하라. 명사의 순회 여행에서 긴장을 느끼는지 물어보아라. 남자 청중과 여자 청중 중 누구와 이야기하기를 좋아하는지 물어보아라. 여행용 가방의 짐 꾸리기에 대한 몇 마디의 충고를 해달라고 요청하라. 아이들은 어떤지에 대해 물어보아라. 그리고 너무 극단으로 치닫지 말고 품위 있는 매력을 유지하라. 예를 들어, "내 가장 친한 친구들 가운데는 유태인이에요"라는 말에서 알 수 있는데, 지나친 관심이 대화에 보탬이 될 수도 있지만, 때로는 상대편을 고집불통으로 만들기도 한다.

유명 인사가 운동 선수인 경우: 대부분의 사람들은 운동선수와 이야기하는 데는 어려움을 겪지 않으며, 실제로 자신들의 부담 없는 대화를 스포츠에 의존하여 이끌어 간다. 예를 들어, 닉슨 대통령은 어색함을 깨기 위해서 스포츠에 관한 이야기를 했다고들 말한다. 처음 만난 사람들과 편안한 감정을 느끼게 하기 위해서 그는 최근의 축구나 야구 경기에 관해 이야기를 하곤 했다. 그리고 손님들이 야구와 축구에 대해 잘 모른다 하더라도 대통령의 열정만으로도 분위기는 편안해진다. 그러나 당신은 다음과 같은 상황에 처할 수도 있다. 당신은 슈스트링 캐치(야구 경기에서 외야수가 자신의 앞에 떨어지는 공을 넘어질 듯한 자세로 야구화의 끈 근처에서 공을 잡는 것)와 골 라인을 구별하지 못하지만, 거구의 스포츠 영웅과 이야기하고 싶다고 하자. 때때로 「투데이」지의 프로그램이 변덕을 부리거나 "약간 그 사람들을 흔들어 보자"라는 이유로 일부러 스포츠 전문해설가인 조 개러지올라에게 패션쇼 논평을 맡기고 나에겐 축구 선수 인터뷰를 맡길 때 나는 이러한 어려움을 겪은 적이 있다. 그러나 축구 선수를 텔레비전 카메라 앞에서 만나든 저녁 파티 장에서 만나든, 내가 인터뷰할 때 사용하는 기술은 똑같다. 나는 그가 자신의 분야에서 세계적으로 유명한 선수라는 것을 알고 있다는 말로 인터뷰를 시작한다. 그렇지만, 분명히 나는 그가 하는 운동에 관해 아는 것이 없기 때문에 사과를 해야 하며, 나는 그 경기의 기술적인 것에 대한 논의는 더구나 할 수 없다. 그래서 그렇게 하려 하지도 않는다. 그러나 나는 그 선수에게 관심을 보여준다. 나는 경기의 어떤 점이 그에게 즐거움을 주는지, 가족들은 그가 경기하는 모습에 대해 어떤 생각을 하는지, 부상에 대해 아내가 얼마나 걱정하는지, 시간 변경선을 넘어서 돌아다닐 때 시간 계산에 혼란을 겪는지, 자녀들도 직업적인 선수가 되길 원하는지, 그리고 자신은 이에 대해 어떻게 생각하는지에 대해 물어볼 수 있다. 그리고 실제로 아주 재미있는 것이 아니거나 그 선수의 종목이 아니면, 테니스 시합을 하다가 목이 뻣뻣해졌던 때의 나의 경험이나 스케이트를 타보려 했던 신나는 나의 경험들에 대한 이야기로 그에게 부담감을 주지 않으면서 말을 이끌어 간다. 나는 이런 이야기로 그가 매우 지루함을 느낄 것이라는 것을 알기 때문이다.

거의 유명인사에 가까운 사람: 유명 인사에 가까운 사람은 불안하게 산다. 그리고 그들은 실제적인 명성의 편안한 안정을 완전히 얻지 못하고 있으며, 그나마 있는 작은 명성마저 날아가 버릴까봐 늘 걱정한다. 그들의 내적인 불안은 경솔함으로 나타나기도 하며, 충분히 이해될 만한 무례함이나 오만함에도 성급하게 화를 낸다. 그러나 이런 까다로운 성격을 지닌 사람에게도 친절하게 다가가라. 그리고 그가 필사적으로 얻고자 하는 존경심을 보여주며 그를 대하라. 명성이 적으면 적을수록 더 세심히 다룰 필요가 있다.

명성이 사라져 가고 있는 명사들: 나는 더 이상 각광을 받고 있지 않는 예전의 한 명사를 인터뷰 할 때 보통 걱정이 앞선다. 시청자들은 당시 유명 배우와 운동선수가 시간이 흐르면서 명성이 적어짐을 어떻게 받아들이는가를 알기를 원한다. 그러나 어느 누구도 자존심을 희생시키면서 이런 정보를 말하기를 원하지 않는다. 가장 좋은 방법은 텔레비전이나 그 밖의 다른 곳에서 중요한 질문을 제 3자와 관련지어 넌지시 던지는 것이다. 관중들이 젊은 홈런 타자에게 환호성을 보내는 동안 관중석에 할 일 없이 앉아 있는 기분이 어떤가를 조 디마지오에게 묻지 마라. 그 대신 그에게 은퇴식에서 미키 맨틀이 짓고 있는 암울한 표정에 대해 한 마디 해달라고 요청하라. "이제부터는 그는 내리막길이다"라고 그렇게 답할 때, 조 디마지오는 자신의 경험을 마음 속에 잘 그리고 있는 것이다. 또는 한때 잘나갔던 여배우에게 "내 인생의 최고는 17세였다"라고 말한 브리지트 바르도의 말을 어떻게 생각하는지 물어 보아라. 당신이 취할 수 있는 태도는 그들이 그들 자신을 위대한 사람으로 생각하는 것—이는 어떻게 명성이 위엄과 우아함과 함께 점차적으로 쇠퇴하는가를 모두에게 보여주는 실제 보기임—을 그대로 받아들이는 것이다. 당신은 그 명사에게 왜 다른 명사들이 그렇게 씁쓸하고 황량한 기분으로 명성이 점진적으로 쇠퇴해갈 수밖에 없는지를 설명해주기 바란다. 그 대답은 자연스럽고 편안한 방식으로 그 자신의 통찰력과 경험을 반영하면서 말할 것이다. 왜냐하면 그는 더 이상 자기 방어적일 필요성을 느끼지 않기 때문이다. 예를 들면, 잉그리드 버그만과의 인터뷰에서 나는 자신이 노인임을 인정하는 그녀의 솔직함에 대해 진심으로 격찬했다. 그리고 일반적으로 아름다운 여자들이 다른 사람들보다도 노인이 되었음을 인정하는 것이 왜 더 힘들다고 생각하는지 물어 보았다. 나는 솔직하게 렉스 해리슨에게 다음과 같이 말했다. "당신은 행복하고 평온해 보이는군요". 그러자 그는 "요람에서 빠져 나오는 것은 기쁜 일이지요"라고 말하면서, 이제 자신은 중년의 나이이기에 더 나은 배역을 얻고 있다고 생각하며, 나이가 들어가는 것을 즐긴다는 말을 했다.

"요즘은 뭘 하고 지냅니까?", "우린 TV에서 당신을 보고 싶은데 어디 다녀오셨어요?", "오랫동안 무대를 떠나 있다는 게 힘든 일임에 틀림없죠?" 등의 부정적인 어감을 지닌 말로 대화를 시작하는 것을 피하고, 긍정적인 내용으로 말하라. 만약 당신이 이전의 음주 문제라든가, 스캔들이라든가, 이런 민감한 부분을 실제로 알아내야 한다면 역시 간접적인 방식으로 질문을 하라. 예를 들어, 나는 자신이 감당할 수 있는 것보다 더 많은 인생의 굴곡을 겪어온 어떤 배우에게 "찬사를 보내다가 아주 쉽게 비난을 퍼붓고 또다시 찬사를 보내는 것 같은 대중들에 대하여 어떻게 생각하는가?"라고 질문할 수도 있다.

주디 갈랜드의 어려웠던 어린 시절을 알고 싶을 때, 나는 그녀에게 이렇게 물어보았다. "요즘 쇼 사업계의 젊은 사람들은 당신이 처음 보드빌(노래, 춤, 촌극 등이 결합된 연예 활동의 한 유형)로 연예 활동을 시작하고 있던 시절의 당신 친구들과 비교한다면 어떤가요?"라고 물었다. 그래서 그 인터뷰를 회상할 때마다 아직도 내 눈에서 눈물이 나오게 하는 다음의 대답을 들었다. "그 당시 우린 너무 어린 나이에 시작했어요". 그리고 나서 작은 미소를 머금으며 "나의 어머니는 언제나 무대모(舞臺母)였어요. 정말로 그녀는 마녀였어요. 배가 아파 계속 못하겠다 하면, 그녀는 '무대에 올라가라 그렇지 않으면 널 침대 기둥에 묶어 놓겠다'고 말하곤 했어요"라는 말을 덧붙였다.

여기에서의 요점은, 명성이 쇠퇴해가고 있는 연기자와의 대화할 때, 그 자신에 관해서가 아니라 다른 사람에 관해 물으면 자기의 가장 개인적인 것들에 대해서도 대답한다는 사실을 당신은 아주 흔히 알 수 있다는 점이다.

이에 대한 또 하나의 충고는 소개를 받은 직후에 민감한 사항은 묻지 말라는 점이다. 당신이 어느 정도의 신뢰감과 좋은 느낌을 쌓을 때까지는 덜 개인적인 문제들에 대하여 이야기하라. 명사—이 문제에 대해서는 어느 누구라도—는 당신에게 편안함을 느낄 때까지는 자신에 대한 세세한 이야기—예를 들어, 자신의 모자 크기가 얼마라는 것보다 더 자세한 이야기—는 꺼내고 싶은 기분이 들지 않을 것이다.

5. 대화의 열 가지 문제와 그 해결 방법

대화가 항상 즐거운 것은 아니다. 당신은 아마 최근에 사별을 하거나 혹은 심신장애가 있는 사람에 관해 이야기하는 것에 대해 불편함을 느낄지 모른다. 당신은 지루한 사람과 술 취한 사람으로 인해 짜증을 느낄 것이다. 다음은 월터스 양이 제시하는 이러한 문제들과 다른 어려운 상황들을 처리하고, 대화상의 큰 어려움을 피하기 위한 실제적인 방식들이다.

비록 침착한 사람일지라도 다음과 같은 경우에 침착함을 잃을 수 있다. 1)자신의 가족들의 옐로우스톤 국립 공원까지의 자동차 여행이라는 단 한 가지 화제—지루한 사람으로 하루에 여행한 거리나 도로의 상태 등—로 대화를 채움으로써 따분하게 만드는 사람, 혹은 2)한 쪽 눈을 감고 "당신은 자신이 꽤 훌륭한 사람이라 생각하죠, 그렇죠?"라고 소리쳐 말함으로써 관심의 초점을 당신에게 옮기게 하는 술취한 사람, 혹은 3)우정의 증거로서 옆에서 자기 말을 들어주라고 귀찮게 하는 야생마 같은 사람 등으로 인해 침착함을 잃을 수 있다.

우리가 아무리 지혜롭다고 해도, 지루한 사람이나 술 취한 사람, 호색가들을 피할 수 없을 때가 가끔 있다. 그리고 아무리 우리가 인정이 많거나 겁이 많다고 해도, 사별을 한 친구나 신체 장애가 있는 사람들에게 말을 걸어야만 할 때가 있다.

지금 나는 사람들이 직면하는 가장 일반적인 문제에 대한 몇 가지 제안들을 제시하려고 한다. 그러나 내가 제시하고자 하는 것이 일방적으로 어떤 문제에 대해 회피를 권하는 것이 아님을 알게 될 것이다. 살아가면서 우리에게 고통과 지루함을 주는 사람들이 많이 있는데, 그 사람들 중의 일부는 아마 그들이 더 이상 말할 거리들이 다 없어질 때까지, 우리는 그들의 말을 기꺼이 들어주는 고통을 이겨내어야만 한다. 오늘과 같은 세계에서 정서적으로 살아남기 위해서 우리는 더욱더 상호간의 공감이나 우정에 의존하게 된다. 대부분 자살은 사람이 완전히 혼자라고 느낄 때 일어난다.

더욱이, 서로 격려하는 따뜻한 관계는 우리가 사랑을 할 때 특히 중요하게 된다. 호의로 가득 차 있으며, 정신 건강이 넘쳐나는 사람들은 매력적인 동료이며, 그들은 자아충족을 할 필요가 별로 없다. 자기연민이나 실망감에 빠진 사람들은 지루하다. 그러나 그들은 스스로 자기연민이나 지루함에서 빠져나 올 수 없다. 그러므로 때때로, 그저 그곳에 앉아서 그들의 말을 듣고, 듣고, 또 들어주어라. 당신은 인류의 구성원으로서 회비를 지불하고 있는 것이다.

사별한 사람과 대화하기

아이젠하워 장군이 죽은 지 얼마 되지 않아, 나는 조지아주 오구스타에 사는 아이젠하워 부인을 인터뷰했다. 내가 그녀에게 무엇을 말하고 싶은지 물었을 때, 아이젠하워 여사는 "행복한 시절들"이라고 분명하게 대답했다. 그녀는 후두염으로 고생하고 있었는데, 사람들은 자신이 눈물을 참으려고 애쓰고 있다고 오해할 것이라고 걱정했다. 그녀는 이러한 동정을 원하지 않았는데, 내 생각에는 이것은 사별한 대부분 사람들에게는 공통적이다. 어떤 죽음이든지 이후에 자신의 통제력이 약해지는 긴 기간이 있다. 연민은 이 통제력을 와해시켜 버리고 유가족을 벌거벗기며 굴욕스러운 기분이 들게 만든다.

로버트 케네디의 장례식이 있은 지 얼마 후, 나는 「투데이」지에서 로즈 케네디와 이야기했다. 그녀는 아들 셋과 딸 한 명의 장례를 치렀다. 그래서 나는 무엇이 그녀에게 계속 살아갈 수 있도록 용기를 주었는지 물었다. "나는 정복당하지 않아요"라는 그녀의 대답을 나는 결코 잊을 수 없을 것이다.

　　극작가이자 감독인 모스 하르트의 미망인인 내 친구 키티 칼리슬 하르트
역시 로즈 케네디와 같은 불굴의 영혼을 가졌다. 다른 사람들의 질문 가운데
어떤 질문이 가장 좋고 어떤 질문이 가장 싫은지 물었을 때, 그녀는 이렇게
대답했다. "미망인 생활은 어떠합니까? 라는 질문을 싫어한다. 이것은 동정을
함축하고 있으며, 자기 연민이든 다른 어떤 종류의 동정이든 나는 동정을 가
장 싫어한다."

1)위로의 말을 전하는 방법

　　가까운 사람을 잃은 친한 친구를 다시 만났을 때, 위로의 말을 건네는 것
은 당연하다. 짧고 간단한 말로 이런 일이 일어나서 슬프다는 감정을 충분히
전달하면서, 가능한 짧고 간결하게 위로의 말을 하라. 그리고 나서는 그 친구
가 평정을 유지하는데 도움이 될 질문으로 넘어가라. 이 질문은 죽음과 관련
될 수 있지만, 그의 상실감에 대한 질문이어서는 안 된다. 그가 이사를 갈 계
획인지, 또는 가족 대부분이 이 장례식에 참석할 수 있겠는지, 잠시 동안 그
가 어디로 떠날 계획인지에 대해 물어보아라.

　　만약 당신이 중립적인 어떤 것을 충분히 떠올릴 수 없다면, 완전히 다른
어떤 것에 대해서 이야기하라. 사랑하는 오빠를 잃은 우리 친구 한 명이 그
다음날 거리에서 다른 친구 한 명을 만났다. 그녀는 금방 눈물을 터뜨릴 것
같았고, 볼썽 사나운 모습이 될 것 같아 그 친구에게 말을 건네는 것이 두려
웠다. 그러나 말 건네기를 피할 수 없는 상황이었다. 그는 잠시 동안 그녀를
우울하게 바라보다가 "정말 안 됐어"라고 말했다. 그런 다음 그는 그녀를 괴
롭혔던 문제들을 자기가 어떻게 이해할 수 있었는지를 그녀에게 활기차게 말
했다. 그녀는 그가 하던 말을 완전히 이해할 수 없었다. 그렇지만, 그녀는 어
렴풋한 감사의 마음으로 그의 재치 있는 말을 들었던 것을 기억하고 있다.

　　당신은 슬픔에 잠긴 사람이 대화를 원하는가 아닌가를 당신 자신의 재치
를 써서 판단해야 한다. 만약 당신이 그 사람과 개인적으로 밀접한 관계에
있고, 그리고 죽음이 최근에 있었다면, 그 사람은 그 죽음 외에 아무 것도 말

하기를 원하지 않을 것이고, 아무 것도 말할 필요가 없을 것이다. 슬픔을 무디게 하는데 대한 유태인의 속담이 있다. "만일 슬픔을 억누르려고 하면 당신은 결코 슬픔을 가시게 하지 못하리." 세익스피어는 "슬픔으로 하여금 말을 하게 하라"고 말했다. "말로 표현하지 않은 슬픔은 슬픔으로 가득 찬 마음에 속삭거리고 그리고 깨뜨려 버려라"고 한다.

2)언제 듣고 언제 말할까

일단 강한 감정이 사라지고 장례식이 끝나면, 슬픔이 오랫동안 무겁게 남는다. 참는 것 외에는 그 슬픔에서 벗어날 방법이 없다.

최근에 사별을 겪어서 그 밖의 다른 어떤 얘기도 하고 싶지 않은 어떤 사람과 같이 있을 때, 당신은 마음을 가라앉히고서 차분히 공감을 하며 들어주어야 할 것이다. 인생이란 쉬운 게 아니며, 모든 대화가 다 즐거움일 수는 없다. 그리고 몇 년이 지난 후에 그가 당신을 가장 필요할 때 당신이 자신의 말을 들어주었음을 감사하며 기억할 것이다.

모든 슬픔이 다 죽음에서 비롯된 것은 아니다. 신체의 일부를 절단하는 수술을 받았을 때, 결혼이나 사랑 문제가 마음의 준비가 되기 전에 끝났을 때, 오랫동안 행복하게 머물렀던 곳에서 막 이사를 나왔을 때, 혹은 직장 상실이나 기대한 직위에 오르지 못함으로 인해 자존심의 상처를 입었을 때도, 사람들은 똑같은 비탄의 증상—나른함, 한 가지 주제에 대한 집착, 일반적인 우울함과 같은—을 보인다.

부드러운 사람이 돼라. 자신의 감정이 얼마나 상했는지 말하게 하고, 세상이 얼마나 썩었는지 당신에게 말하게 해라. 논쟁을 하지 말며, 그들이 아무 문제가 없다는 말을 하려고 시도하라. 때때로, 10대와 함께 있을 때처럼, 다음과 같이 감정을 이입하여 "나도 알아, 알고 있어"라고 말하라. 이렇게 말하는 것은 효과가 있다. 또한 그들이 당신도 비슷한 일을 겪었다는 것을 안다고 해서 위안을 받을 것이라는 환상을 갖지 마라. 그들은 정말 그것에 절대로 관심을 보일 리 없다. 또한 누군가를 불러 당신에게 합류하게 함으로써 부담을 나누려고 시도하는 것은 관련 당사자들 모두에게 온당치 못한 일이다. 심리학자들은 일대 일 관계에는 우리가 수용할 수 있는 최대의 감수성과 내적 자원들이 요구된다고 말한다. 여러분이 경험한 실례를 돌아보아라.

마침내, 적어도 당신에게는 슬픔의 기간이 끝이 나는 합당한 때가 온다. 슬픔에 관한 동일한 이야기를 20번이나 듣게 되면, 당신은 다음과 같은 결론을 내릴 것이다. 저 사람은 병적이군. 이제 그만 슬퍼할 때가 되었는데. 그러나 당신은 그렇게 이야기함으로써 냉정한 사람이 되기를 바라지는 않는다.

대화의 방향을 행복했던 시절에 대한 이야기로 이끌어라. 아니면 다음과 같이 말을 꺼내라. "그렇게 많은 슬픔을 겪은 사람들은 그로부터 많은 어떤 것들을 배웠음에 틀림없다. 당신이 얻은 가장 가치로운 교훈이 무엇인지 말해주지 않을래요?"라고.

효과를 나타내는 또 다른 말이 있다. 내가 십대 때, 남자 친구가 학교의 야한 여학생과 데이트를 하는 바람에 버림받았던 한 친구가 나에게 이 지루하고 따분한 이야기를 해줬다. 이 이야기는 인생의 비밀을 4단어로 설명한 말이 있다는 것을 들은 한 부자의 이야기이다. 그렇지만, 이 비밀은 아주 나이가 많은 한 은자—찾아내기가 거의 불가능한—만이 알고 있었다. 이 부자는 거의 필사적으로 이 신비의 네 낱말을 찾아 여행을 나섰고, 결국 지치고 돈도 다 떨어진 상태로 티벳 고원의 최고봉까지 오르게 된다 . 거기서 그는 이 은자를 만나게 된다. 그런데 이 노인은 중얼거리듯이 짤막하게 다음과 같이 말한다. "이렇게 또한 지나가는 것이지."

장애인에게 말하기

파킨슨씨 병—"떨림과 마비증세"라 불리었던 질병—으로 일을 그만두게 된 한 전직 라디오·텔레비전 배우는, 장애가 있는 사람들은 다른 사람들의 눈이 두려워 자신들의 집이라는 신성한 장소를 벗어나는 것을 싫어한다고 말했다. 어디에나 그들을 보는 눈—혐오하거나 싫어서 비껴 가는 눈, 절름발이에 대한 연민으로 가득한 눈, 멍하거나 노려보는 눈—이 있다고 그는 말하였다.

어느 저녁 날에 영국 어느 시골길에서 발버둥을 치며 걷고 있던 그는 한 낯선 사람과 가장 기분 좋은 만남을 가졌다. 10세쯤 되어 보이는 학생을 만났는데, 그 학생은 솔직한 호기심으로 그를 바라보았다. "다리에 무슨 문제가 있습니까?" 그 소년이 물었다. "그래"라고 그 남자가 대답했다. 그 소년은 "오! 죄송합니다"라고 대답했다.

이 배우가 단지 몇 마디 나눈 이 대화에서 정직성의 소중함을 알게 되었다. 장애가 있는 사람들은 시간 속에서 자기들의 고통에 대처하는 법을 배울 수 있지만, 자기들의 고통이 다른 사람들에게 가져다주는 당황함은 거의 참을 수 없는 일이다.

장애가 있는 사람과 대화를 할 때 명심해야 할 중요한 사항은 그는 단지 신체적 장애가 있을 뿐이지 죽어 가는 것은 아니다. 그가 도움을 요청하기 전에는 도움을 주겠다고 하지 마라. 또한 안절부절 하지 말고, 이야기할 때 서두르거나, 애처로운 어조로 이야기하지 마라.

어쩌면, 「투데이」지에서 내가 겪은 가장 어려운 인터뷰는 로버터 스미스다스라는 젊은 사람이었다. 그는 귀머거리에다 장님—헬렌 켈러 이후로 석사 학위를 받은, 유일한 복합 장애를 가진, 주목할 만한 인물—이었다. 그는 계속 정진하여 박사 학위를 받았으며, 지금은 장님이나 귀가 먹은 사람들을 가르치는 것을 돕고 있다.

내가 말할 때 그가 나의 입술에 자신의 엄지손가락을 대는 방식으로 우리는 의사소통을 했다. 그의 감각은 너무 정확해서 그 방식으로 나의 입술을 읽을 수 있었다. 인터뷰를 하기 전에 그의 동료는 나에게 당황함이나 연민 없이 내가 그를 대해야 한다고 이야기했다. 그래서 나는 그가 나에게, 그리고 내가 그에게 편안함을 느낄 수 있을 때까지 잡담을 하였고, 그런 다음 그의 개인적인 삶이나 커다란 장애에 적응하는 방법 등에 관한 여러 가지 질문을 할 수 있었다. 내가 자기에게 이런 질문을 해주길 바라고, 대중이 이 질문들을 이해해주기를 바라고 있음을 나는 알게 되었다.

자기의 신체 상태에 관해 사람들이 알아주길 가장 바라는 것이 무엇인가라는 질문으로 인터뷰의 끝을 맺었는데, 그는 "우리 장애인들은 괴물이 아니라 감정을 지닌 인간이라는 것을 명확히 해달라"라고 대답했다.

당신의 행동에 확신이 없는 상황에서는 상대편에게 대화를 이끌도록 하라. 아마 당신들 두 사람이 친숙해질 동안에는 그는 사소한 이야기를 하고자할 것이다. 그런 다음에, 아마도 어느 시점과 장소에 이르면 그는 자기 고뇌의 일부를 털어놓을 것이다. 이 선택은 그의 것이지 당신의 것이 아니다.

나는 「투데이」지에서 메세이데스 맥 캠브리지를 만난 적이 있는데, 나는 과거에 알콜 중독 경험이 있는 훌륭한 배우라고 그녀를 소개했다. "과거의 알콜 중독자가 아니라 현재 알콜 중독자다"라고 그녀는 단호하게 나의 말을 교정해 주었다. 이 말과 함께 그녀는 알콜 중독과 자신의 알콜 중독과의 오랜 싸움에 대해 감동스런 독백—할 수만 있었다면 내가 결코 방해하지 않았을—으로 이야기하기 시작했다. 그녀의 이야기는 할당된 7분의 시간 내내 계속되었고, 소갯말 이후로 처음으로 나는 입을 열어 "감사합니다, 맥 캠브리지 양"이라 말하며 인터뷰를 끝맺었다. 그 이후에 시청자로부터 온 편지들은 이 인터뷰가 「투데이」지에서의 가장 효과적인 "인터뷰" 중의 하나였다고 했다. 그것은 내 자신의 느낌을 확인시켜 준 것이었다.

요약하면, 내가 당신에게 줄 수 있는 가장 좋은 충고는 장애를 가진 사람들을 정직하게 대하라는 것이다. 이것은 그가 어떤 신체 장애를 가지고 있음을 당신이 인정하고 절대적으로 필요한 모든 조정을 한다는 것을 의미한다. 그러나 그 장애를 그 사람보다 더 중요한 것으로 만들지는 마라.

장애인이 있는 친척에게 말하기

신체적 결함이 있는 딸이나 남편, 다른 어떤 사람의 친척을 만날 때, 당신이 그들을 화제로 삼지 않는 것이 현명하고 친절한 일이다. 만약 그들이 자발적으로 신체적 장애를 언급하지 않는다면, 그 주제는 언급해서는 안 된다는 점

을 명심하라. 비슷한 처지에 있는 친구가 있다고 말하면서 여러분 자신의 호
기심을 아무리 합리화한다 하더라도, 여러분은 여전히 그들의 개인적 고통을
모르는 것이다.

　그러나 점차 사람들은, 그들의 가족 안에 있는 정신병이나 정신지체와 같
은 문제에 관한 건전한 개방적 태도를 가진다. 여러 세기 동안 사람들은 정상
적인 외모나 행동에서 조금만 벗어나도 대단히 부끄럽게 생각하며 환자들을
다락방이나, 일반 수용시설에 숨겼다. 그래서 친척들은 환자들이 원래 없었
던 것처럼 행동할 수 있었다. 조셉과 로저 케네디는 자신들의 지체아 딸에
대한 사실을 숨기기를 거절함으로써 고대의 미신이나 편견을 쫓아내는 데 중
대한 역할을 했다. 전 부통령 허버트 험프리와 그의 아내도 또한 지체 손녀에
대한 공식적인 수용과 애정으로 도움을 주었다.

　무리엘 험프리는 나와 「투데이」지에서 이 조그만 소녀에 대해 대담했는
데, 그녀의 당황하지 않고 싫어하지 않은 태도가 모두를 감동시켰다. 내가 그
녀에게 이 아이에 관해 물었을 때 험프리 여사는 다음과 같이 말했다. "오,
그녀는 괜찮아요. 나는 그녀와 웨이벌리에서 외출한 적이 있어요. 우리는 그
호수에서 손자 손녀들과 함께 있었어요. 비키는 작년부터 수영하는 방법을
기억했어요. 그리고 그녀는 이러한 요조숙녀로 자라날 겁니다. 그녀는 자신
앞에 많은 가능성을 가지고 있어요. 그녀는 아주 잘하고 있어요"라고.

　친척의 약점에 관해 말하는 것은 이용 가능한 모든 지혜와 용기를 참고로
하여 그 개인 내부에서 내려야 할 주요한 결정임은 분명하다. 점점 더 많은
사람들이 내가 했던 결정을 내리고 있다. 그들의 경험을 공유함으로써 어두
운 두려움을 약간 완화시킬 수 있다고 믿는다. 그러나 많은 사람들은 여전히
자기 스스로 이것에 관해 애기를 꺼내지 못하며, 나 역시 그것을 이해한다.

　당신 자신이 이 주제를 직접 도입하지 마라. 그러나 당신이 말을 걸고 있
는 사람이 정신적으로 박약한 어머니와 지체아에 관해 이야기할 수 있다면,
피하지 마라. 그에게 이것에 관해 개방적일 수 있다는 것에 대해 당신이 훌륭
하게 생각한다고 말해라. 그에게 용기를 높여 주라.; 만약 많은 사람이 이러

한 가족적 비극들에 대해 감정적 위협을 중단할 수 있다면 모든 사회는 그들을 애도를 주고 약간의 편안함을 줄 수 있다.

지루한 사람에게 말하기

지루한 사람은 여러 감정을 지니고 있다. 그는 스스로 지루한 사람이라고 평가하면서 자신이 하고 있는 말을 중간에 일부러 중단하는 경우가 많다.

만약 그가 당신을 지루하게 한다고 생각하면, 아마 이것은 당신의 잘못일 것이다. "상대에게 흥미를 보여주는 것이 상대를 흥미로운 사람으로 만든다"라고 에릭 프롬 박사가 말했는데, 나는 이에 덧붙여 당신이 어떤 대화에서 당신이 개입하려고 하는 것은 대화의 중심에서 일반적으로 벗어나는 것이라고 말하고 싶다.

지루하게 말하는 사람을 존중하도록 하라. 그는 사회적 명사—자신의 희망대로 승리자가 되는—를 모방한다. 그는 어색한 침묵과 대화에서 소외되고 있다는 것을 두려워하며, 또한 만일 자기가 말하기를 멈춘다면 자기 존재가 없어질 것이라 두려워한다. 따라서 그는 자기에 대해 싫증을 느끼지만 이번에는 한 번 사람들이 자신을 매혹적인 사람이고 그를 잘 알게 되기를 기대하면서, 그는 무미건조하게 계속해서 말하곤 한다.

지루한 사람을 구해내는 법

당신은 그가 명랑하다고 주장함으로써 그를 구해낼 수 있다. 지루한 사람이 선택한 주제는 당신들 두 사람 어느 누구에게도 적절하지 못한 경우가 많다. 따라서 주제를 완전히 바꿔라. 이제까지 한 번도 말하지 않았으며, 심지어는 당신이 언급할 때까지는 그는 생각조차 해본 적이 없는 주제들—이 주제들을 다루면 그가 결코 지루함을 주는 사람이 될 수 없음—이 있다. 이런 주제들은 어떠한가? 대부분 남자들이 여자들과 함께 있으면 불편하다고 생각하는가? 혹은 왜 우리 사회는 머리에 그렇게 신경을 쓰나? 이것이 성의 상징인가? 혹은 그가 어릴 때 어떤 선생님이 그에게 가장 많은 도움을 주었나?

당신은 또한 유행하고 있는 자극적인 모든 주제를 다 다루어볼 수 있다. 사람들 사이에 떠도는 어떤 주제—틀림없이 흥미진진함을 가져다주는 어떤 주제—가 있게 마련이다. 현재 유행하고 있으면서 확실히 재미가 있다고 생각한 것이면 어떤 것이든 선택해서, 그 사람에게 그것에 대해 논평하라고 요구하라. 그가 말하는 것이 당신을 화나게 할지 모르지만, 적어도 당신을 지루하게 하지는 않을 것이다.

당신을 정말로 지루하게 하는 사람이 너무 크게 이야기해서 머리를 아프게 하는 문제가 있는가? 가까이에서 속삭이는 것처럼 목소리를 낮춰라. 이것은 그에게 당신의 부드러운 목소리를 보여줌으로써 자기의 목소리가 소음에 가까운 큰 목소리임을 의식하게 하는 효과를 가져다준다. 이러한 방법은 나이트 클럽에서 관객들이 너무 시끄럽게 잡담을 할 때 나이트 클럽 가수들이 사용한다. 그들은 자신들의 목소리를 거의 들을 수 없을 정도로 낮춘다. 그러면 관객들도 목소리를 낮추게 되고 조용히 그들의 노래를 듣게 된다.

그 밖의 여러 가지 방법으로도 지루하게 하는 사람들에게 효과가 없을 때는, 당신은 필사적으로 먼저 상대를 제압하는 몇 가지 방법을 사용할 수 있다. 함께 식사를 하고 있다면, 당신은 자원자들이 어떤 메뉴라도 선택할 수 있지만, 삼십일 동안 똑같은 음식을 똑 같은 양만큼만 먹어야 하는 병원의 경험에 관해 이야기해 볼 수 있다. 그 사람이라면, 무엇을 먹으려 할 것인가? 만약 사람이 색깔이라면, 그는 어떤 색깔이 될 것인지 그에게 물어라. 그의 아내는 무슨 색이고? 그의 상사는? 만약 그가 동물이라면, 그는 무슨 동물일 것인지? 자신들이 세상에게 가장 무서워하는 한 가지 물건을 빅 브러드가 발견했기 때문에, 남자 영웅과 여자 영웅 둘 다 부서져 버렸던, 조지 오웰의 소설 ‘1984년’을 그에게 상기시켜라. 그가 그냥 보아 넘기지 않을 한 가지 물건은 무엇인가?

트루먼 케이포트는 자기를 저녁 파티의 중요한 손님으로 만드는 천부적 재능을 가지고 있다. 그는 자기에게 말을 걸고 있는 사람이 누구이든 언제나 그들에게 관심을 보인다. 트루먼이 사람에게 언제나 관심을 보이는 이유들 가운데 하나는 그 스스로가 바로 지루함을 느끼지 않으려 하기 때문이다. 그가 정말로 따분한 사람을 만났을 때, 자기에게 다음과 같이 물어본다고 나에게 말했다. "나는 왜 이렇게 지루함을 느끼지? 내가 하품을 하도록 만드는 것은 바로 이 사람의 어떤 점인가?"라고. "이 사람은 자기가 아직 하지 않았던 어떤 말을 할 것인가? 나에게 호기심을 북돋우어 줄 어떤 것이 그는 부족한가?"에 대해 그는 또한 곰곰이 생각한다.

그는 지루한 사람의 얼굴과, 헤어스타일, 특이한 몸짓, 말하기 모습을 세밀하게 분류하여 목록으로 작성한다. 그리고 그는 지루한 사람은 자기에 관해 어떤 느낌을 갖는지, 어떤 부류의 아내와 살고 있을지, 무엇을 좋아하고 무엇을 싫어하는지를 상상하려고 애쓴다. 이러한 물음에 답을 얻기 위해서, 그는 큰소리로 이 문제들 중 몇 개를 묻기 시작한다. 짧은 순간 내에, 트루먼은 자기가 왜 지루하게 되었는지 알아내려고 열중해서 더 이상 지루해지지 않게 된다.

술 취한 사람에게 말하기

유감스럽게도 나는 술주정뱅이를 정말로 곱게 보아주지 못한다. 심지어는 재미있는 주정뱅이들조차도 나는 곱게 넘어가지 못한다. 사회적 무대에 점점 규칙적으로 나타나는 한 유형의 술주정뱅이—여성 혐오자—가 있다. 그는 술이 취해 있지 않을 때는 여성에 대한 분개를 감추는 그런 종류의 사람이다. 그의 아내는 희망이 떠나 버리고, 그의 비서는 괴롭힘을 당하고, 그의 어머니는 그를 싫어했다. 술을 먹을 때, 그는 억지가 센 여자들의 주제에 대해 화를 내곤 한다. 그래서 술이 한창 오르면, 그는 군중 속에서 성공한 여자들 중의 한 명을 발견하여 그녀에게 기어이 잔소리를 한다.

지금까지 내가 목격한 가장 품위 있는 구원은 키티 칼리슬 하아트가 마련한 저녁 파티에서 일어났다. 키티가 갑자기 술 취한 한 배우의 바로 옆에 나타났을 때, 그 술취한 배우는 나에게 시비를 걸고 있었다. 그 때 그녀는 미소를 머금고 "아이구, 존!"이라고 하면서 그이에게 다음과 같이 말했다. "바로 그런 식으로 당신은 나에게 모욕을 주었소. 당신은 이런저런 행동을 했던 피터네 집에서의 그 시간을 기억하지요?". 그리고 그녀는 그 배우에게 다른 파티에서 일어난 일들을 재치있게 상기시키면서 그를 멀리 데려 갔다.

만약 그러한 상황에서 당신을 구해주는 그런 재치 있는 천사가 없다면, 누군가를 불러 당신과 그 술 취한 사람과 합석시켜라. 그러면, 그가 개인적인 독설을 그만두든가, 그렇지 않으면 다른 사람이 와서 당신을 지원할 것이다. 이 때 대화의 주제를 특정한 것(당신)에서 일반적인 것(삶)으로 바꾸려고 시도하라. 이 술 취한 사람을 더 큰 집단으로 서서히 밀어 넣으려고 시도하라. 무엇을 하던 간에, 할 수 있는 한 빠르게 살짝 벗어나서, 이 저녁 시간 내내 이 술꾼의 시야에 들어가지 말라.

반면, 만약 이 술 취한 사람이 당신에게 무언가 중요한 사람—당신의 사장 또는 가까운 친구—이어서, 앞으로 당신과 그와의 관계를 위해서 그가 당신에게 자기 상태에 관해 후회하기를 바라지 않는다면, 당신은 아픈 척하고 그 자리를 떠나라. 다음날 그에게 전화를 하여 일찍 빠져나가야만 했던 것에 대해 사과를 하라.

그 술 취한 사람이 여성일 때, 특히 재미없는 상황일 때, 그녀를 도우려고 시도하라. 파티의 소음이 당신을 우울하게 만들고 있으니, 커피 한잔을 하러 조용한 위층에 가는 것이 좋겠다 고 그녀에게 말하라. 그러면 그녀가 기꺼이 당신과 함께 가려고 할까? 만약, 당신이 파티 자리를 막 떠나려 하고 있다면, 당신이 가는 길에 그녀를 집에 내려 주어도 되는지 물어보아라. 그러면, 당신은 그녀와 가는 동안 함께 방문할 기회를 가지게 될 것이다. 당신은 그녀와 함께 모두 여성용 화장실에 가자고 제안을 하고, 시간이 오래 걸리는 길로 돌아서라.

만약 그녀가 기어이 움직이려 하지 않는다면, 단지 마지막 방안으로 그녀의 남성 동반자에게 그녀를 자기 집에 데려다 주는 것이 낫겠다는 제안을 하

라. 주체할 수 없을 정도로 술 취한 남자의 경우라면, 그의 아내나 친구들에
게 그를 파티 장소 밖으로 데려가도록 한다. 어느 경우이든, 부드러운 대처가
가장 좋은 효과를 나타낸다.

'아니'라고 말할 수 있는 다섯 가지 방법

거의 매일 우리는 논리적으로는 '아니'라고 말해야 하지만 실제로는 그렇게 말하지 못하는 상황에 처한다. 그렇지만, '아니'라고 말하는 합리적이며 친근한 방법이 몇 가지 있다.

1) 객관적인 바탕으로 '아니'라고 말하라

한 마을에서 가장 침착한 한 부인은 '아니'라고 말해야 할 상황에 처했을 때는 늘 자신의 침착성을 발휘했다고 말한다.

한 외판원이 문에서 노크를 할 때, 그녀는 정중하지만 단호하게 다음과 같이 말한다. "내 남편은 내가 문에서 어떤 것도 사는 것을 용납하지 않아요"

2) 당신은 '예'라고 말하고 싶다는 것을 확실하게 해라.

리버티 뮤츄얼 보험회사에 근무하는 팀 갬먼은 지불 청구액을 조정하는 업무를 맡고 있다. 캠먼은 자주 '아니'라고 말해야만 한다. 그렇지만, 그는 항상 자신이 청구자에게 공감하고 있음을 보여준다. 도덕적으로는 자신이 청구자에게 동의할 수 있지만, 그러나 법적으로는 자신의 손이 묶여 있다고 설명한다.

3) 상대편이 스스로 '아니'라고 말하도록 도와줌으로써 '아니'라고 말해라

한 성공적인 실내 장식업자는 고객들의 비실용적인 생각에 대해 결코 '틀립니다'라고 말하지 않는다고 주장한다. 오히려 그들을 가르쳐서 자기의 바람대로 그들이 '예'라고 말하도록 유도한다. 그는 어울리지 않은 꽃 모양의 사라사 무명 커튼 소재를 사려고 하는 한 여성의 예를 제시한다. 그 장식업자는 다음과 같이 제안을 했다. "당신이 커튼으로 무엇을 하고자 하는지 한 번 봅시다." 그는 어떤 직물이 현대 장식에 가장 잘 어울릴 것인지에 대해서 말했다. 곧바로 이 여자는 사라사 무명을 사려는 생각을 완전히 잊어버렸다.

4) '아니'라고 말할 때, '예'라는 말을 들으려면 해야 할 필요가 있는 것이 어떤 것인지를 말해 주라.

「성공적인 인간관계」의 저자인 윌리엄 레일리 박사는, 기업의 경영자들에게 승진을 원하지만, 그만한 자격이 없는 사람을 다루는 방법에 대해 충고한다.

"그래, 조지, 나는 네가 승진이 필요하다는 것을 알고 있다. 그렇지만, 당신을 승진시키기 위해서는 당신을 우리 회사에 보다 귀중한 사람으로 만들어야 할 것이다. 이를 위해 현재 우리가 필요한 것이 무엇인지 살펴봅시다……"

5) 가장 온화하고 정중하게 '아니'라고 말하는 것이 가장 중요하다.
감정이 풍부한 어떤 나이 많은 여자가 젊은 여자 이웃과 친구가 되기로 결심한 후 다음과 같이 요청을 하였다. "신디, 내일 우리 집에 와서 같이 놀지 않으실래요?"
그 젊은 여자가 "아니"라고 말했을 때 신디는 갑자기 얼굴에 커다랗고 따뜻한 미소를 지었다. 그녀의 '아니'는 친절하고 기분 좋은 반응이었다. 그러나 그녀의 거절은 너무나도 확실해서 이 문제는 거기서 끝났다.

호색가에게 말하기

무엇보다도, 만일 당신이 새벽 두 시에 6번가의 도로에 홀로 서 있지 않는다면, 호색가의 말은 절대로 진지하게 받아들이지 마라. 그런데 어떻게 해서 당신은 그 곳에 가 있는가? 내 생각으로는, 현재 우리 나라에서는 남녀간의 시시덕거림이 정말 거의 없다. 대부분의 매력적인 남자들은 대부분의 매력적인 여자들에게, 마치 자기들이 데 모이느 지방의 판매 비율을 비교하는 로타리 회원인 것처럼 말을 건다. 반면, 유럽인, 혹은 드물지만 유럽인과 비슷한 어떤 미국인은 아름다운 여성과 이야기할 때 호흡이 약간 빨라진다. 그의 눈은 조금 더 밝게 빛나게 되고, 어쩐지 당신 방은 더 밝아진다.

그래서 고맙게 여겨라. 비록 여성을 유혹하려고 어슬렁거리는 사람이라 소문이 난 사람 조차도 어떤 나름대로의 취향을 가지고 있으며, 그가 당신을 찍었다.

솔직히 이것은 매력 없는 일이지만, 만약 당신이 만취 상태에서 수작을 거는 사람의 표적이 되었다면, 화를 내지 말고 말로 달래 그를 보내고, 그 다음 날 이것을 화제에 올리지 마라. 이것은 사실 짜증나는 일이다. 그러나 이 일을 크게 확대시키지 마라.

대부분의 말로 사랑을 구하는 것은 여성의 낌새를 남성이 탐색했다는 뜻이다. 이 여자는 쓸 만한가, 혹은 그렇지 않은가? 그는 어떤 탐색 작전을 수행할 자격이 있다. 만약 당신이 쓸 만하지 않다면, 정말 그렇지 않다면, 그는 완전히 가슴 떨리는 느낌이 사라져 그 시도 자체를 포기할 가능성이 높다. 만약 당신이 혼란스러워 하거나, 그 당시에 외롭다고 느끼거나, 혹은 당신이 살아오면서 그와 다툰 적이 있다면, 그리고 당신이 복수할 생각을 떠올리고 있다면, 그 호색가는 잠재 의식 속에서 자신이 계속 구애할 수 있다는 어떤 메시지를 받을 것이다. 그래서 상황이 걷잡을 수 없이 변하게 된다면, 난폭한 처녀를 데리고 노는 것처럼 온당하지 못하다.

보통 이러한 사람은 너무 자만심이 강해서, 자기에게 다가오는 부정적인 모든 신호를 차단해 버린다. 그래서 나는 당신에게 시험삼아 그를 죽이겠다고 위협해 보라고 제안한다. 나는 저녁 파티에서 그의 눈을 바라보면서 "당신이 옳다. 우리는 서로를 원한다. 당신의 아내와 이혼하고 나와 결혼하는 게 어떻소?"라고 말해서, 무릎을 꿇으며 끈질기게 달라붙는 그 사람을 떨쳐냈다. 그 이후로 그는 나를 항상 피하고 있다.

잘 다투는 사람에게 말하기

아쉽게도, 우리들은 살아가면서 간혹 말싸움을 하게 마련이다. 우리 모두는 이런저런 때 말 첫마디가 마음을 상하게 하는 자극적인 표현을 하는 어떤 사람을 만난 적이 있다. 그들은 다음과 같은 표현으로 대화를 시작한다. "평화주의자들은 오늘날을 어떻게 이해할까?" 혹은 "당신들 부자들이 정말로 나를 죽인다." 유스호스텔을 후원하는 데 일조를 했던 내 친구 한 명은 바로 전에 만난 어떤 낯선 사람으로부터 다음과 같은 질문을 받았다. "당신은 여전히 그런 긴 머리의 성도착자들과 어울립니까?"

이런 대화는 결국 인간적인 따뜻함을 풍부하게 할 가능성은 없다. 당신의 매력이나 논리를 그에게 허비하지 마라. 그가 어떤 파괴적인 말을 하든 잠깐 동안만 듣고 나서, 그가 그 문제에 대해 많은 생각을 하도록 한 것은 분명하며(이 경우는 반어의 좋은 접근임), 그의 견해를 들은 것은 재미있었다고 말하면서 능란하게 빠져나가라.

그렇지만, 만약 어떤 사람이 당신에게 모욕을 주어서 당신이 싸울 분위기에 휩싸인다면, 그리고 당신 스스로를 확실히 제어할 수 있다면, 계속 밀고 나가고 당신의 생각을 기꺼이 방어하라. 당신이 그의 마음을 바꾸는 것은 불가능하지만, 당신은 잠은 더 편안하게 잘 것이다.

험담을 잘하는 사람에게 말하기

당신이 말하는 것을 전혀 들을 가능성이 없으며, 설령 전해 듣는다고 해도 전혀 문제가 되지 않을 유명 인사에 대한 험담은 재미가 될 수 있다. 나에게 리즈와 리차드, 또는 재키와 아아리에 대한 험담은 매우 그럴듯하며, 아주 재미있고, 완전히 허구다. 그러나 아는 사람에 대한 험담은 도덕적으로 옳지 않을 뿐만 아니라, 전술상으로도 옳지 않다. 그 이유는 이 험담은 거의 언제나 당사자에게 들어가기 때문이다.

그리고 다른 사람들이 누군가에 대한 험담을 하고 있을 때, 침묵을 지킴으로써 당신 자신을 속여 고결한 것처럼 행동하지 마라. 당신은 결코 단순한 관망자가 아니다. 만약 당신이 다른 사람들의 이 험담을 멈추게 하지 않는다면, 당신도 역시 이 험담에 참여하고 있는 사람일 뿐이다. 확실한 어조로 주제를 바꾸어라. 다음과 같이 말하라. "나는 제인을 매우 좋아하고, 그녀가 어려움을 많이 겪고 있는 것을 좋아할 사람은 우리 중에 아무도 없다고 확신한다. 지난 몇 분 동안 계속 내가 궁금증을 가지고 있던 것—당신들 생각에는 남자와 여자, 누가 더 험담을 많이 하는가?—과 같은, 다른 사람에 대해 이야기 해봅시다."

이 화제 전환에서 비롯된 논쟁은 처음 하던 험담보다 더 활기찰 것이라고 나는 확신한다.

물론 누군가 서로의 친구를 헐뜯을 때는 항상 고전적인 한계선이 있다. 당신은 놀라서 "재미있군, 그녀는 항상 당신을 아주 좋게 말한다"와 같이 말한다. 당신이 이렇게 말을 한 이후에도 나는 감히 험담을 계속한다. 특히, 만약 당신이 듣기에, 그 친구가 실제적으로 그 험담에 대해 보상하려고 칭찬하는 말로 당신의 말을 계속 이어간다면, 험담은 계속 이어진다.

반대로, 만약 당신이 듣기에 당신을 화나게 하는 험담을 해온 어떤 사람을 만난다면, 이것에 관대해지도록 노력하라. 우리 모두는 어떤 상황이나 우리 자신 속에 있는 어떤 것에 의해 신경이 거슬려서 우리가 실제 전혀 의도하지 않았던 몰인정한 말을 한 적이 있을 것이다. 때때로 사람들은 자신이 다른 사람에게 흥미로운 사람들이 되기 위해서는 반드시 남을 험담해야 한다고 생각한다.

만약, 어떤 사람이 하는 험담이 당신이 평소에 존경하고 좋아하는 누군가에 대한 것이라면, 당신은 험담하는 그 사람에게 당신이 험담하고 있는 그 사람도 당신에게 불편한 마음을 가지고 있다는 것을 들은 적이 있으며, 그 점을 그 사람과 함께 바로 잡고 싶다고 말해라. 아마 이것은 그때 그곳에서 고칠 수 있는 실수의 하나일 것이다. 또는 아마 그 비평은 그럴만한 충분한 이유가 있는 것이며, 이 경우 당신은 그로부터 무언가를 배울 수도 있다. 마치 건설적인 비평과 같은 그러한 것이다.

때때로 남편이 자기 부인에게 한 개인적인 비평이 그녀를 괴롭게 했는지 궁금하면서, 개인적 비평에 대한 정보를 알아보기 위해 몰래 애그뉴 여사에게 「투데이」지에서 질문한 적이 있다. 그녀는 침착하게 "당신은 모든 사람이 당신을 사랑하게 할 수는 없다"라고 말했다.

많은 사람들이 그러한 침착성을 갖는 것은 아니다. 존 브이 린제이 여사는 가슴이 후련하게 할 정도로 정직하다는 평판을 충분히 받을 만하다. 맨 처음 「투데이」지의 전시회에서 그녀와 인터뷰했을 때, 나는 어떤 저녁 파티에서 누군가가 그녀를 윌리엄 벅클리—자기 남편의 시장 선거 기간 중 남편을 깎아 내리는 말을 했던—바로 옆에 앉힌다면 어떻게 행동을 할 것이냐고 그녀에게 물었다. 마리 린제이는 "나 독감 걸리겠어요"라고 말했다.

잘 난 체 하는 사람에게 말하기

기자의 시각에서 볼 때, 자신의 셔츠를 잡아 올려 흉터를 보여줌으로써 자신의 수술에 관한 질문에 대답하는 어떤 대통령보다도 더 세련된 사람은 아무도 없다. 그러나 어떤 칵테일 파티에서 잘 아는 사람이 알콜 중독자인 자기 아버지에 대해서 이야기하거나, 남편이 성적 불능자라는 자기의 걱정을 이야기한다면, 그것은 뉴스로서의 가치가 없다.

아마도 그렇게 친밀한 사이에서 터놓고 말한 이야기는 당신의 경험을 어루만지는 특성을 지니고 있으며, 당신은 그에 공감을 표시하면서 그 대화를 진행할 수 있다. 그 때 당신이 침착하게 받아들이면 그것은 당신에게 커다란 도움이 될 수 있다. 그러나 만약 너무 솔직했다는 이유로 다음날 아침 그녀 자신을 미워할지도 모르며, 또한 자기의 경솔한 언동으로 인해 그녀가 당신을 비난할 수도 있다. 그런데 당신은 그 문제에 관해 그녀에게 솔직히 이야기하도록 당신 스스로에게 격려하고 있는지 명심하라.

반면, 만약 당신이 그 주제에서 손을 떼고 다루고 싶지 않다면, 그 주제에 대해 아는 체하지 마라. 결국 당신의 불편함은 곧 드러나게 될 것이며, 그것은 의로움 아니면 거부로 비춰질 것이다. 당신은 반드시 그리고 즉시 그녀의 기분을 전환시켜야 한다. 예를 들어, "나는 항상 당신이 어떤 오점을 안고 있다는 것을 알고 있었으며, 내 짐작엔 거의 모든 사람이 다 그러한 오점을 가지고 있지만, 당신이 당신 자녀들과 지내는 모습을 나는 정말로 높이 평가한다"와 같은 방식의 긍정적인 표현을 찾아라. 또는 '그녀는 지친 모습을 보여주지 않고 매우 적극적으로 판단한다.' 또는 '그녀는 얼마나 유익한 사람인가, 그녀는 얼마나 존경스러운 사람인지'와 같은 말들을 찾아서 하라.

만약 결혼 문제나, 당신 두 친구가 싸움과 같은 논쟁을 드러낸다면, 결코 어떤 판정도 내리지 말라. 그들은 그들 서로는 용서할 지도 모르지만, 그들은 결코 당신을 용서하려 하지 않을 것이다. 약혼 기간 중 어느 시점에서, 남편과 나는 약혼을 파기하기로 결정했다. 한 친구는 남편에게 따뜻하게 축하의 말을 하면서, 그 만남에서 잘 빠져 나왔다고 그에게 안심시켰다. 우리는 여전히 지금도 그 친구를 때때로 냉담하게 바라본다.

비탄에 젖은 사람에게 "나는 너희 두 사람 다 사랑하지만, 그 언쟁을 나에게 말하는 것을 바라지 않는다. 왜냐하면, 그 말은 나를 너무나 가슴아프게 하니까." 라고 말하라. 아니면, "나는 조정자가 아니오. 나는 그저 옆에서 바라만 볼 것이고 중립을 지키겠소."라고 말하라.

말버릇이 상스러운 사람에게 말하기

사교 모임에서 말하는 외설적인 언어는 남자들의 경우와 마찬가지로 흔히 여자들에게서도 나온다. 나는 여성들이 쓰는 외설적인 언어는 속박에서 벗어나려는 해방의 표시—코미디언이었던 고 레니 브루스의 메시지가 아니라 그의 기교를 사용하는—로 여긴다. 레니 브루스가 네 단어로 된 단어들을 사용한 것은 관중들에게 자기들의 고루한 방식에 맞서서 밀어 부침으로써 변화를 받아들이도록 미리 준비시키기는 의도에서 그렇게 했다. 지하 출판물들의 외설스러움은 변화 그 자체이며, 혁명의 상징이라는 믿음 속에 여전히 빠져 있다.

그렇지만, 성인들은 자기들이 더 나은 교양으로 현대적이면서 자유분방하다는 것을 확실하게 드러내어 줄 수 있다. 나는 한두 차례의 이런 외설적인 말에는 주의를 기울이지 않는다. 그것이 단순히 말실수일 수도 있으며, 나아가 나는 책 속에서 더 뛰어난 외설적인 표현을 읽은 적이 있으며, 영화에서 더 험한 외설을 들은 적도 있기 때문이다. 그러나 다섯 번 이후에는 나는 이렇게 말한다. "만약 당신이 나에게 놀라움을 주려고 한다면, 당신은 전혀 그렇게 하지 못하고 있습니다. 오히려 그렇게 열심히 노력한 것이 정작 내 기분만 상하게 하고 있습니다."

저속한 농담 역시 나에게 아무런 감동을 주지 못한다. 나는 내 자신의 고루함에 맞서 왔으며, 이것을 계속 유지하도록 결심했다.

6. 전화를 어떻게 해야 하는가

당신은 집 전화를 받는 적절한 방법을 아는가? 또한 사무실 전화를 받는 방법은 알고 있는가? 사업상 전화는 어떻게 하는가? 오랫동안 전화를 하는 사람의 전화를 끊는 가장 좋은 방법은 무엇인가? 이러한 질문들과, 가장 빈번히 사용되는 의사소통 방법이 무엇인지에 대해 여러 질문들에 대한 답을 알아보자.

집이나 사무실에서 전화로 얘기할 때, 당신의 의도를 명확하고 간결하게 표현할 수 있는 능력과 목소리의 질은 매우 중요하다. 전화로 당신과 얘기하는 사람은 당신의 얼굴 표정이나 손짓을 볼 수 없기 때문에, 그가 받는 인상은 전적으로 자기가 듣는 전화 소리에 의존할 수밖에 없다.

전화는 당신의 목소리를 자연스러운 크기와 음높이로 전달하도록 만들어져 있다. 소리를 크게 지를 필요는 없다. 사실상 장거리 전화에서 당신의 목소리를 높이는 것은 목소리를 일그러뜨리기만 할 뿐이다. 전화기의 송화기는 당신 입에서 약 1인치 떨어진 위치에 두고, 수화기는 최대한 귀에 가까이 대야 한다. 얼굴을 맞대고 하는 의사소통에서 사용하는 것과 동일한 음성과 억양으로 분명하고 똑똑하게 말하라. 만약 전화를 하다가 전화기를 내려놓아야 한다면, 부드럽게 내려놓아라. 그리고 당신이 끊을 때는 수화기를 내동댕이치듯 내려놓아서는 안 된다. 전화를 듣는 사람은 수화기를 여전히 귀에 가까이 대고 있어서, 갑자기 사정없이 수화기를 내려놓으면 상대방의 귀가 얼얼해 질 수 있다.

집 전화에 올바르게 응답하는 첫 마디는 여전히 "여보세요"(영어로는 Hello)

이다. "예"(영어의 yes)는 당돌하며 약간 무례한 느낌을 준다. "존슨 부인네 집입니다"라고 말하는 것은 대화의 문을 너무 활짝 열어젖히는 것이고, "존슨 부인입니다"라고 말하면 원하지 않는 대화를 피할 수 있는 기회가 없어진다.

이것은 결코 넌센스가 아니다. 이것은 오늘날 전화하는 방법 중 중요한 부분이다. 모든 대도시에서는 온갖 유형의 이방인들—주부들에게 무언가를 팔고자 하거나, 명사 부인들에게 호의를 요청하고자 하거나, (사무실에서의 접촉에 실패하여) 공직자들과 접촉하길 바라는 온갖 유형의 이방인들—이 너무나도 끈질기게 전화를 걸기 때문에, 많은 사람들은 자신들의 전화 번호를 계속해서 전화번호부에 등재하지 않을 수밖에 없다. 그러므로 그들이 절대로 하고 싶지 않은 말은 "인기 스타 누구입니다"라고 말하는 것이다. "안녕하세요"라고 말하고서 전화를 건 사람에게 "인기 스타 모양 그곳에 있나요? 저희 사장님이 그녀와 통화하고 싶다고 하는군요"라고 말하게 한다. 만약 인기 스타 자신이 전화를 받았다면, 간단히 "예, 접니다"라고 대답한다.

"누구 찾으세요?"

집안의 전화를 어른이 아니 다른 사람이 받는다면, "브라운 여사 부탁합니다"에 대한 응답은 보통 "잠깐만 기다리세요"이다. 그러나 만약 브라운 여사가 가정부나 아이들에게 자기가 바빠서 어떤 전화도 받을 수 없다고 말했다면, 전화를 받는 사람은 "그녀는 지금 바빠서 어떤 전화도 받을 수 없습니다. 당신의 이름을 남겨 주신다면, 시간이 되는 대로 전화를 걸어 드릴 것입니다"라고 하는 것이 옳은 전화하기이다.

만약 전화를 건 사람이 혹시라도 "나는 브라운 여사와 개인적으로 이야기하고 싶습니다"라고 말한다면, 전화를 받는 사람은 누구든지 "죄송합니만, 저는 브라운 여사를 방해하고 싶지 않군요. 메시지를 남겨주시겠습니까?"라고 대답하는 것이 옳다. 만약 전화를 건 사람이 기어이 자신의 이름이나 메시지를 남기기를 거부한다면, 그는 브라운 여사가 자기에게 전화를 걸어줄 것이라는 기대는 거의 할 수 없을 것이다.

어떤 여성들은 자기들이 전화를 받을 때까지 준비를 하기 위해서 가정부나 자녀들에게 "누구십니까?"라고 말하도록 가르친다. 어쩌면, 다른 어떤 여성들은 이것이 누군가에게 꼬치꼬치 캐묻는다는 느낌을 받기 때문에, 아마 "잠깐만 기다리세요"라고 하는 말을 더 좋아할 것이다.

여자가 집안에 홀로 있을 때, 그녀는 자기 남편의 소재와 귀가에 대한 어떤 정보를 주기 전에 먼저 반드시 "누구십니까?"라고 물어야 한다. 이것은 지극히 당연할 뿐만 아니라 안전에도 필수적인 경계 수칙이다.

호칭과 함께 이름을 댈 것인지 호칭 없이 이름을 댈 것인지는 흔히 부딪히는 문제다. 모르는 사람과 얘기할 때는, 호칭이 항상 사용되지만, 상황에 따라서 사용할 때도, 사용하지 않을 때도 있다.

다음의 규칙은 유용하다. 어떤 노인이 자기보다 훨씬 젊은 누군가와 말할 때 "저는 엘더(elder) 여사입니다", "시니어(senior) 양이에요", 혹은 "엘더(elder)입니다"라고 말한다.

결혼했건 안 했건 간에 젊은 여성은 "마리 매너즈이에요"라고 말한다. 그녀가 허물없이 지낼 정도로 잘 알면서 나이가 더 많은 여성에게는 "여보세요, 녹스 여사? 저 마리 베일리이에요"라고 말한다. 녹스 여사는 "안녕, 베일리 여사!"(혹은 만약 그녀를 잘 알고 있다면 "마리")라고 대답한다.

여성에게 전화를 거는 신사는 어떤 상황에서도 자기를 "스마트 씨입니다"라고 밝히지 않는다. 대신에 사교적인 전화라면, "조지 스마트입니다"라고 말한다.

만약 당신이 젊은 남자로 친구에게 전화를 거는 사람이고 그 응답하는 목소리가 친구나 그 가족의 일원이라면, 당신은 "짐 브라운이에요", 또는 아마 "짐이에요"라고 말한다. 만약 응답의 목소리가 친숙하지 않다면, 당신은 "저는 미스터 제임스 브라운입니다. 미스터 앨런 그레이와 통화할 수 있을까요?" 또는 친구가 그 집의 유일한 남자인 경우에는 "미스터 그레이와 통화할 수 있을까요"라고 말한다.

전화로 초대하기

존슨 여사가 전화로 샐리를 초대할 때는, 긴 대화가 아니라 단순히 다음과 같은 식의 대화로 짤막하게 진행된다.

존슨 여사 : "샐리 맞나요? 저 헬렌 존슨이에요" (만일 자신이 샐리보다 나이가 더 많다면, 그녀는 "미시즈 존슨이야"라고 말할 것이다.) "당신과 당신 남편(존)이 다음주 화요일 밤에 저녁을 우리와 함께 먹을 수 있을까요?"

샐리 : "죄송하지만, 갈 수 없어요. 화요일 저녁에 극장에 가기로 되어 있어요" 혹은 "기꺼이 가고 싶어요." 그리고 아마 그녀는 시간이나 날짜에 오해가 없도록 확인하기 위해 "다음주 화요일 8시에요?"라고 반복할 것이다. 전화를 끊기 전에 그녀는 "정말 감사해요" 혹은 "그날이 기다려집니다"라고 덧붙이곤 한다.

"안녕, 존. 토요일 밤에 뭐 할래?" 혹은 "당신은 월요일 오후에 바쁜가요?" 등의 표현으로 초대의 말을 시작하는 것은 옳지 않다. 이러한 방법은 존을 당혹감에 빠뜨리기 쉽다. 만일 이런 물음에 "별일 없어"라고 응답했다면, 보링스씨네(사람을 따분하게 만드는 사람들)와의 저녁 식사 또는 리보우크씨네(카드 게임에서 규칙을 잘 어기는 사람들)와의 브리지 게임에 자기가 초대받기로 되어 있다는 말을 듣고 나서 자기의 초대를 거절하고 싶을 때, 존은 당혹감을 느끼게 된다. 한편으로는, "나 선약이 있어"라고 응답을 하고 난 뒤, 자기가 매우 좋아하는 어떤 행사에 초대한다는 말을 듣는 경우, 그 행사에 갈 수 없다는 것은 존에게는 매우 실망스러운 일이다. 왜냐하면, 말하는 사람은 처음에 "선약이 있어"라고 말한 것은 뒤에 자기가 거절한 마음을 바꿔 그 초청을 받아들일 때는 자기를 초청한 사람에게 무례한 느낌을 주게 된다. 선약이 있다고 말한 젊은 여성은 "올 수 없다니 안됐군요, 존 브릴리언트가 당신을 무척 만나고 싶어하고 있는데"라는 말을 듣고서도 자신의 마음을 바꾸어 "오, 그렇다면 어떻게 해서든지 내 저녁 식사 약속에서 빠져나와 갈게요"라고 말할 수 없다. 이렇게 하는 것은 관련 상대에게 매우 무례한 일이 될 것이다.

전화 초대에 응답을 할 경우에, 만약 "존이 이번 주에 무슨 약속이 있는지 물어 봐야만 한다" 혹은 "그날 밤 고등학교 연극 입장권이 있어요, 그러나 어쩌면 금요일 입장권으로 바꿀 수 있을지 모르겠어요"라는 설명이 즉각적으로 따르지 않는다면, "나중에 알려 줄게요(I'll let you know')"라고 말하는 것은 매우 무례한 응답이다. 이러한 명확한 이유가 제시되지 않는다면, "나중에 알려줄게요"라는 응답은 당신이 그 초대를 받아들이기 전에 다른 더 좋은 초대를 기다리고 있는 것처럼 들린다.

전화를 할 때 하지 말아야 할 중요한 세 가지

전화를 잘못 걸었을 때, "거기 몇 번이죠"라고 묻지 마라. 그 대신 다시 한 번 확인하거나 다음에 더 주의깊게 전화를 걸기 위해 "거기 번호가 2―3456 맞습니까?"라고 물어라.

전화를 받고 나서 자기 일을 하려고 잠시 자리를 뜰 때, "잠깐만"이라고 말한 뒤 전화를 건 사람을 오래 기다리게 하지 마라. 만약 초인종이 울려서 그 순간 상대편의 말이 들리지 않는다면, "몇 분 내에 내가 전화를 다시 걸게"라고 말하라. 그리고 실제로 몇 분 이내에 전화를 다시 걸어 주어라.

너무 어린 아이에게 전화를 받게 하지 말라. 어린애에게 자기의 할 말을 이해시켜서 상대에게 전달시키려고 하면 전화를 건 사람의 시간을 많이 빼앗게 하는 것이다. 만약 긴 침묵이 있다면, 아이가 어머니를 찾고 있는지 혹은 개와 놀고 있는지 알 수 있는 방법이 없다.

전화 끊는 법

일상적인 상황에서는 전화를 건 사람이 통화를 끊는 것이 일반적이다. 이것은 아주 중요한 문제는 아니지만, 통화가 쓸데없이 길어지거나 대화의 내용이 있는지 없는지를 아는 것은 유익하다. 전화를 건 사람은 간단히 "당신과 연락이 되어서 정말 기뻐요. 7일날 만나기를 기대해요. 안녕." 혹은 적절한 내용을 간단하게 언급을 하면 된다.

우리는 모두 전화 통화를 오래 끄는 사람들—굳은 의지의 판매원, 어쩌면, 혹은 말많은 친구—에게 붙잡힌 적이 있을 것이다. 극도로 지루한 대화를 끝맺기 위해서 간접적으로 몇 가지 노력을 했는데도 불구하고 당신의 노력이 완전히 무시당했다면, 보다 공격적인 조치를 취할 수밖에 없다. 상대편이 말을 중단한 첫 순간, 혹은 필요하다면 상대편의 말을 중간에 끊고서라도, 아마 "정말로 미안하지만, 지금 전화를 끊어야 하겠네요. 아이가 울고 있어요", 혹은 "욕조에 물이 넘쳐 흘러요", 혹은 심지어는 "제가 지금 약속에 늦겠네요" 라고 말할 수 있다.

전화를 바로 끊어야 할 다른 한 경우는 전화를 받은 사람에게 손님—회사 사무실이든, 집이든—이 있을 때이다. 당신 손님이 당신이 전화할 동안 할 일 없이 시간을 소비하게 하거나, 손님이 당신의 대화를 듣고 싶어하지 않는데도 잡담을 길게 늘어놓는 것은 매우 사려 깊지 못한 행동이다. 당신이 받은 전화가 곧장 끝날 것 같지 않으면, 이 통화를 보다 편안한 시간으로 연기해야 한다. 집에서 전화를 받을 때는 당신은 "조안, 지금 내 집에 손님이 들렸어. 그래서 잠시 후에 내가 네게 다시 전화 걸면 어떨까?"라고 말할 수도 있다. 사무실에서 전화를 받을 때, 사업가는 "지금 고객이 있는데, 네 전화 번호를 내게 알려주면 한가한 시간에 전화를 걸겠어"라고 말할 수도 있다.

어느 경우에든 가능한 한 전화를 빨리 다시 걸어야 주어야 한다는 것을 명심하라.

사업상 전화 받기

교환기를 통해 걸려온 전화를 받을 때, 교환수는 자신의 회사의 이름을 대면서 받는다. 그렇지만, 몇몇 회사는 "안녕 하세요, ABC회사입니다" 혹은 "ABC 회사입니다, 안녕하세요"라는 인사와 함께 응답함으로써 전화를 건 사람에게 더 친근한 인상을 준다고 생각한다.

사무실에 직접 연결되는 전화든 전화 교환수에 의해 연결된 전화든, 전화 받는 사람은 그 자신과 그의 부서를 밝혀야 한다. 예를 들면, "휴가 회계부의 미스터 휴고입니다"와 같이 말해야 한다. 만약 전화 받은 사람이 비서라면, 그녀는 자신의 이름뿐만 아니라 사장의 이름도 밝혀야 한다(예 : "찰슨 사무실의 노튼 양입니다"). 만약 사장이 부재중이거나 그녀가 불필요한 전화를 막고자 한다면, 그녀 자신이 도울 수 있으면 돕겠다고 제안하거나, 도울 수 없다면 전할 말씀을 남기라고 말해야 한다. "지금 사장님께서 전화를 받을 수 없습니다. 전하실 말씀 있으신지요?" 혹은 "사장님께서는 사무실에서 방금 나갔습니다. 오시면 전화 해드리라고 할까요?" 혹은 "사장님께서 아침 회의에 참석 중이십니다. 제가 도와드릴까요?"라고 말해야 한다. 이 표현들은 "누구세요"라는 표현의 딱딱한 느낌을 주지 않으면서 필요한 정보를 이끌어낼 것이다. 그러나 전화를 건 사람이 신분을 숨기려 하면, 그의 이름을 남기라고 더 직접적으로 요청해야 할 것이다. "누구세요?"라는 표현도 때로는 필요하다.

사업상 전화 걸기

사업상 전화를 걸 때는, 전화 번호가 정확한지 확인하라. 모든 사업용 전화기 옆에는 자주 거는 전화 번호의 목록을 놓아두도록 해야 한다.

전화를 받은 즉시 당신은 반드시 당신이 누구인지 밝혀야 한다. 그리고 만약 당신이 통화하고 자하는 사람이 당신을 잘 알지 못한다면, 당신의 조직 이름도 다음과 같이 밝혀야 한다. "저는 호버 회사의 크라멜입니다, 휴즈 씨와 통화하고 싶은데요?”

세일즈맨의 경우는 전화를 받는 비서나 교환수에게 샘 세일즈(Sam Sales)라고 말하는 것은 옳지 못하다. 그는 “저는 블랭크 회사의 미스터 세일즈입니다”라고 말한다. 그러나 자신이 원하는 사람과 연결되면, “씨”를 생략하고 “샘”이라고 말한다.

이와 마찬가지로, 사업에 종사하는 젊은 여성이 전화를 받았다면 “휠 타이어사의 미스 캐샤입니다”라고 말하며, 자기가 통화하고자 하는 사람에게는 “제인 캐저입니다”라고 말한다.

모든 이름은 가능한 한 간결하면서, 명료하고 또렷하게 밝혀야 한다.

가장 무례한 전화 습관은 비서에게 미스터 존에게 전화를 걸어라고 말해 놓고서는 전화 받기를 기다리지 않는 사업가의 경우이다. 예를 들어, 비서는 전화를 걸고, 상대편이 “A.B 존슨 회사입니다”라고 전화를 받는다. 비서가 다시 “프랭크 브라운 씨가 존슨 씨와 통화하고 싶어합니다”라고 말한다. 곧바로 존슨 씨가 “안녕하세요, 프랭크 씨”라고 말한다. 그러나 존슨 씨는 프랭크 브라운의 목소리를 듣는 대신 “프랭크 씨는 지금 다른 전화를 받느라 바쁩니다, 잠시 후에 통화 할 수 있는데요”라는 비서의 변명 어린 목소리를 듣는다. 존슨 씨는 몇 분간은 성질 좋게 기다리지만, 조금 후에는 참을성을 잃고 말 것이다. 브라운 씨는, 바쁜 사람들에게는 상대편이 전화 받기를 기다리면서 말없이 수화기를 들고 있는 몇 초가 몇 분처럼 지루하게 느껴진다는 것을 의식하지 못하고 있음이 분명하다.

남편의 사무실에 부인이 전화걸 때는 “조운스 부인입니다. 조운스 씨 계신가요?”라고 말하는 것이 좋다.

전화 예절 테스트

당신의 전화 예절이 얼마나 바른지 알고 싶다면, "예"라고 대답할 수 있는 질문들의 숫자가 당신의 예절 등급을 매겨준다. 모든 질문에 "예"라고 답한다면, 당신은 최고로 예절바른 사람이라는 영예를 얻을 자격이 있다.

(1) "기억에만 의존하여 전화를 걺으로써" 모르는 사람들에게 불편을 주는 경우가 있는데, 당신을 그런 실수를 하지 않기 위해서 전화 번호가 정확한지 확인하는가?

(2) 당신은 바쁜 사람에게 가능한 한 간결하게 통화하는가?

(3) 당신의 목소리를 알아보지 못하는 가까운 친구에게 전화를 걸 때, "누군지 알아 맞추어 봐"라는 장난을 하지 않으며, 즉시 당신의 신분을 밝히는가?

(4) 자주 전화를 거는 사람들의 업무를 방해하지 않도록 당신이 전화 거는 시간을 조절하려고 노력하는가?

(5) 업무상 전화를 업무 시간이 끝나기 훨씬 전에 하는가? 당신이 알고 있는 통근하는 사람에게는 특히 그렇게 하는가?

(6) 사무실에서, 당신은 통화를 오래하는 경향이 있는 개인적인 친구에게 업무가 끝난 후에 당신이 전화를 걸었으면 좋겠다고 양해를 구할 수 있는가?

(7) 잘못 걸려온 전화를 서로 불편한 일로 여기고 "죄송합니다만, 전화 잘못 거셨네요"라는 말을 불쾌하며 짜증난 목소리가 아니라 정중하며 공감하는 어조로 말할 수 있는가?

(8) 다이얼식 전화기를 사용할 때, 다이얼이 다 돌아갔음을 알리는 소리를 언제나 기다리는가?

(9) 당신이 건 전화를 상대가 신속하게 받지 않을 때, 당신은 상대편이 하던 일을 정리하고 전화를 받을 수 있도록 충분한 시간 동안 기다리는가? 전화기를 막 드는데 전화가 끊어지면, 이것은 매우 짜증나는 일이다.

(10) 파티에서 많은 사람이 줄을 서서 전화 할 경우 당신은 다른 사람들이 자유롭게 전화를 할 수 있도록 그들과 충분한 거리를 유지하는가?

장거리 전화하기

장거리 전화를 할 때, 소리 지르지 않아야 한다는 것을 명심하라. 전화 회선의 확성기가 언제나 당신의 목소리를 확대시키기 때문이다. 해외 전화를 걸 때는, 상대편의 말이 끝나는 것을 기다려 당신의 말을 시작하는 것이 또한 중요하다. 해외 전화 회선이 한 번에 한 사람씩 말하도록 되어 있는 회선일 수 있다. 이 경우에 두 사람이 동시에 말하면, 한 쪽이 말하기를 멈출 때까지 양쪽 말이 다 차단되어 들리지 않는다. 말해야만 하는 것을 당신의 혀끝에 두고 신속하게 말하라. 만일 말해야 할 사항이 몇 개 있다면, 그것을 적어서 읽어라.

1)전화 받는 당신의 기능을 테스트하는 방법

　※다음 질문이 옳으면 ○, 틀리면 ×로 답하시오.

(1) 사무실에 전화를 건 사람은 비서에게 "브라운 앤드 스미스 회사의 미스터 후크입니다" 라고 말하면서 자기의 신분을 밝히고, 자기가 통화하고 싶은 사람과 연결되면 "브라이스 후크야"라고 말한다.

(2) 가정 주부는 전화를 받으며 예의 바르게 "샐리 실트입니다"라고 말한다.

(3) 전화를 건 사람에게 그의 질문에 답하기 전에 신분을 밝히도록 요구하는 것은 적절하지 않은 것이다.

(4) 나이가 더 어린 사람에게 전화를 건 사람은 "월리 트롤입니다"와 같이 자기의 이

름 전체를 말하며 자신을 소개한다.

(5) 자기를 메어리 스미스라고 소개한 여성은 소개받은 상대편이 "메어리"라고 불러 서는 안 된다.

(6) 어떤 사람에게 특정한 날에 시간이 있는지를 물을 때 "금요일 밤 뭐 할거니?"라고 물으면서 초대의 말을 꺼내는 것은 좋은 방법이다.

(7) 전화를 잘못 건 사람은 사과를 하고 "거기 몇 번이에요?"라고 말해야 한다.

(8) 전화를 건 사람이 끝내기 전에 먼저 통화를 끊는 것은 결코 받아들일 수 없다.

(9) 민주적인 관행은 전화 받는 사람이 누구이든 그에게 "제이크 프릴리입니다"와 같이 개별 이름(first name)으로 자신을 소개해야 한다.

(10)어떤 사람이 제 1회선으로 전화를 받아 놓은 뒤 제 2회선으로 전화를 걸어 상대편 에게 "잠깐만 기다려 주세요"라고 말하는 것은 사무실에서의 업무의 효율성으로 인해 용인 가능하다.

(11)여성들은 이름 전체를 사용할 때에 자기를 "미스 메어리 스미스이에요"나 "미시 즈 이브 아담즈이에요"와 같은 식으로 미스 또는 미시즈라고 지칭하지 않는다.

(12)전화로 초대를 받을 때 더 좋은 일이 예상되는 경우에 자신의 의견을 확실히 말하 지 않고서 "나중에 알려줄게"라고 응답하는 것이 적절하다.

(13)초대에 앞서 긴 통화가 선행되어야 한다.

(14)간단한 경계 조치로 가정주부는 전화를 받자마자 자신의 신분을 밝히지 않는다.

(15)친구들은 당신의 목소리를 즉각 식별할 의무가 있으므로 전화를 걸 때 당신의 신 분을 반드시 밝힐 필요는 없다.

 정답 : 1.○ 2. X 3.X 4.X 5.○ 6.X 7.X 8.X 9.X 10.X 11.○ 12.X 13.X
14.○ 15.X

7. 면접을 어떻게 해야 하는가

　　　　　당신은 이력서와 지원 서류를 작성하는 법을 배웠다. 그러나 직장을 구하려 할 때, 또한 이에 못지 않게 중요한 것이 면접이다. 면접관이 바라는 것은 무엇인가? 당신은 어떤 대답을 할 것인가? 이 장에서는 최선의 면접을 받는 몇 가지 방법을 제시한다.

이력서의 목적이 면접의 기회를 가질 수 있도록 자기를 선전하는 것인 것처럼, 면접의 목적 또한 직장을 얻기 위해 자신을 선전하는 것이다. "면접"이란 단어는 "서로 보다"와 "서로 관찰하다" 라는 의미의 단어에서 유래한다. 면접은 고용과정에서의 고용주와 지원자 사이의 만남이다. 이 만남에서 고용주는 지원자를 관찰하고, 지원자는 고용주를 관찰할 목적을 갖는다. 고용주는 지원자가 자기 회사에 공헌할 수 있는가를 알아보려 하고, 지원자는 그 회사가 자신의 적성에 맞는지를 알아보려 한다.

　　첫 면접에서 고용주는 당신의 기술과 능력을 다 알 수 없다. 특정한 일을 훈련시키는 것은 비교적 짧은 기간에 이루어지지만, 좋지 못한 성격을 바로잡는 데는 오랜 기간이 걸린다는 것을 고용주는 잘 알고 있다. 따라서 고용주는 부정적인 성격을 가진 지원자보다 일을 믿고 맡길 수 있는 긍정적인 성격을 가진 지원자를 더 좋아한다.

　　모든 고용주가 피고용인에게 요구하는 근본적인 자질은 정직성이다. 정직성이란 당신이 도둑질과 거짓말을 하지 않을 뿐 아니라, 일하는 시간을 알아서 잘 지킨다는 의미를 포함한다. 그리고 모든 일을 정정당당하게 처리할 뿐만 아니라, 타인의 권리 또한 존중한다는 의미도 가진다. 고용주는 당신의 정직성에 대해 직접적으로 질문을 하는 것이 아니라 당신의 행동이나 태도에서 정직성을 추리해 낸다. 지원서를 작성하거나 면접할 때 절대 거짓말을 하지 마라. 만약 고용주가 사소한 일에서나마 당신이 부정직하다고 생각한다면, 당신의 다른 능력이 아무리 뛰어나다 할지라도 그는 당신을 부적합하다고 생각할 것이다. 타인을 존중하는 것과 자신의 일에 대해 가지는 책임감은 정직성과 관련이 있다. 당신은 면접관에게 당신이 그 회사의 조직에 조화롭게 적응할 것이고 신뢰할 수 있고 부지런한 직원이 될 것임을 확신시켜야 한다.

　　고용주가 같은 나이의 미혼남자보다 부인과 아이가 있는 서른 다섯 살의 기혼남자를 선택할 때는 대개 고용자는 부양가족이 있는 기혼남자가 자기만 생각하는 데 길들여져 있는 독신자보다는 더 책임감이 있을 것이라고 생각하기 때문이다. 그러므로 미혼남자는 다른 사람들과의 조화나 책임감을 보이기 위해 고용주의 관심을 끌어야 한다. 단순히 결혼한 것만으로 기혼남자가 이해력과 책임감이 있을 것이라고 무조건 신뢰할 수 없음은 물론이다. 기혼남자 또한 자신의 일반적 태도나 행동에서 이 능력을 고용주에게 보여주어야 한다.

자기의 목표를 알아라

고용주는 당신의 일에 대한 태도와 가치관에 관심을 가진다. 당신은 평생 동안 어떤 직업에서 무엇을 추구하고 있는가? 당신의 내적 동기는 무엇인가? 당신은 매우 야심찬 인물인가 아니면 적당하게 열정적인가? 그렇다면 왜 그런가? 당신의 일을 통해서 무엇을 성취하려 하는 사람인가? 당신의 능력을 발휘하는 것이 자아실현을 위한 것인가? 아니면 사회봉사? 명예? 정치권력? 사회적 지위? 건강? 안정된 가정? 편안한 퇴직? 안정된 직업? 여행? 직업을 구하기 전에 당신은 왜 그 일을 하려하는지 확실히 알고 있어야 한다. 면접관은 이것을 알아내려 한다. 돈에 관련된 질문에는 대답하지 말고 넘어가라. 기본적인 목표와 관련된 당신의 동기를 설명하라. 우선 당신 자신의 마음 속에서 당신의 목표들을 명백히 하라. 그래야 그것에 대한 질문을 받았을 때, 그 목표들에 대해 재치 있고 명확하게 말할 수 있다.

당신 성격의 건실성과 입사의 기본적인 동기를 확인하는 것 외에도, 고용자는 당신이 자기의 일에 관계된 문제들을 명확하게 판단하고 있는 알고 싶어한다. 이 능력을 대개 "업무 관련 지식"이라 일컫는다. 고용주들은 어떤 일을 성공적으로 수행하는 데에는 어떤 전문적 기술에 통달하는 것 이상의 어떤 것이 필요함을 잘 알고 있다. 고용자들은 일의 어려움을 알면서 일과 관련된 인간적 관계를 이해하는 사람을 원하며, 새로운 상황이나 어려운 상황이 발생했을 때, 잘 헤쳐나가는 사람을 원한다. 업무와 관련하여 지적인 사람은 시간—자신에게 속한 시간과 그의 고용자에 속한 시간 등—의 가치를 잘 안다. 그는 실수하지 않으려고 늘 경계하며, 자신의 능률을 향상시킬 수 있는 새로운 정보에 항상 관심을 가진다. 만약 당신이 이 같은 사람이라면, 당신은 고용주들이 높이 평가할 만한 자격을 충분히 갖추고 있다.

고용주는 지원자가 가지고 있을지도 모르는 어떤 특별한 능력이나 비범한 재주—탁월한 창조성, 상상력, 분석 능력, 지도력, 행정 능력 등—에 늘 관심을 가진다. 만일 당신이 이러한 재능들 중의 하나에 특출하다면, 당신은 이 능력으로 고용자의 관심을 끌어야 한다. 만일 어떤 다른 회사에서 한 부서를 재조직하여 효율성을 증대시킨 경험이 있다면, 또는 업무 수행과 관련하여 수상한 적이 있다면, 고용주에게 그 점을 확실하게 이야기하라.

좋은 인상을 주는 여섯 가지 열쇠

■당신이 가지고 있는 가장 명백한 개인적 특징은 신체적 외모와 행동 그리고 말이다. 우리 모두는 외형적인 특성을 근거로 다른 사람에 대한 첫인상(때로는 계속 지속되는 인상)을 이끌어낸다. 만약 당신에 대한 고용주(면접관)의

첫인상이 좋지 않았다면, 당신을 효과적으로 소개하기가 훨씬 더 힘들어질 것이다.

매력적인 신체적 외모는 깔끔함과 단정함에서 시작된다. 당신은 당신의 몸을 치장하는 데 아침 저녁으로 30분씩 투자하는가? 당신의 머리 모양은 단정하고 당신에게 잘 어울리는 스타일인가? 당신의 옷차림새는 어떤가? 살아가면서 가능한 한 빨리, 다른 사람이 아니라 당신 자신에게 가장 적합한 의상을 찾아라. 만약 필요하다면 그 분야의 전문가에게 충고를 구하라. 그리고 상황에 어울리는 옷을 입어라. 취직을 위해 면접을 할 때는 비지니스 양복이 필요하다. 그러나 비지니스 양복을 입고 스포츠 행사에 갈 수는 없다. 면접관은 당신이 어떤 말을 하기 전에 당신의 옷을 보고 당신을 판단한다. 남성이 입은 정장의 재단과 품질, 여성이 입은 한 벌의 의상이 잘 어울리는지를 눈여겨 본다. 거울을 보면서 당신의 외모를 비판적으로 관찰하라. 만약 당신의 외모 중 고칠 수 있는 것을 찾았다면, 즉시 개선하라. 외모가 직업을 구하는 데 긍정적인 역할을 하도록 하라.

■좋은 태도와 행동으로 외모를 만족스럽게 보충하라. 좋은 태도의 기본적 요소들을 알고, 이것들이 당신에게서 자연스럽게 나올 때까지 모든 사람을 상대로 연습하라. 좋은 태도는 겸손한 태도이다. 겸손한 태도는 적절하고, 사려 깊고, 자연스러운 행동을 바탕으로 한다. 당신의 품행에서 어떤 부정적인 면을 없애기 위해서, 사회적 매력과 균형을 갖추고 있는 다른 사람들의 행동을 관찰해 보아라. 남녀 모두의 행동을 관찰하라. 좋은 태도는 살아가는 동안 내내 당신에게 도움을 줄 것이다.

■어떤 특정한 표현과 타성에 젖은 태도는 언제나 나쁜 인상을 심어 준다. 이것을 피할 수 있도록 이것이 무엇인지를 알아야 한다. 예를 들면, 개인적인 인터뷰에서 "당신과 나 사이에", "나는 아무한테나 이것을 말하지 않는다", "맙소사(gee)", 또는 "아이고 하나님(my god)"과 같은 비형식적인 표현을 사용

하는 것이 당신에게 더 유리할 것이라고 생각하는 것은 잘못이다. 우호적인 태도를 취하되, 친밀하게 굴지는 말아라. 면접관의 정신을 혼란하게 할 수 있는 동작은 피하라. 머리를 만지거나, 혀를 내밀거나, 손톱을 튕기거나, 귀를 만지는 행위 등을 하지 마라. 또 면접관 옆에 조그맣게 걸려있는 그림을 응시하는 것을 삼가라. 무엇보다도 담배를 꺼내 성냥개비로 불을 붙이지 마라. 그리고 재떨이가 없다고 바닥에 재를 털지 마라.

■당신은 좋은 청자인가? 이 능력은 사교적 상황에서와 마찬가지로 사업에서도 중요하다. 당신은 업무상 다른 사람(당신의 부하직원과, 당신의 동료와, 당신의 상사와, 당신의 가게의 점원 내지는 고객 등)의 말을 계속해서 들어야만 한다. 당신에게는 당신이 말하고 있는 것이 중요한 것처럼 상대편에게는 자기가 말하고 있는 것이 중요하다. 그 사람이 말하고 있는 것에 대해 생각하라. 그리고 당신의 생각을 말하기 전에 그 사람의 말이 끝나기를 기다려라. 당신이 재치 있게 대답하려면, 상대방의 말을 이해해야 한다.

■당신이 말하는 목소리가 다른 사람에게 어떻게 들리는가를 아는 최상의 방법은 당신이 신문기사를 읽으면서 5분 동안 당신의 목소리를 녹음해 보는 것이다. 신문을 선택할 때는 당신이 일상생활에서 사용하는 단어가 많은 신문을 선택하라. 그리고 나서 녹음한 내용을 비판적으로 들어보아라. 당신의 말이 또렷한가? 그렇지 않은가? 당신의 목소리가 너무 큰가? 단조로운가? 만약 당신의 목소리가 마음에 들지 않는다면, 가장 잘못된 한 두 개의 결점을 바르게 고치는 데 열중하라. 크게 읽으면서 연습하라. 그리고 더 중요한 것은 당신이 매일 하는 말을 연습하는 것이다. 그리고 나중에 향상의 정도를 알아보기 위해 또 한 번 녹음해서 들어라.

■그러나 유쾌한 목소리보다는 말하는 내용이 훨씬 더 중요하다. 당신의 생각을 정확하고 분명하게 표현하는 습관을 가져라. 그러기 위해서는 당신이

말하기 전에 반드시 생각해야 한다. 속어나 모독적인 말은 피하는 것이 좋다. 상대에게 예의바르고 사려 깊게 말하라. 그리고 날카롭고, 무자비한 말은 되도록 피하라. 당신 자신을 높이기 위해 상대방을 폄하하지 말라. 만약 당신이 면접관에게 이전의 고용주나 회사동료를 욕한다면, 면접관은 자기들도 당신에게 그들과 같은 취급을 받을 것이라고 여길 것이다. 효과적인 말하기의 열쇠는 계속적인 연습이다. 당신의 말하기 능력에 대해 스스로 흡족해 하지 마라. 항상 개선하려고 노력하라. 성공적인 인생을 살기 위하여 가장 중요한 재산 중 하나는 자신의 생각을 잘 표현하는 능력이다.

면접 준비 방법

경험이 많은 면접관은 모든 세부사항에 대한 계획을 세운다. 면접관은 면접자에 대하여 자신이 얻은 정보와 그에 대한 인상을 기록해 놓는다. 이와 마찬가지로, 면접자도 면접을 위해 준비를 해야하며, 면접실에 들어가는 것에서부터 나오기까지의 모든 세부사항을 사전에 계획해야 한다.

지원자의 입장에서 면접의 목적은 그 직업에 대해 알아보는 것이기 때문에, 당신은 지원한 회사나 일에 관계된 질문들을 미리 준비해야 한다. 자신이 지원하는 일의 업무나 기능을 목록으로 만들어 이것에 대한 당신의 생각과 그 회사의 생각이 어떻게 다른지 알아보는 것이 좋다. 흔히 같은 일이더라도 회사마다 그 특징이 다를 수 있다.

또한 연대순으로 기록한 이력서나 개인신상 명세서에 언급된 당신의 가정환경, 경력, 교육정도, 그 밖의 것에 대하여 정확한 설명을 할 준비를 해야 한다. 그러한 사실들이 잘 떠오르도록 면접을 하기 전에 모든 항목들을 다시 확인하라. 비록 당신이 면접관에게 다른 형식의 이력서를 제출할 계획이 있더라도, 연대순으로 된 이력서를 가져가는 것을 잊지 마라.

당신이 면접을 보는 동안 그 회사에 관한 몇 가지 의문이 생길 것이지만, 사전에 당신이 할 수 있는 한 모든 것을 알아두는 것이 좋다. 이러한 지식은 당신이 그 회사에 정말 관심이 있다는 것을 면접관에게 알리는 기회가 된다. 만약 당신이 면접관과 그 회사의 일을 지적으로 토론할 수 있다면, 당신은 면접관과 더 좋은 관계를 가질 수 있을 것이다. 또한 당신은 일에 관한 배경지식보다 일의 구체사항들에 면접시간의 대부분을 쏟아 부을 수 있을 것이다.

면접에 어울리는 옷차림을 하라. 요즈음은 밝고, 비지니스풍의 품 넓은 정장도 허용되지만, 가장 안전한 것은 보수적인 옷차림을 하는 것이다.

면접시간에 맞추어 도착하기

시간을 잘 지켜라. 이것은 약속된 시간보다 훨씬 빨리 도착하라는 의미가 아니다. 당신이 면접관에게 당신이 약속한 대로 면접을 받을 수 있다는 것을 알 수 있도록 약속 시간 5분전에 면접 장소에 나타나라. 만약 당신이 늦으면, 면접관은 당신이 다른 일자리를 구했기 때문에 오지 않는 것이라고 생각할 수도 있다. 그래서 당신이 늦게 도착했을 때 면접관이 자리에 없을 수도 있다. 늦게 도착할 수밖에 없다면, 접수원이나 비서에게 전화를 하라. 그 반대로 면접관이 없어서 당신이 15분이나 20분 기다려야 한다면, 당신은 고용자에게 편리한 다른 시간을 접수원이나 비서에게 요구할 수 있다. 급박한 상황이 발생했을 때, 이것을 너그럽게 이해해 준다면 상대방은 매우 고맙게 여길 것이다. 당신의 면접이 연기된다 하더라도 절대 화를 내어서는 안 된다. 공손하게 다시 약속 시간을 정하라. 당신이 화를 참지 못한다면 사업 관계를 잘 이해하지 못하는 비호의적인 사람으로 비춰질 것이다.

접견실에는 대개 옷걸이가 있다. 당신의 코트와 모자를 벗어 거기에 걸고, 기다리는 동안 잡지책을 읽어라. 접수원이 당신을 즐겁게 해주리라 기대하지 마라. 당신이 승강기나 복도에서 면접관을 우연히 만난다면, 코트나 장화를 걸치고 사무실로 그와 나란히 들어가지 마라. 고용자가 코트를 걸치고 들어가더라도 당신은 접견실에 벗어 두어라.

면접할 동안 해야 할 일

사무실로 들어가 면접관에게 인사할 때, 면접관의 이름을 말하라. "안녕하십니까, 조운스 씨 만나서 반갑습니다"라고 말하거나, 이와 유사한 친근한 인사를 하라. 면접관이 당신에게 앉으라고 할 때까지 앉지 마라. 담배는 주머니에 넣어두어라. 면접관이 담배를 권한다면, 고맙다는 말과 함께 정중히 거절하라. 당신은 성냥과 재떨이에 대한 걱정 외에도 신경 쓸 일이 아주 많을 것이다.

대화를 시작할 때, 먼저 말할 준비를 하라. 고용자가 지원자에게서 무엇을 기대하는가? 어떻게 당신 자신이 충분한 자격이 있음을 보여주는가? 당신은 지원서에 이 회사에서 일하고 싶다고 썼을 것이다. 면접은 왜 당신이 그렇게 썼는지를 설명할 기회이다. 당신은 면접을 받고자 했던 사람이다. 물론 면접관이 대화를 시작한다면, 그의 말에 주의를 기울이고 적절한 시기에 대답할 준비를 하라. 절대로 면접관의 말을 방해하지 마라. 남의 말을 잘 듣는 기술은 아주 중요하다. 만약 당신이 면접관이 하는 말에 귀 기울이지 않는다면, 당신은 재치 있게 대답할 수 없을 것이다. 당신이 하고 싶었던 말을 다 하지 못했다 하더라도 그가 말하려 할 때, 말하던 것을 중단하라.

당신의 태도는 중요하다. 당신이 그의 말에 정말로 관심이 없다는 인상을 준다면, 고용주 또한 당신에게 관심을 두지 않을 것이다. 긍정적으로 말하고 행동하라. 그리고 주저하지 말고 일과 회사에 대한 당신의 열정을 표현하라. 당신은 당신 자신의 생각을 면접관에게 당당하게 말할 수 있고, 또 면접관의 모든 말에 일일이 동의할 필요는 없지만, 당신은 면접하는 내내 차분함과 다정한 느낌을 보여 주어야 한다. 만약 당신이 화를 내거나 지루해 한다면, 면접이 갑자기 중단될 수도 있다. 당신 자신만큼 많은 학위를 가지고 있지 않은 면접관에 의해 면접을 받을 수도 있다. 그에게 협조하고, 존경하는 태도를 보여라. 절대 우월감을 드러내지 마라. 면접관은 당신의 자격 여부를 심사할 뿐아니라, 면접할 동안 당신에게 가졌던 생각을 기록한다. 만약 당신이 면접할 동안 다른 상대편 입장을 고려하거나 가능한 한 그를 편하게 해준다면, 당신에 대한 그의 반응은 우호적일 수밖에 없다.

당신이 지원하는 일에 관한 본질적 요소들을 찾아내라. 업무, 회사의 구성, 승진의 표준 단계, 또는 이와 유사한 질문을 하는 데 주저하지 마라. 물론 면접관은 당신이 그 일에 적합한 인물인지를 알아보기 위해 여러 질문을 할 것이다. 당신이 최근 그만둔 직업에 대해서 그리고 이력서에 언급된 항목에 대해서 그는 물어볼 것이다. 당신은 이러한 질문에 대하여 재치 있고 간결하게 대답을 해야한다. 솔직하게 말하되, 이전 회사나 동료들에 관계된 비난은 피하는 것이 좋다. 만약 당신이 이전 고용자에 대한 불만이 있더라도, 말하지 마라. 단지, 이전 회사에서 만족스러웠던 경험과 또, 적극적으로 일했던 경험에 대해서 말하라. 기회가 있다면 이전 회사의 높은 수준을 나타내는 일들을 기억하여 언급하는 것은 좋다. 이전 회사의 높은 수준을 반영하는 어떤 세부 사항들을 명심하는 것은 좋은 착상이다. 만약 당신이 이전 회사에서 부적격으로 인하여 해고되었다면 주저하지 말고 사실대로 그렇다고 말해라. 당신만이 특별한 것은 아니다. 면접관은 이전 회사의 고용자가 당신을 고용하기 이전에 당신의 업무에 대해서 확실하게 설명하지도 않은 채 당신을 고용했을지도 모른다고 생각할 것이다. 당신은 같은 실수를 다시 하고 싶지 않고, 당신이 하게 될 일이 무엇을 필요로 하는지 정확히 알고 싶다는 점을 확실히 밝혀라.

임금 협상하는 방법

임금에 관한 질문은 민감한 부분이다. 만약 면접관이 당신에게 "월급은 얼마나 받길 원합니까?"라고 묻는다면, 동일 업무를 수행하는 당신 정도의 경력을 가진 사람이 받는 이 회사의 표준 임금을 기대한다고 말하여, 그 질문의 부담을 그에게 넘기는 것이 좋다. 사전에 이 회사의 임금 기준을 아는 것이 좋다. 당신의 현재의 임금이나 이전의 임금을 물어보면 정확히 대답하라. 만약 고용자가 당신과 임금에 관한 구체적인 협상에 들어간다면, 그는 참고 자료를 체크하여 당신이 어느 정도의 급료를 받을지 아마 알 수 있을 것이다.

만약 이용 가능한 증명 자료철(포트폴리오)을 가지고 있다고 이력서에 썼다면, 면접관은 첫 면접 시에 그 자료철을 보자고 할 수도 있고, 그렇지 않을 수도 있다. 면접 때 그 자료철을 가져가라. 그러나 면접관이 그 자료철에 대해 아무런 언급이 없다면, 보여주려고 하지 마라. 일부 고용자는 지원자가 자기와 더 시간을 가질 만한 기본적인 자질을 가지고 있는 인물인지 아닌지를 판단하고 난 후 증빙 자료나 작업의 샘플을 보고자 할 것이다. 면접관이 당신의 증거 자료철을 보고자 할 경우에는 자료철의 각 항목에 대해 정확하게 설명할 수 있도록 준비하라.

면접을 끝내는 방법

첫 번째 면접을 하고 곧바로 일이 주어지는 경우는 좀처럼 없다. 고용자는 확실한 고용인을 결정하기 전에 여러 지원자들을 면접한다. 대부분의 회사 관리자들은 장래성 있는 지원자들을 모두 테스트해 보려 한다. 면접관은 당신에게 테스트할 시간을 통보할 것이라고 말할지도 모른다. 심지어 고용자가 어떤 지원자를 고용하길 원할 때조차도 그에 대한 신원 조회를 반드시 확인한다. 결정을 재촉하거나 혹은 오후 4시 45분까지 결정해야 할 다른 회사의 제의가 있다고 말하지 마라. 고용자에게 당신의 지원을 고려할 기회를 주고, 당신도 이 일이 자기에게 맞는지 결정할 시간을 가져라. 면접 중에 설명을 들은 그 업무가 당신이 원하지 않는 것이거나 당신의 능력이 그 업무를 맡기에는 부족하다는 것을 알게 될 수도 있다. 그 때는 딱 잘라서 "저는 당신이 찾는 사람으로 적합하지 않는 것 같습니다"라고 말하라. 다른 제안을 한다거나, 다른 곳을 둘러보고 오겠다고 말하는 것은 시간 낭비이며, 당신이 진실성이 부족하다는 것을 말해주는 셈이다.

만약 당신이 중역이면, 면접을 종결할 수 있다. 떠날 시간이 되면 일어서서 악수하고는 면접관에게 시간을 내주어 고맙다고 하며, 빠른 시간 내에 좋은 소식을 기대하겠다고 말하라. 또는 만약 더 이상의 연락이 없을 것 같더라도, 만나서 즐거웠다고 말하라. 돌아갈 때, 증거 자료철과 다른 소지품을 챙기는 것을 잊지 마라. 대기실에 남겨둔 소지품을 챙겨 떠나면서 접수자에게 고맙다고 인사하라.

면접 후 해야 할 일

가능한 빨리 면접관에게 고맙다고 편지하라. 만약 그 일에 관심이 있다면, 가능한 빨리 통보를 기다린다고 써라. 이번에 비록 이 회사에 취직은 못하더라도, 이렇게 함으로써 당신은 다음 번에 다시 지원할 경우 도움이 될 수 있는 친근한 관계를 형성하는 것이다.

대학에서 면접에 임하는 방법

대학 방문과 면접은 두 가지 목적을 지닌다. 당신이 4년 동안 보내야 될지도 모를 학교를 보는 기회일 수도 있고, 그 대학에 관심을 가지고 있는 어떤 의문을 물어볼 수도 있다. 입학 사무처 요원들은 당신을 평가할 기회를 가지게 되며, 또한 그 학교가 당신에게 적합한 학교인지를 결정하도록 도와주고 당신의 입학 가능성이 얼마나 되는지를 당신이 알도록 도와줄 것이다.

나아가 부모 중 한 사람이나 두 사람 모두 당신과 같이 대학을 방문하기를 원한다면 가족들은 대학에 다녀온 뒤 집에서 함께 토론할 수 있는 공통의 경험을 가짐으로써 기뻐하게 될 것이다. 그러므로 당신이 들어갈 대학을 결정할 때, 당신들은 모두 직접 경험으로 얻은 느낌을 바탕으로 여러 가지 의견들을 내놓을 수 있을 것이다.

대학은 학생들이 자신의 가족과 함께 대학을 방문하도록 장려한다. 때때로 어떤 가족들은 지원자들이 간과할지도 모르는 것을 지적하고 알려준다.

대학들은 사전의 시간 약속 없이 응시자들이 면접을 하러 나타나는 것을 좋아하지 않는다. 여러분들은 (입학 관리처장에게) 편지나 전화로 연락하여 면접 시간을 미리 예약하는 것이 좋다. 또한 몇몇 대학들은 특별히 편지로만 약속을 받는다. 대학 요람이나 "입학희망자 정보" 게시판을 확인하라.

만약에 당신이 약속을 정하기 위하여 편지를 쓴다면, 당신이 참석할 수 있는 몇 개의 날짜들을 알려 주어라. 이렇게 하면 비록 당신이 선택한 날짜에 나타날 수 없다하더라도 연락하는 번거로움을 피할 수 있을 것이다.

각 대학을 방문하기 전에 그 대학 요람의 관련 부분을 다시 읽고 요람에 없는 것, 또는 더 폭넓고 명확하게 알고 싶은 점들에 관하여 질문할 채비를 하라. 면접하는 동안 자연스럽게 처신하라. 비록 당신이 모르는 질문을 받더라도 "저는 모르겠습니다"라고 말하는 것을 두려워하지 마라.

면접에 나오는 주제들은 그 범위가 넓고 아주 다양할 수 있다. 토론의 전과정은 당신 또는, 당신의 관심사, 당신의 활동, 좋아하는 것과 싫어하는 것, 학교 활동 등에 집중될 수 있다. 그리고 또한 시사 문제와 세계 문제에 대한 당신의 견해와 최근에 읽은 책에 관한 토론이 있을지도 모른다.

비록 당신이 10분이나 또는 15분 면접을 하기 위하여 몇 백마일 여행하여 왔더라도 불만을 가지지 마라. 면접시간의 길이는 당신이 선택할 일이 아니다.

만약 당신이 그 대학에 다니는 어떤 학생을 안다면 편지로 방문할 날짜를 알려 안내를 부탁하는 것도 좋은 생각일지 모른다.

면접을 하고 집에 돌아온 후 당신을 면접했던 사람에게 감사의 편지를 써라. 만약 당신이 면접자의 사무실에 들렀음에도 불구하고 면접관의 이름을 모르면 면접 후에 바로 비서나 사무직원에게 물어라.

만약에 당신이 다른 응시자와 함께 대학을 방문한다면, 그 사람과 같은 시간에 면접하지 않도록 하라. 이 시간은 당신의 면접이지 결코 다른 응시자와 나눌 수 없다.

옷은 단정하게 입어라. 여자들은 파격적인 옷차림이나 지나친 화장을 하지 말아야 한다. 면접을 받기 위해서 당신의 입학지원서를 당신이 방문하고 싶은 대학에 반드시 제출할 필요는 없다. 평소에는 어느 때라도 면접을 받을 수 있지만, 달리 규정을 하고 있는지의 여부를 확인하기 위하여 대학 요람을 체크하라.

모든 지원 절차와 면접은 크리스마스 방학 이전에 끝이 나야 한다. 이것은 당신이 크리스마스 이후 곧 시작되는 중간고사를 위해 공부해야 하기 때문이며, 대부분의 대학이 2월 1일 이후에는 입학 전형작업을 시작하기 때문이다.

특히 많은 대학들은 2월 1일이나 3월1일 이후에 입학할 후보자들을 면담하지 않는다고 한다.

부모들이 명심해야 할 사항 : 만약 자식의 면접에 함께 참석한다면, 당신의 면접이 아니라 당신 자식의 면접임을 명심하라. 당신의 자식이 말을 더 많이 하기를 바라고, 자신을 더 잘 표현하거나 혹은 더 바른 자세로 앉기를 바라는 그 만큼, 자식의 말을 정정하거나 첨가해 주고 싶은 마음을 억제하라. 당신 자식들이 자기의 생각을 나름대로 말을 하도록 하고 당신에게 의존하고 있다는 인상을 주지 않도록 하라. 대학 면접자들은 일반적으로 어른들만큼 면접에서 자기의 생각들을 잘 표현할 수 없는 십대들과 이야기하고 있다는 사실을 잘 알고 있으며, 이를 감안한다. 만약에 질문이 당신에게 직접 주어진다면, 모든 방법을 동원하여 그 면접에 참여하라.

8. 성공적인 판매를 위한 다섯 단계

　　　　　당신은 자기를 선전하는 것에는 성공했다. 그 일은 당신의 것이다! 이제 당신의 도전은 그 어느 때보다 중요하다. 그 도전은 당신 회사의 상품이나 서비스를 파는 것이다. 이 장에서 자세히 기술하고 있는 5가지 기본적인 단계들을 확실히 숙지한다면, 당신은 판매를 성공하는 데 한 걸음 다가갈 것이다. 계획된 판매에는 접근 이전, 접근하기, 소개하기, 이의 해결하기, 종결하기의 5단계가 있다.

접근 이전

접근 이전(pre-approach)은 판매원이 잠재적인 고객을 찾아다니는 단계이다. 이 단계의 주안점은 변함없이 주의를 게을리 하지 않는 것이다.

　　주의 깊은 영업사원은 그 날 판매할 특별상품을 알고 있다. 그는 고객들에게 그들이 관심을 가지고 있는 품목의 상품판매에 대하여 미리 알려줌으로써 그들을 핵심적인 단골손님으로 만들려고 노력한다. 그는 고객의 구미를 당기고 관심을 끌도록 상품을 전시한다. 판매장에서도 그는 변함없이 잠재된 고객에게 주의를 기울인다. 그는 판매대 뒤쪽에 엉덩이를 걸치지 않으며, 다른 판매원들과 잡담을 일삼지도 않는다. 그는 고객을 도와주기 위해 앞으로 걸어 나오면서 미리 고객의 외모와 행동들을 분석한다.

　　주의 깊은 제조업체 대표는 판매인과 구매인 사이의 관계를 항상 밀접하게 유지한다. 그는 완벽한 서비스를 위해 노력하며, 자기 고객들을 지키고, 그들을 만족시키기 위해 일을 한다. 그는 경쟁사의 몇몇 영역을 점유할 수 있을지에 대한 가능성도 알아본다.

주의 깊은 부동산업자나 가정용 전기제품 판매원, 보험회사 직원은 잠재적인 고객에 대한 목록을 만들어 간다. 그는 현재 이용자들, 친척들, 친구들, 친구의 친구들, 사회단체나 클럽 등에서 알게 된 사람들, 그를 도와주고 있는 사업가들, 새로운 정보들이나 카탈로그를 자료로 이용한다. 그는 또한 제품의 실물 선전이나 전시회, 공연을 통해 고객을 유치하려 애쓴다. 그는 사회봉사를 함으로써 자신을 지역사회 사람들에게 알리려 한다.

그는 앞으로 고객이 될 만한 사람에 대해서 알 수 있는 모든 것을 꼼꼼하게 적어 둔다 : 가령, 그들의 성격, 그들이 좋아하는 것과 싫어하는 것, 그들의 대강의 수입, 가족 구성원들, 그들이 집주인인지 아닌지 등. 그는 이 기록으로 그 사람들이 그의 서비스를 필요로 하는지, 그들 중 누가 소비를 할 만큼 여유가 있는지, 혹은 이미 다른 판매인들의 서비스를 받고 있는지를 판단한다. 잠재적인 고객이 고용인이라면 그가 회사의 이름으로 물건을 살 수 있는 권한을 가지고 있는지를 알아낸다.

그의 이런 평가들은 그가 더 좋은 고객은 계속 유치하게 하고, 가능성이 없는 고객들은 지워 없애도록 하는 데 활용한다. 그는 당장 접근할 수는 없으나 몇 주나 몇 달 후에는 접근할 수 있는 고객들에 대한 목록을 계속 간직한다.

통찰력 있는 판매원은 마치 세 달에 한 번씩 "최근에 당신 집 근처에서 일하면서 보았는데 댁의 지붕수리가 필요한 것 같았습니다."라는 엽서를 모든 사람을 상대로 보내는 지붕 수리공처럼 분명히 가짜로 보이는 목록들은 만들지 않는다.

접근하기

판매원은 고객이 될 만한 사람과 접촉하여, 그가 필요로 하는 것에 대한 더 많은 정보를 얻고, 이전에 그가 물건을 사도록 했던 요인이 무엇인지를 확인한 후에 접근한다. 그는 유쾌하고, 긍정적인 접촉을 시도하며, 주의와 관심을 끌려고 한다. 그는 그의 목적이 단지 봉사하는 것임을 확신시키면서, 능률적이며 겸손하고 정확하게 정보를 얻고자 한다.

영업사원은 고객이 될 만한 사람을 진심으로 그리고 신속하게 맞이한다. 그는 고객이 될 만한 모든 사람들을 고객으로 간주한다. 만약 고객이 될 만한 사람이 그의 상품을 보고 있으면 그는 상품에 관해 몇 마디 적절한 말을 해준다 : "이것은 오늘만 파는 특별상품입니다." "이것은 포우러 사에서 고안된 새로운 디자인입니다." 그러나 단지 어쩔 줄 몰라 보이는 사람에게만 "무엇을 도와 드릴까요?"라고 말한다.

관찰, 시험삼아 하는 질문, 그가 말을 걸 때 보여주는 반응을 통하여, 영업사원은 고객이 어떤 유형의 상품에 관심이 있는지, 그리고 어떤 가격을 원하는지 알아내려고 한다. 그는 부유한 사람도 보통의 옷을 입을 수도 있고, 옷을 초라하게 입은 사람도 축음기나 열대성 물고기에 전 재산을 투자하는 열정을 가지고 있을 수 있다는 가능성을 염두에 두면서, 소비자의 외모에 주목한다. 만약 두 번째 손님이 오면, "안녕하세요. 이 상품에 대해 간단히 소개를 드리겠습니다."라고 말하면서 그를 즉시 반갑게 맞이한다. 그러나 그는 그 손님이 선택하는 데 어려움이 없다면 첫 번째 손님에게서 벗어나지 않고 도와준다. 그리고 나서 첫 번째 손님에게서 허락을 얻어 다음 손님에게 접근한다.

만약 어떤 대리인이 고객과 전화로 첫 접촉을 시도한다면, 그는 웃음 띤 어조로 "저는 아드 존스입니다. 바르톤 씨 계십니까?"라고 말한다. (바르톤 씨가 저와 이야기할 시간이 있을까요? 라고 불안해하며 말하지 않는다.) 인터뷰 요청은 직접적이고, 솔직하고, 간결해야 한다.

만약 이런 접촉이 서신으로 이뤄진다면, 간결하고 활기찬 어조로 서비스 차원을 강조한다. 적극적인 판매 차원의 접근은 나중에 직접 만나서 할 것이기 때문에 여기에서는 불필요하다.

약속을 정하여 찾아갔을 때는, 접수원에게 자기를 소개하는 것 이상 말해야 한다. 그녀에게 잠재적인 고객의 이름에 대한 정확한 철자와 발음 같은 간단한 질문을 하라. 여기서는 매우 유쾌하고, 예의바르게 행동하라. 그렇게 하면 호의적인 인상을 남길 것이다. 접수원이나 비서는 당신의 판매 노력에 중요한 도움을 주기도 하고 방해가 될 수도 있다.

만약 약속 없이 들렀다면, 당신의 잠재적인 고객이 너무 바쁘지 않은 시간을 택하라. 그가 바쁘더라도 너무 초조해 하지 말고 가까운 날에 확실한 약속을 하도록 하라.

당신 고객과 실제 만났을 때는, 그 고객이나 고객의 회사에 대한 격식을 차린 칭찬이나, 몇 마디 짧은 일상적인 말로써 시작할 수도 있다. 또는 직접적으로 "바르톤 씨, 당신은 직원들의 안전기록에 매우 관심이 있으시군요."라는 약간 주의를 끄는 '머리말'로 시작할 수도 있다. 당신은 고객의 욕구와 필요에 호소하고 있다는 것을 명심하면서, 또한 그 필요와 욕구를 정확하게 알고 있다고 확신하면서, 이러한 문구들을 현장에서 바로, 그리고 신중하게 준비해야 한다. 당신은 그가 이런 필요와 욕구를 만족시키지 않으면 그가 얼마나 손해볼 것인지를 보여 주어야 한다. 만약 자동차 보험 영업사원이 25달러에서 5만 달러의 책임보험에 가입할 잠재적인 고객에게 접근한다면, 최근의 사고에서 지불된 훨씬 더 많은 액수의 보상액을 강조할 수 있을 것이다.

"대학을 무사히 졸업하게 도와주세요."와 같은 식의 말은 피하라. 당신 상품이 고객의 필요를 만족시킬 수 있다는 점에 호소하라. 그리고 사업에만 전념하라. 당신의 잠재적인 고객은 공공의 일에 더욱 적극적일 수 있다. 하지만 당신이 청소년 범죄를 퇴치하는 데 그 고객의 도움이 필요하다고 말했을 때, 당신의 말에서 그 고객이 당신의 숨은 의도를 알아차리게 된다면, 당신이 화제를 상품판매로 전환할 때면 그는 짜증을 낼 것이다.

소개하기

이 단계는, 길든 짧든 간에 당신이 준비를 해 나가는 과정의 하나이다. 왜냐하면 여기서 당신은 당신의 상품이나 서비스가 얼마나 고객을 만족시켜주는 것인지를 보여주는 단계이기 때문이다. 당신은 잠재적인 고객을 설득하여 어떤 다른 상품에서 바로 당신 회사의 그 상품을 고객이 원하도록 바꿔 놓을 수 있다.

○ 소개를 성공적으로 하는 주된 요소들은 다음과 같다

자신 있게 소개하라. 당신 제품이나 서비스에 대해 믿음을 가져라. 당신이 그것을 믿지 않는다면 어떻게 잠재적인 고객이 그것을 믿어주리라 기대할 수 있겠는가?

명확하게 말하라. 듣는 사람의 수준에 맞추어 어휘를 사용하라. 그가 전문인이라면 전문용어를 쓰고, 문외한이라면 쉬운 용어를 써라. 짧은 문장을 사용하라. 몇 가지 방식으로 핵심을 반복하라. 한 번에 한 가지씩만 소개하라. 말하기 전에 먼저 상품을 보여 주라. 당신의 소개가 누가, 언제, 어디서, 어떻게, 왜로 쓰여진 좋은 신문 기사의 첫 번째 문단과 비슷하다고 생각하라.

특정한 고객에게 필요한 만큼 완벽하게 소개하라. 만약 그가 겨우 16,000달러 짜리 집을 살 수 있을 뿐인데, 그에게 25,000달러 짜리 집을 소개해 주는 것은 어리석다. 만약 잠재적인 고객이 거의 살 것처럼 하다가 사지 않는다면, 당신은 그가 이미 당신과 동의한 점들을 짚어가며, 그에게 화를 낼 수도 있을 것이다. 완벽하게 소개한다는 것은 고객이 제기할 수 있는 이의를 예상한다는 것을 의미한다.

○ 다음은 소개를 향상시킬 수 있는 몇 가지 첨가 사항이다

(1)소개하는 동안 접근단계에서 말했던 요점들을 환기시키면서 고객의 상품구매력을 강화시켜라.

(2) 고객이 계속 '예'라고 대답할 수 있는 질문들을 던짐으로써 최종적으로 '예'라는 대답을 얻어내도록 유도하라. "이것을 사지 않는다면 얼마나 큰 손해입니까? 안 그렇습니까?"

(3) 일반적으로는 모든 품목을 제시해야 하지만, 때로는 고객이 가장 잘 선택할 만한 품목으로 제한하는 것이 때때로 도움이 된다. 아이들이나 결정을 못 내리는 사람을 대할 때, 영업사원들은 그들의 마음에 안들 것 같은 상품들을 재빨리 한 쪽으로 치워야 한다. 그렇게 해야만이 고객이 선택의 가능성을 두 세 개로 줄여 최종 선택을 할 수 있다.

(4) 상품을 보여줄 때는 상품 그 자체로 선전이 되게 하라. 또는 고객들로 하여금 시험해 보게 하고, 그렇게 해서 그가 상품을 사게 하라. 특별한 특징들만 지적하라: "아주 멋진 상품이지요. 25불입니다.", "가장 인기 있는 상품이에요. 18불입니다."

(5) 사람들은 이야기하기를 좋아한다. 고객들이 이야기하도록 하라. 어떤 때는 고객이 이야기함으로써 상품을 살 수도 있다. 고객이 말할 때는 들어라. 그는 당신이 알아차리지 못했던 필요함이나 부족함을 드러낼 수도 있다. 반대로, 만약 당신만 일방적으로 말을 해버리면 당신은 고객에 대해 전혀 알지 못하고, 오히려 말을 함으로써 판매에 실패할 수도 있다.

(6) 화제를 옮길 준비를 하라. 당신의 분석은 틀릴 수가 있다. 당신 고객이 직접 상품을 보기 전에 자기가 원하는 것을 안다고 생각할 수 있다. 그러나 그가 상품을 보고 나서 마음을 바꿀 수도 있다.

(7) 경쟁사에 대한 비난을 삼가라. 당신의 잠재적인 고객은 경쟁사들의 상품을 높이 평가할 수도 있고, 당신의 제품을 상품 자체보다는 단지 가격이나 제공되는 특별 서비스에 근거해서 생각할 수도 있다.

(8) 당신 회사의 상품에 대해 객관적으로 생각하라. "우리 회사의 피아노는 모두 음질이 좋다"라는 식의 말은 고객들에게 당신이 분별력이 없는 사람이라고 생각하게 할 수 있다.

이의(異議) 해결하기

이의는 인터뷰 도중 어느 때라도 제기될 수 있다. 그들이 이의를 제기할 때에는, 다음 방법들 중 한 가지로 그들을 대하라.

만약 이의가 중대한 것이라면, "예, 하지만—"과 같은 표현을 써라. 먼저 고객의 말에 동의하라. 나아가 그의 통찰력도 칭찬하라 : "정말 좋은 질문입니다.", "그런 문제를 제기해주시니 정말 반갑습니다." 그리고는 그가 언급했던 불리한 점들이 어떻게 보완될 수 있으며, 또 그 불리한 점을 보완해줄 수 있는 이점이 있음을 보여 주어라. 가령, 가격은 비싸지만, 상품이 엄청나게 튼튼해서 수선비가 훨씬 적게 들고 내구력도 있음을 약속하라. 아니면 다른 특징들, 뛰어난 안정성이나 조작의 용이함 등과 대비하여 가격을 조정하라.

만약 사소한 부분에 대해 강력하게 이의가 제기된다면, 그 점을 인정하고 그것에 관해 조치를 취하라. 여분의 서비스를 제공해 주거나, 어느 한 부분을 바꿔주거나, 특별히 어떤 사항을 양보하거나 가격을 조정해 주라. 2달러 짜리 새 팔걸이를 중고차인 경우에는 1달러95센트에 팔 수도 있다.

설령 이의가 지나치게 강력하다 해도, 고객과 다투지 마라. 만약 아이스박스가 맞지 않는다면, 맞지 않는 것이다. 다른 제품이나 서비스로 넘어가라.

만약 이의가 너무 사소한 것이면, 당장은 무시하라. 그것은 단지 지레짐작해서 하는 말일 수 있고, 따라서 곧 잊혀지거나 개괄적으로 소개하는 중에 해결될 수도 있다. 다시 같은 이의가 제기될 때에만 처리하라.

고객이 명백하게 잘못된 정보를 알고 있을 때에만 이의를 반박하라 : "우리가 그 점을 오랫동안 생각했습니다만, 최근의 조사는 다음과 같은 것—을 보여 주었습니다." 부정할 때에는 주의 깊고 재치 있어야 하며, 이의를 고객을 교육시키는 기회로 활용하라. "제조업자 말은 고기 써는 큰 칼은 사용하기 전. 후에 숫돌로 갈아야 한다는군요."

합당한 이의를 반박하는 것처럼 보임으로써 결코 해결하려고 하지 마라. 고객이 다른 브랜드에 대해 말할 때 그에게 20년 동안 영업했지만 그런 브랜드는 처음 듣는다는 식으로 말하지 마라. 마찬가지로 "이것은 찾는 사람이 별로 없습니다."와 같은 상투적인 말도 피하라. 이것은 당신의 관심이 부족한 것에 대한 설득력 없는 변명이나, 타박으로 이해될 수 있다. 필자는 언젠가 15갤런 짜리 어항을 사려고 하는데 다른 고객이 와서 큰소리로 "15갤런 짜리 어항 있습니까?"라고 했을 때 그 판매원은 어떤 말도 하지 못했다. 이럴 때는

"지금은 그 물건이 없습니다. 하지만 기꺼이 당신을 위해서 주문해 놓겠습니다."라고 말하는 것이 훨씬 좋다. 짧게 하라. 이의에 너무 많은 시간을 할애함으로써 이의를 확대시키지 마라. 기억하라. 이의를 극복하는 방법은 그것을 예상하는 것이다.

끝내기

고객은 저항할 수 있는 최저 단계에 도달할 때 구매할 준비가 된다. 그가 서명란에 기입하도록 살짝 떠밀어 주는 것만 필요할 뿐이다. 어떻게 하면 판매원은 고객이 구입하도록 마지막 순간 고객을 살짝 떠밀 수 있을까?

고객에게 살 것인지를 확실하게 물어라. 주도권을 잡아라. 아니면 판매는 실패할 수 있다.

고객의 관심이 최고조에 이르렀을 때 구매할 것을 부탁하라. 그가 다시 찾는 상품, 다른 것을 살펴보면서 다시 한 번 보는 상품이 분명 그가 관심을 갖는 것이다. 그가 질문하는 어조와 그의 눈빛으로 그의 관심을 판단하라.

일련의 작은 선택 사항들을 제공하라. 파란색으로 할 것인가 회색으로 할 것인가, 이 액세서리로 할 것인가 저 액세서리로 할 것인가? 등.

이 상품이 이미 구매되었다는 것을 전제하고 설명을 붙이든가 질문하라. "다음 주에 보여 드릴까요?" 그가 정말 관심 있다고 생각할 때, 책상에 주문서를 놓고 일부를 작성하라. 만약 그가 주문하지 않을 거라면, 고객은 당신이 하는 것을 중단시킬 것이고, 주문을 한다면 당신의 판매는 성공적으로 끝난 것이다.

결과를 확인하는 끝맺음말을 사용하라. "만약 당신이 이 물건을 사신다면……", "저희가 집으로 우송해 드리겠습니다. 그리고……". 결과를 확인하는 말이 진짜 판매의 종결이 될 수도 있다.

계약에서 가장 중요한 점을 강조하면서, 당신의 주장을 요약하라. "바르톤 씨 우리는 당신이 —한 제1사항에 대하여 동의했습니다." "우리는 우리가

―한 2번 사항에 대해서 동의했습니다.”

만약 이 사실들이 보증되면, 지금 구매한 것에 대한 이점을 과장해서 표현하라. “이번 달 1일에 값이 오를 겁니다.” “이 종류는 하나밖에 남지 않았습니다.” 하지만 이러한 점에 대해 허위 진술하는 것은 고객을 잃는 첩경이라는 것도 명심하라.

말하자면 거꾸로 되묻는 말을 사용하라. 아마도 상품이 고객이 원하는 것이 아닐 수도 있다라고 제안하라. “―이 확실합니까?” 이것은 물론 고객이 원하는 것이 정말 확실할 때 사용되어야 한다.

고객의 손에 간접적으로 펜을 쥐어 주라. 가령, 수취인의 이름, 혹은 그밖의 것을 그가 쓰게 함으로써 사인하라고 하는 요구를 편하게 하라.

만약 판매가 불가능하면, 이 종결이 다음 기회를 위한 하나의 시작이 되게끔 하라. “3개월 안에 다시 연락 드리겠습니다.”

흔히 범하기 쉬운 판매상의 일곱 가지 실수

판매에서 어떤 실수는 너무 상식적인 것이어서 새로운 주의를 요구한다.

■ **필요와 욕구를 충분히 강조하지 않는 것.** 이럴 때는 고객이 상품에 대해 필요함을 알고 그것을 강하게 느끼면서, 당신 상품이 그의 욕구를 충족시켜 준다고 믿을 때만 판매가 가능하다.

■ **값을 무조건 강조하는 것.** 값은 물론 중요하지만, 판매는 단지 값에 근거해서만 성립되지 않는다. 사람은 다른 곳을 둘러보기 전에도 차를 살 수 있는 충분한 이유가 있을 것이다. 그 이유를 알려고 하라. 그리고 그것에 호소하라.

■ **적절하게 구색을 갖춰 보여주는 데 실패하는 것.** 당신은 잠재적인 고객에게 맞는 한가지 상품을 선택할 기회를 반드시 줘야 한다.

■ 당신이 파는 상품의 사용법과 보관에 관한 설명을 게을리 하는 것. 예를 들면, 세탁기에 정기적인 청소를 필요로 하는 모래받이가 있다는 것을 고객에게 알려주지 않으면, 고객이 당신의 세탁기에 대해 화를 내는 위험을 감수해야 한다.

■ 제안하는 것이 판매일 수 있다는 것을 망각하는 것. 상품에 대해서 과대 선전을 해 보라. 어떤 것으로든 고객의 관심을 불러 일으켜라. "이 메니큐어 제거제는 손톱을 깨끗하게 해줍니다." 물건을 사라고 제안해 보는 것이 "또 다른 것 살 것 없습니까?"와 같은 말보다는 훨씬 의미 있다는 것은 분명하다.

■ 의문을 불러일으키는 방법으로 이의를 극복하려는 것이나, 이의에 대해 충분히 주의를 기울이지 않는 것. 이의가 제기될 때마다 항상 그 도전을 받아들일 준비를 하라.

■ 판매를 마무리하는 데 주도력을 갖지 못하는 것. 상품이나 서비스를 파는 것을 뺀다면 다른 일을 해보았자 무슨 소용이 있는가? 판매원의 일은 파는 것이고, 마지막 단계는 처음 단계만큼이나 중요하다.

연습 문제 ─ 성공적인 판매를 위한 5 단계

1. 어떤 상품이나 서비스에 대해 상대를 이해시키기 위해서 해야 할 기본적인 판매 메시지는 무엇인가?
2. 판매의 다섯 단계를 열거하고 각 세부적인 사항이 무엇인지 간단하게 요약해 보시오.
3. 성공적인 제품 소개를 위한 세 가지 원칙을 제시하시오.
4. 종결을 효과적으로 하기 위한 절대적인 필수 요소의 하나는 무엇인가?

9. 모임을 어떻게 이끌어 갈 것인가

모임을 잘 이끌어 갈 수 있는 사람은 경영인으로서 성공적인 길을 가는 것이다. 이 장에서는, 유능한 지도자가 자기의 역할을 아는 방법, 모임을 시작하는 방법, 중요한 사항에 대한 토론을 이끄는 방법, 그리고 성공적이고 결정적인 결론을 이끌어내는 방법들을 살펴보자.

오늘날 사업상 모임의 지도자들은 그냥 이루어진 것이 아니다. 그들은 문제를 해결하고 감정을 조절하며, 정보를 건네주는 등의 복잡한 일을 다루는 법을 익혀야 하고, 이러한 것들을 정확하고 적절하게 해내는 방법을 배워야 한다.

이러한 것은 전문가—결코 똑같은 것을 되풀이하지 않는 —의 일이다. 모임의 지도자는 언제나 모임마다 존재하는 필요와 요구에 융통성이 있어야 하며, 쉽고 권위 있게 이러한 요구들에 맞춰가야 한다.

돌고 있는 톱니바퀴의 바퀴 통처럼 지도자는 모든 것들이 그 주위를 회전하는 중심이다. 그는 어떤 속도의 변화에도 방심해서는 안 된다. 그는 조직의 다른 어떤 부분보다도 더 빨리 변화에 적응해야 한다. 그럼에도 불구하고 모임을 실제 운영하는 것은 구성원들이다. 지도자는 다만 안내자일 뿐이다.

다른 누구보다도 지도자는 모임을 성공적으로 이끄는 책임이 있다는 것은 의심의 여지가 없다. 또한 지도자는 모임의 실패에 대해서도 가장 많은 책임이 있다.

모임의 전 조직과 모든 구성원들에게 지도자가 하기로 예정된 것들을 분명하게 말하라. 그가 모임을 이끌기로 되어 있다. 그는 모임의 방향, 성향, 페이스, 도출된 최종결정에 책임이 있는 사람이다. 이러한 것은 어느 정도의 교육이 필요할 수 있다. 지도자들은 지나치게 독단적이어서는 안 된다고 생각된다. 지도자는 자동차의 뒷좌석에서 포즈를 취하는 것과 같다라는 명백한 사실은 모임의 구성원들이나 기대되는 지도자가 배워야 할 가장 중요한 개념이다.

지도자는 분명하게 정의된 지위를 갖고 있다 : (a) 그는 단순한 한 구성원이 아니다. (b) 그는 모임에서 다른 누구보다도 많은 권위를 갖도록 되어 있다. (c) 그는 다른 누구보다도 모임의 시간과 효율성에 신경을 써야 한다.

요컨대 지도자는 모임의 생산성에 대해 다른 구성원들과 자기 자신에게 책임이 있다.

모임은 일종의 시간에 투자하는 것이다. 그러므로 반드시 대가가 지불되어야 한다.

모임(회의) 시작하기

어떤 모임이든지 시작이 대단히 중요하다. 모든 기회를 성공적으로 잘 활용하려면 모임을 시작할 때 다음 원칙들을 지켜라.

■정시에 시작하라. 얼마나 많은 모임들이 예정된 제 시간에 정확하게 시작하는지 모임에 자주 참석하는 사람들에게 물어 보아라. 이것은 아마도 모임의 모든 원칙들 중에 가장 쉽게 어겨지는 원칙일 것이다. 동시에 역설적으로 지도자가 가장 강력하게 요구하기 쉬운 원칙이기도 하다. 그는 책임감에 가득 차서 모임의 개시를 주재한다. 여러분들은 너무 자주 이런 말을 듣는다 : "자, 시작할 시간입니다만, 빌 카손 씨가 아직 오시지 않았습니다. 몇 분 더 기다려 봅시다."

이렇게 하지 마라. 모임에 와 있는 모든 사람들을 생각하라. 만약 당신이 카손 씨를 기다린다면, 다음 모임에서는 나머지 모든 사람들이 늦을 것이다. 정시에 모임을 시작하는 지도자는 곧바로 인정받고 존경받을 것이다. 그는 뛰어나 보일 것이다—그런 사람이 거의 없기 때문에. 만약에 당신이 모임을 발전시키기 위해 다른 것들을 하고 있지 않다면 정시에 모임을 시작하는 원칙만이라도 지키면 크게 나아질 것이다. 모임을 정시에 시작하는 것은 정시에 끝낼 수 있는 좋은 기회를 갖는 것임을 명심하라.

■ 모임의 목적을 명확하게 밝혀라. 보통 모임에 참석한 사람들에게 미리 배포하는 일정표에 모임의 주제와 목적을 적어 둔다. 이 일정표는 적어도 하루 전에는 배포되어야 한다. 모임 때까지는 일정표들이 회원의 책상에 도착했을 것이므로 다시 확인해 주는 것은 필수적이다. 당신이 말로 주제나 목적을 소개하는 것은 모든 참석자들이 문제를 분명하게 파악하는데 도움을 줄 것이다. 이것으로 있을 수 있는 혼돈을 마지막 순간에 쉽사리 해결할 수도 있다.

■ 당신의 생각들을 긍정적으로 말하라. 성공은 흔히 훨씬 더 큰 성공을 이끈다. 모임이 성공할 수 있다고 분명하게 말하는 개회사는 다음에 이어질 말의 어조와 방향에서도 성공할 수 있는 쪽으로 곧바로 정해진다. 문제의 중요성을 지적하라. 이 모임에서 내려질 결정들이 안고 있는 내용과 그 결과들을 공표하라. 이 모임이 가치 있는 것임을 보여주고, 구성원들에게 그들이 얻으려고 하는 무엇을 제공하라. 부정적이지 말라.

■ 당신의 생각을 흥미로운 것으로 만들어줄 활기 있는 단어들을 사용하라. 당신의 개회사가 얼마나 힘차고 활기 있는지가 모임의 전체적인 무게와 속도를 정할 것이다. 당신의 생각을 다채로운 표현법으로 담아내라. 예를 들면 이런 식으로 말하는 것은 모임의 활동을 억제하는 유형의 표현이다 : "우리는 재고품 목록에서 고기를 쉽사리 납품할 수 있을지 그 가능성을 추산해 보아야 합니다."

이렇게 해 보라: "여러분, 이것은 우리가 해결해야만 하는 문제입니다. 고기 판매는 어려운 상태에 있습니다. 그러나 우리는 고기를 팔든지 아니면 고기 냄새를 맡든지 해야 합니다."

■ **개회사를 짧게 하라.** 당신의 개회사를 1분이나 30초 정도로 제한하라. 지도자의 일은 모임 구성원에게 문제를 명확하고 충분히 소개하는 것이다. 또한 지도자는 모임이 움직일 수 있도록 문제의 긴박함을 전달해야 한다. 개회사를 너무 오래 끌면 이 긴박함을 둔화시키며, 계획대로 시작하는 데 실패하는 수가 있다.

모임 진행하기

지도력이란 능동적인 힘이다 — 그것은 수동적일 수 없다. 지도력은 모임의 생각을 안내하고, 지시하고, 제재를 가하고, 발전시키며, 수용하고, 확장하며, 밝혀내고, 억압하려는 힘이며, 그리고 일반적으로는 모임의 발전적 생각과 시험을 촉진시켜 주는 힘이다. 모임 중에 지도자는 적극적인 상담자요, 안내자요, 관리자요, 협상가이다.

회의가 진행되는 동안 지도자가 어느 정도로 통제할 것인가 하는 균형은 판단상의 혜안과 상식에 대한 관대한 결합으로 이루어진다. 이 균형은 책에서 개략적으로 언급할 수 없다. 그것은 다만 지도자의 의무와 모임의 목표에 대한 명확한 이해에 의해서만 얻어질 수 있다. 그리고 실천함으로써만 얻어질 수 있다.

효과적인 지도력을 위한 기본 원칙

■ **가능한 공정하라.** 지도자는 모임에서 문제를 처리하는 사람, 변화를 주는 사람, 문제를 명확하게 하는 사람, 그리고 감독하는 사람으로서 역할을 한다.

사실들을 보고하고, 토론을 이끌고, 의견 충돌과 개인적 감정의 폭발을 주목하라. 모임의 관심이 가능한 해결할 수 있는 쪽으로 유도하라. 사람들이 마주보고 이야기할 때면 감정적인 것들과 사실들은 언제나 섞어지게 마련이다. 그러나 당신이 지도자로서 중간 입장을 취할 수 있다면, 모임의 정서적인 분위기를 보다 좋게 하고, 모임을 운영하기도 보다 쉽다.

제안: 당신이 관점을 드러내고 개인적인 입장을 표명해야 한다면, 당신 부서의 다른 구성원을 통하여 그렇게 하도록 하라. 혹은 다른 모임의 구성원들 중 한 사람의 의견에서 당신의 진술을 끌어내라.

■ **회의의 진행속도를 지켜보아라.** 회의를 끊어지지 않고 계속 진행할 수 있게 하라. 강연에서는 당신의 의견을 주의 깊게 시간에 맞추고, 생각한 바를 활발히 전개해 나갈 수 있지만, 회의에서 당신은 12명 정도를 다루고 있고, 원고도 없다는 점을 기억하라.

갑작스레 참을 수 없는 침묵이 끼여들어 모든 사람들이 누군가가 의견을 개진해 줄 것을 기다리며 앉아 있을 때에는 당신이 과거 참석했었던 모임들에 대해 생각하라. 이처럼 달갑지 않은 어색한 상황은 정신적이거나 감정적인 긴장감을 불러일으킨다. 긴장은 갈등, 불화 그리고 혼란으로 직결된다.

생각이 흐르도록 하라. 일단 이 흐름이 쇠약해지면, 다시 말문을 여는 것은 어렵고, 흔히는 불가능하다. 진행자는 모임의 속도를 일정하게 유지하도록 계속해서 조금씩 주의를 환기시키면서라도 모임을 목적지까지 인도해야 한다.

제안: "침묵하는 기간"에 방심하지 마라. 당신이 이러한 침묵이 회의 중간에 끼어 든 것을 느낀 순간 논평을 한다거나, 질문을 한다거나, 설명을 함으로써 재빨리 변화를 시도하라. 의견들이 침체되면, 문제를 처리해야 할 모임의 역량이 적어지며 절박함도 무디게 된다.

■ **감정적인 것들이 쌓여 가는 것을 주시하라.** 모임이란 사람들로 구성되고,

사람들은 약간의 논리와 많은 감정으로 이루어져 있다. 모임은 "지성이 따르는 품위 있는 매력"으로 이루어진 것은 아니다. 질서와 합당함을 유지하는 것은 진행자의 일이다.

토론이 사실의 영역에 있을수록, 성공할 기회는 많다. 감정적인 것들은 문제를 해결하거나 합당한 결정을 이끌어내지 못하며, 보통 회의 상황에서 감정적인 의견 충돌에 대한 적절한 답은 없다.

제안 : 개인들이나 집단들 사이에 감정적인 긴장감이 쌓여 가는 것을 주시하라. 불을 끄기 위해 신속히 대처하라. '예민한' 지점에서 벗어나도록 회의의 방향을 바꿔라. 분위기가 밝아지도록 유머를 사용하라. 의견이 대립되고 있는 양측이 옳을 수 있다는 점을 지적하라. 그러나 이 모든 것은 당신이 어느 편에 서 있는지, 당신이 문제를 어떻게 보는지에 달려있다. 긴장감이 완화되면, 그 때 당신은 문제를 실제적으로 보는 관점으로 돌아갈 수 있다.

■일을 이해하는 데 필요한 모든 정보를 꺼내 놓아라. 회의와 같은 상황에서는 문제를 해결하기 위해 곧장 강력히 밀고 나아가는 성격을 가진 사람이 돋보인다. 그러나 아무리 훌륭한 운전이라도, 선체가 다 완성되기도 전에 보트의 모터를 켜게 할 수는 없다. 결정이나 해결책들은 모임에 의해 논의되거나 소개된 정보에 의해서만 도출될 수 있다. 회의의 주된 기능은 모임의 구성원들에게서 모든 사실들을 알아내고, 그런 다음 그러한 사실들에 관해서 함께 이야기하는 것이다. 그럴 때만이 모임이 이치에 맞고 실현 가능한 해결책에 이르기를 바랄 수 있다. 모임이 중요한 일부터 먼저 하도록 하라. 모임 구성원들로 하여금 모든 사실들을 고려하게 하라. 지나치게 빨리 결론을 생각하지 않도록 하라.

제안: 개회사에서, 해답을 제안하려고 하기 전에 당신이 검토하고자 하는 사전 자료를 명확하게 하라. 이러한 것이 되어있지 않으면, 자칫 회원 한 사람이 회의를 의사결정 할 수도 있다는 점을 지적하라. 만약에 구성원들 중 한 사람이 결론을 향해 저돌적으로 돌진한다면, 그를 뒤에서 잡아당겨라. 이

것은 회의 진행자의 통제 의무의 하나이다.

■**집단의 모든 구성원들이 회의에 기여하게 하라.** 거의 모든 모임에는 계속적으로 침묵하는 사람들이 있다. 회의 상황은 전 구성원들이 생각하는 바를 꺼내 놓도록 되어 있다. 달리 말하면 모든 의견들을 끌어내고, 그것들을 하나의 결정으로 만들어내게 되어 있다.

모든 사람들이 의견을 개진할 기회가 있다는 것을 확실하게 말하라. 말수가 없어 보이는 사람에게도 발언을 권하라. 그러나 내키지 않는 사람을 곤경에 빠트리지 않도록 조심하라. 그가 무엇에 친숙한 지를 당신이 알고 그것을 통하여 그를 토론 속으로 유인하라. 그런 다음 주제에서 가까운 곳에 그의 자리를 굳혀 주라. 이렇게 하면 회의가 끝나고 나서 언제나 회의장 밖 복도 같은 곳에서 생겨나는 이러쿵저러쿵 하는 불평들을 줄일 수 있다. 가령:

"난 회의에서 결정된 것들에 협조할 수 있을 것 같지 않아." 혹은 "다 좋다고. 하지만 아무도 빌에게 우리 부서가 기일 안에 그 일을 조직해낼 수 없다고는 말하지 않았잖아."

이러한 진술들은 중요하고 당면 문제에 관련된 적절한 것들이다. 그러나 유감스럽게도 이러한 말들은 부적절한 시간과 장소에서 만들어지고 있다. 그러한 것들은 모든 사람들이 알고 고려할 수 있도록 회의 안에서 이야기되었어야 한다. 지도자는 이처럼 회의 뒤에 이루어지는 논평들에 조심하도록 하라. 흔히 그러한 논평들은 또 다른 회의가 소집될 수 있음을 의미한다. 회의 뒤에 이루어지는 부적절한 논평의 대가는 명백하다—시간 낭비!

제안: 모든 사람들이 논의와 결정에 참여해야 한다는 것을 확실히 하라. 회의가 끝나고 나서 이러쿵저러쿵 하는 성향이 있는 특정 회원을 알고 있다면, 회의에서 그를 꼼짝 못하게 하라. 그가 나중에 동의하지 않는다고 말할 수 없도록 자기의 입장을 분명히 밝히도록 하라. 모임이기 때문에 당신은 이렇게 할 수 있다.

이렇게 하는 것은 회의 탁자 주변에서 소모될 아주 많은 시간들을 아낄 수 있는 지도력이다.

질문하는 요령

우리가 누구이건 우리의 생활방식이 어떠하든, 사람들이 느끼고 생각하는 것—이 세상의 거의 모든 주제에 관하여—을 알아내는 것은 점점 더 중요하게 되었다. 우리는 누군가를 고용하거나 어떤 직업에 지원할 때, 사장이나 부하 직원과 일에 관하여 논의할 때, 의사를 찾아가거나 심지어 가족이나 친구들과 이야기를 나눌 때도 우리는 인터뷰를 하거나 받는다.

어떻게 하면 보다 성공적으로 인터뷰할 수 있을까? 여기에 전문가들에 의해 개발된 몇 가지 유익한 기술들이 있다.

모든 마주침은 다 '감정적'이라는 사실을 인정하라. 비인격적인 사람들의 만남 같은 것은 없다. 그 안을 들여다 보라 : 당신의 점심 주문을 받는 웨이터, 전화선 너머의 보이지 않는 사람과도 인간적인 자각과, 감정의 교류가 있다. 그러나 실제적인 의견교환 속으로 들어가려면 우리는 우리의 요새를 풀어야 한다.

■ 당신의 목적을 분명히 하라. "당신은 언제 질문을 시작하시겠습니까?" 유명한 여론조사원 조지 겔럽 박사는 상대방이 '그가 왜 알고 싶어하는 거지?'라고 궁금해하는 즉시 질문하라"고 말한다. 그는 또 "당신의 목적이 분명하지 않다면 상대가 이야기하기를 꺼릴 수 있고, 혹은 이야기할 기회를 상대가 붙잡을 수도 있다."고 말한다.

의사를 찾아가면 의사는 당신에게, 의사가 아닌 다른 사람이 당신에게 물었을 경우 매우 불쾌하게 느낄 수 있는 은밀한 질문도 할 수 있다. 그렇지만 대부를 신청하기 위해 은행에 찾아갔을 때는, 의사가 묻는다면 불쾌해질 수 있는 질문들을 은행직원이 물으면 그것을 받아들인다. 이러한 것들은 모두 상황에 따른 차이에서 오는 것이다.

감정의 표현들에 반응하라. 전문적인 상담자들은 사실들(누가 말했고, 누구에게 무엇을 했나)을 다시 정리하려 한다거나 특별한 조언을 하려 하지 않고, 그 대신 모든 감정의 표현들을 들으려고 귀를 기울이고 상대가 말을 하도록 북돋운다. "제가 느끼기엔……" 혹은 "저는 ……이기를 바래요." 혹은 "……이것이 맞건 맞지 않건 전 개의치 않아요." 등으로 시작되는 표현 방식에 대담자들은 "그 점에 대해 정말로 그렇게 생각하십니까?" 혹은 "그게 그런가요?" 등으로 대답한다. 비난이나 평가 없이 그러한 감정들을 시인하는 것은 흔히 사람의 마음을 터놓게 하는 마술적인 효과를 가지고 있다.

■폭넓게 해석할 수 있는 요령을 배워라. 너무 많은 것을 질문하지 않도록 하라. 남에게 자세히 따져 묻는 접근 방식 대신, 요즈음 전문적으로 인터뷰를 하는 사람들은 날씨나 스포츠나 그 밖의 것에 대해 이야기하게 함으로써 질문을 시작한다. 심도 있는 인터뷰를 하기 위해 그들은 개연성이 있는 질문들을 개발해 왔는데, 이는 다른 사람에게 인터뷰의 시작이나 진행을 맡기곤 한다.

■다른 사람이 말할 것을 먼저 이야기하지 말라. 전문 여론조사원에 따르면 인터뷰를 하는 사람은 자신의 기호와 희망에 따라 메시지를 수정하는 '피드백'은 여론조사에서 실수를 범하는 가장 큰 원인이다.

■당신의 어법을 관찰하라. 당신이 찾으려고 기대하고 있던 바로 그것을 다른 사람에게서 찾는다는 것은 당신이 그의 입에 당신이 할 말을 고스란히 넣어주고 있다는 의미이다.

이러한 인간적인 성향 때문에 '질문 쌓기'는 전문적인 여론조사에서는 그 자체로 예술이 되었다. '질문의 기법'의 저자인 스텐리 엘 패인은 "남을 속이거나 나쁘게 하는 질문들은 상대가 완벽한 거짓 답을 하도록 떼밀거나 잘못된 길로 이끌 수 있다"고 말한다.

■다른 사람을 보호하라. 탐정소설과 법정드라마들은 언제나 인터뷰를 다른 사람들의 약점을 캐내는 일종의 재치 겨루기로서 보여준다. 그러나 실제 생활에서는 민감한 정보를 물어야 하는 사람들은 일반적으로 반대의 원칙— 말의 힘을 인정한다는 것은 질문하는 사람과 질문 받는 사람 사이의 유대를 만들어내기 때문에 그들은 말의 힘이 있는 데로 통한다—을 따른다.

다른 사람의 자존심을 보호한다는 것은 정보를 얻어내는 데 있어서 매우 중요한 부분이다. 경제학자 스투아트 채이스가 지적한 바에 따르면, "실직상태 조사에서 노련한 대담자라면 결코 '당신은 지금 일을 하고 있지 않죠, 그렇죠?'라고 묻지 않는다. 오히려 '지금 일을 찾고 계시죠?'라든가 '잠시 더 좋은 기회를 기다리고 계시죠?'라고 묻는 것이 좋다.

■다른 사람이 있는 곳에서 시작하라. 네브라스카 의과대학의 레스리 에이오스본 박사는 "초보자들은 흔히 상대가 아직 당신의 질문을 받아들일 준비가 되어 있지 않은 감정지대로 무턱대고 돌진한다."고 말한다. 가령 걱정스런 심장병 환자에게 병의 증상들에 대한 객관적인 논의로 들어가기 전에 그의 병이 가족이나 일에 미치게 될 결과에 대해서 토론해야 할 때도 있다. 상대의 마음에 걸려있는 무엇인가를 찾아내서 거기서부터 시작하는 것은 대담자 나름대로 해야한다.

질문보다는 대화를 더 좋아하는 성공적인 인터뷰는 인터뷰를 받는 사람이 어떻게든 기분이 좋고 흥분된 느낌을 갖도록 해준다. 왜인가? 상대에게 관심을 갖고 그 관심을 그이에게 보여줌으로써 나머지 모든 일을 쉽게 이룰 수 있다는 원칙이기 때문이다.

■한 사람이 한 번씩 돌아가며 말하는지 보아라. 회의실에는 회의 속에서 다른 회의를 하는 여지는 따로 없다. 회의 집단 내에서 사적인 토론들은 오직 갈등과 불화만을 야기할 뿐이다. 이러한 점에서 진행자는 단호해야 한다. 회의가 더 작은 토의 그룹으로 조각나지 않도록 하라. 참석자 전원이 각 회원의

말을 듣고 있는지 살피는 것이 진행자의 일이다. 만약 소수 분파들이 계속 고집하면 모든 모임의 주의를 그것에 집중시켜라. 이런 식으로 :

"짐과 빌이 뭔가를 제안하려는 것 같습니다. 그것에 대해 두 분께서 말씀해 주시겠습니까?"

그러면 그들은 그 말이 무슨 뜻인지 알 것이다.

관점에 반대하는 이유를 분명히 하게 하라. 회의 중에 나타난 다양한 의견들이 서로 서로 잘 조화되고 지탱되리라고 생각하는 것은 순진한 생각일 수 있다. 강한 의견의 차이가 꼭 있을 수도 있다. 사실 의견충돌은 어떤 문제에 대한 새로운 사고방식을 발전시키는 데 아마도 가장 중요할 것이다. 또한 그것은 구성원들을 자극하여 자기가 보여준 관점이나 의견에 대한 자료를 제시하고 증명하도록 하는 데 중요하다.

그러나 이것은 모임이 토론 중에 제기된 문제를 궁극적으로 해결하는 데 도움이 되는 지도자에 의한 통제된 의견충돌이어야 한다.

제안: 의견들이 상충되는 것을 숨기려고 하거나 무시하지 마라. 그것들을 시인하고 사람들이 그것들에 주의를 기울이게 하라. 그것들이 명확하게 검증될 수 있는 열린 곳으로 그것들을 꺼내 놓아라. 의견충돌이 되고 있는 구성원에게 물어라,

"당신은 정확히 어떤 입장에 서 있습니까?"

그런 다음

"왜 그런 입장을 취하십니까?"

그리고 최종적으로

"당신은 우리가 어떻게 할 것을 제안하십니까?"

논의되지 않는 의견들이 가장 강력한 잠재된 힘을 가지고 있다!

■ 갈등을 강조하지 말고, 협력을 강조하라. 대부분은 자기가 이미 확정한 관점을 가지고 회의에 나온다. 그것은 좋다! 그들은 다른 사람들이 자기를 찬성하지 않으리라는 것을 안다. 그것도 좋다! 그들은 다른 사람들이 자신들의 입

장을 받아들이도록 강요하기로 했다면. 그것은 나쁘다!

이것은 회의라는 것이 무엇을 하는 것인지 잘못 이해한 데에서 비롯된 결과이다. 이 것을 바로 알 수 있는 올바른 가르침을 필요로 한다.

진행자는 집단이 함께 일하도록 이끌어야 한다. 회의는 참석자 전원이 생각하는 바를 요구하는 것이 문제라는 생각을 드러내려고 하라. 누구도 회의에서 혼자 힘으로만 할 수 없다. 회의실은 개인적인 투쟁의 장이 아님을 지적하라. 오늘 회의에서 다루어야 할 내용의 복잡성을 언급하라; 전문가가 앞으로 더욱 필요함을 언급하라. 회의라는 것은 이러한 전문가들의 생각을 한데 모으도록 되어 있음을 설명하라. 여러 작은 모임들을 칭찬함으로써 의견을 제공하도록 유도하라.

제안 : 의견충돌은 생각을 강력하게 피력하는 사람들에게서 나타난다. 기회를 포착하여, 생각을 '공동으로 모으는 것'이 얼마나 많은 이점이 있는지 회원들에게 지적해 주어라. 협력하려는 생각은 회의를 해 나감으로써 더욱 많아질 것이다. 성공적이고 실행 가능한 결정들은 차후 모임에서 협력을 요청할 때 가장 설득력 있는 논의거리가 된다.

■**회의를 문제점으로부터 해결책으로 인도하라.** 자료제시로부터 최종적인 문제해결까지 굽히지 말고 회의의 단계로 진행하라. 변변치 못한 회의들이 가지는 가장 공통적인 원인은 회의 방향을 잃어버리는 것임을 기억하라. 이 것은 분명하게 진행자의 책임임을 기억하라.

회원들이 회의에서 말하는 것마다 해결책으로 직결된다고 생각하는 선이야말로 탈선할 위험성이 있다. 잘못된 강조, 발언에 대한 잘못된 해석, 사실에 대한 무관심—흔히 일어나는 이런 것들 중에 어느 것이나 다 모임을 궤도에서 이탈시킬 수 있다. 당신이 성공적으로 회의를 이끌 때는, 당신이 모든 말하는 상황들 가운데 가장 복잡한 것들을 잘 이끌어주고, 그 회의 짜임을 잘 이해하고 있다는 것이다.

■회원이 발언한 것은 참석자 모두가 이해한다는 것을 확실히 하라. 사람들이 가지고 있는 가장 공통적인 오해 중 하나는 말하는 사람과 듣는 사람 사이에 뚜렷한 선이 있다는 점이다 그러나 듣는 사람은 상대가 말한 것을 언제나 정확하게 이해한다. 이 진실로부터 더 멀어질 수 있는 것은 아무 것도 없다.

○ 다음은 회의 진행자가 회의에서 안건들을 분명하게 하는 방법이다

(1) 무관심으로 지나쳤을 수 있는 영역에서 질문하라:

"우리가 질문하지 않은 것이 있습니다.", "이 상품이 시장에서 매매 가능성은 어떻습니까? 빌, 당신은 어떻게 평가하십니까?"

(2) 각 제안을 수정처럼 투명하게 하는 데 필요한 세부사항들을 끄집어내라:

"우리가 다루지 않은 것이 하나 있는데, 그것은 광고비용입니다. 이것이 우리 계획에 어떤 영향을 미칠까요?"

(3) 해석을 잘못할 수 있는 말의 뜻넓이(정의)를 확인하라:

"알, 당신이 말한 계획에 '불가결하다'고 한 것은, 그것 없이는 계획이 진행될 수 없을 것이란 뜻인가요?"

(4) 구성원들에게 자세히 말하도록 요구하라:

"짐, 그 점에 대해 좀 더 자세히 말씀해 주시겠어요?"

(5) 분명하지 않을 수 있는 말은 다른 말로 바꾸어 말하라:

"당신은 우리가 민족 잡지에 광고를 내지 않아야 한다고 생각하시는군요. 맞습니까?"

흔히 심리학자들은 우리가 경험했거나 알고 있는 것을 가장 잘 이해한다고 말한다. 이러한 생각을 잘 활용하라. 어려운 생각을 쉬운 일상의 말로 표현하라. 비교, 유추, 직유, 예증, 대조, 이야기 등을 이용하라. 자기가 말한 것이 지나치게 단순한 것이 아닌가 염려하지 마라. 당신은 그렇게 할 수도 없다!

■긴장을 줄이려면 유머를 사용하라. 당신의 생각을 강력히 고수하려고 하는 것은 다만 인간의 본성이다. 당신이 실수 속에서 뒹굴고 있으면서도 다른 누

군가의 올바른 결론을 스스로 인정하고, 그 뒤를 쫓는다는 것은 어려운 일이다. 회원들이 당신이 틀렸음을 시인하기도 어렵다. 그런데 당신이 점잖게 물러나는 것은 더욱 어렵다. 종종 회의에서 회원들은 자기의 입장에서 후퇴하거나 방향을 바꾸고 싶어하지만, 그렇게 하는 것이 너무도 어색하다는 걸 알게 된다. 이러한 상황에 주의를 기울이라. '한 바퀴 빙 도는' 것 같아 보이지 않고 자기 입장을 바꿀 수 있는 기회를 그에게 주라. 다시 말하지만, 진행자는 이러한 일을 다른 누구보다도 더 잘 할 수 있다.

제안: 이와 같이 회의 도중에 흔히 일어나는 회의 장애물을 제거하려면 유머를 사용하도록 하라. 긴장이 줄어들고 모든 사람들이 긴장을 풀면, 물러서기 어려워하는 회원이 후퇴하기가 보다 쉬워진다. 그 때 그는 점잖게 물러설 수 있을 것이며 체면도 지키게 된다.

■회의 중에 회의 내용을 자주 요약해 주어라. 회의 진행자가 회의 진행 내용을 요약해서 회원들에게 알려주어 회의 참석자 전원에게 회의의 진행 상태를 이해하도록 해야 한다. 요약은 어떤 모임이 문제를 해결하는 성공도의 측도표이다. 그리고 요약은 또한 회원들 사이 의견이 어떻게 다른가를 확인하고 그들이 서로 충돌하고 있는 점이 무엇인지를 회원들에게 지적해주는 구실을 한다. 그렇지 않으면 토론 중에 회원들의 의견이 어떻게 다른지를 잊어버리고 회의가 끝날 무렵이 되어서야 겨우 그것을 발견하고는 관련된 많은 사람들이 몹시 당황하게 된다.

경고! 요약은 30초 동안에 하라. 이 시간으로 충분하다. 빠른 요약은 회의의 흐름을 방해하지 않는다. 또한 요약은 당신이 회의 시간을 매우 잘 파악하고 있으며, 그 요약은 회원들이 그들의 의견을 활발하게 발표하게 하여 회의가 원만히 진행되도록 하는 데 있음을 회원들에게 보여는 것으로 사용될 것이다.

■당신의 시간을 주시하라. 영업사원에게 시간만큼 민감한 반응을 일으키는

코드는 없다. 그들은 어떤 날이 자기들이 일을 다 해내는 데 너무 짧다는 사실 때문에 시간에 대해 항상 민감하게 인식한다. 그들이 자기 일을 하는 데 보다 많은 시간을 제공하려고 하는 어떤 노력도 그들은 매우 따뜻하고 감사한 마음으로 받아들일 것이다.

사업을 목적으로 하는 회의들은 시간을 분별없이 보낸다. 회의를 좀 색다르게 만들어라. 당신이 일반적인 경향을 뒤집을 수 있다면 당신은 모임으로부터 폭넓은 지지를 받을 것이며 그 회의는 보다 잘 준비된 회의가 될 것이다. 그리고 그렇게 하면 밑도 끝도, 목표도 없이 계속되는 이야기 때문에 지칠 대로 지치게 되지는 않을 것이다. 나아가 그 때문에 회의가 훨씬 주제에 가깝게 진행될 것이다. 그 결과, 보다 직접적인 해결책을 얻을 수 있을 것이고, 주제로부터 일탈하는 소모적인 회의로부터 벗어날 수도 있을 것이다.

제안 : 당신이 보낸 회의 예정표의 약속을 지켜라. 당신이 정한 제한 시간을 지켜라. 회의를 질질 끌면, 재빨리 변화를 주라. 당신이 예정한 시간 내에 할 일을 반드시 명확하게 하라. 그렇게 하면 당신을 매우 인기 있는 사람이 될 것이다.

마무리하기

회의를 끝내는 것은 진행자가 가지고 있는 고유한 일이다. 훌륭한 진행으로 모임이 문제를 해결하는 길로 인도했다. 이제 그 결정을 확고부동하게 할 시간이다. 진행자의 단호한 협조 없이는 애써 거둔 그 결론들이 잘못된 방향 제시로 쉽게 길을 잃어버리거나 묵살될 수 있다.

회의가 끝날 때 토론도 끝난다. 이제 진행자는 엄격한 권위를 가진 태도를 취한다. 그는 도출된 결론들, 주된 불일치점들, 그리고 앞으로 진행해야 할 가장 중요한 단계들을 곧바로 발표한다.

아래 제안들은 회의가 끝날 때 진행자로서의 역할을 완벽히 수행할 수 있도록 도와주는 것들이다.

■**도출된 결정들을 제시하라.** 회의에서 결정한 사항들에 대해 명쾌하게 발표함으로써 최종적으로 이루어진 합의 사항들을 회원들에게 다시 상기시켜주어야 한다. 이는 결론들을 모임 앞에서 공표하는 것이다.

모임에서 도출된 결정들을 요약하는 것은 개개인들이 오해한 것과 합의하지 못한 의견들을 겉으로 드러내 주는 것이다. 이것은 필요 없는 추가 모임을 자연스럽게 피하게 해 준다.

■**의견 차이를 지적하라.** 분명히 모든 회의들이 완전하게 의견일치를 보면서 끝날 것이라 기대할 수는 없다. 의견 차이는 차후 토론에 활력을 불어넣어 줄 것이다. 그 의견차이를 명확히 진술하라. 의견 차이들을 검토하라 ; 그 의견 차이가 작든 크든 상관없이 지적하라. 모든 참석자들, 특히 소수 그룹의 만족을 위해 그것들을 명확히 하려고 노력하라. 다음 모임에서 그것들을 다루어야 한다는 것을 명심하라.

■**차후의 행동에 대해 지적하라.** 앞으로 취해야 할 단계들을 명백히 진술하라. 다른 모임이 필요하면 알려라. 그리고 그 때 이번 모임에서 도출된 결정들이 전체 프로젝트에서 어떻게 활용될지 지적해 주어라. 회원들의 협조에 대해 감사의 표시를 하라.

모임에서 도출된 결정들과 앞으로 취해야 할 행동에 대한 것들을 문서로 확정해서 회의를 끝까지 마무리지어라. 이것은 회의 구성원들에게 회의한 결과들에 대해 다시 생각해 볼 수 있도록 하는 데 쓰일 것이고, 바로 이 회의에 개인적으로 관련되지 않았지만 관심이 있는 다른 사람에게 정보를 제공하는 데 유용할 것이다.

10. 제가요? 사람들 앞에서 연설을 하라고요?

　　　　　"당신이 다음 프로그램에서 연설할 차례입니다." 이 말은 연설 경험이 없는 사람을 분명 두려움에 떨게 만든다. 그러나 어떻게 해나가야 하는지를 아는 남자 또는 여자들에게는, 대중 연설은 보람있고 생기를 북돋우는 경험이 될 수 있다. 그리고 그것은 당신도 공유할 수 있는 것이다.

어떤 의미에서, 친척들이나 친구들과 같은 열광적인 청중 앞에 서서 "잭과 질은 동산에 올라갔다" 또는 "작은 보—핍"을 암송했던, 아주 먼 잊혀진 어린 시절 이후부터 우리는 대중연설가였다고 할 수 있다. 우리는 앞에서 사회적이고 사업적인 상황에서 말을 더 잘 할 수 있는 몇 가지 방법들을 보아 왔으므로, 이제 어떻게 하면 당신이 많은 사람들 앞에서 이야기할 수 있는 타고난 능력을 발전시킬 수 있는지 살펴보자.

　　우리 모두는 우리 안에 약간은 어설픈 연기 재능을 가지고 있다. 어느 정도 우리는 무대의 중앙을 좋아한다. 그리고 우리는 가족들끼리 모여서 오래된 가족 이야기를 하거나, 골프장 클럽회관의 15번째 홀에서 버디를 기록했던 것을 과장되게 표현하면서 즐거워한다. 또한 우리는 교사—학부모 회의 같은 데서 우리의 의견을 말하겠다고 강력히 주장한다. 사무실 동료로부터 사례발표를 요청 받거나 원탁회의에서 혹은 사업회의에서 토론자로 초청 받았을 때 우리는 우쭐해 한다.

　　특히, 우리가 청중에게 효과적으로 다가가고 있다는 것을 알 때, 대중연설에는 우리의 자아를 강화시키는 그 무언가가 있다. 그러나 대중연설에 대한 우리의 관심에는 또 다른 보다 실제적인 측면이 있다. 우리가 청중에게 연설하기를 즐기든, 그렇지 않든, 우리는 대중연설이 공동체와 사업상의 일에서 일상적인 삶의 본질적인 부분이 될 수 있고, 그러한 기술의 숙달은 두 분야 모두에서 성공의 열쇠가 될 수 있다는 사실을 알고 있다.

다음 여러 장들에서는 당신에게 대중연설의 방법에 대한 지식과 기술들을 알려 줄 것이다. 그리고 당신에게 이야기의 적절한 주제를 어떻게 선택해야 하는지, 소재를 어떻게 구성하고, 어떻게 연설을 계획할 것인지, 그리고 어떻게 하면 가장 편안하고, 감명을 주며, 기억에 남을 만한 방법으로 전달할 수 있을지 알려 줄 것이다.

당신이 연설하기로 예정된 날짜가 되었다. "다음, 당신 차례입니다."라고 회의 의장이 말한다. 그리고 어쩌면, 당신에게 집중된 스포트라이트 때문에 갑자기 경직되면서, 다리에 힘이 빠지고, 손이 땀에 젖고, 갑작스러운 공허함이 당신의 명치를 때릴지 모른다. 당신은 무대공포증에 사로잡힌다.

이것은 많은 사람들 앞에서 연설해 본 사람들이 경험하는 온갖 고통들 중에서 가장 일반적인 것이다. 무대 공포증으로 고생해 보지 않은 유명한 연기자는 없다. 유명한 연기자들 중에서도 가장 유명한 연기자도 그들이 무대에 등장하기로 한 바로 그 순간, 끔찍한 고통을 주는 공포의 순간들, 기억상실, 또는 갑작스런 마비를 경험한 것을 쉽게 인정할 것이다. 연기자는 이러한 공포를 극복하는 방법을 만들어 내야 한다. 그러면 그는 항상 성공한다. 당신도 역시 할 수 있다. 다음 장, 「무대 공포를 어떻게 없앨 것인가」에서는 무대 공포증을 극복하는 방법을 알려줄 것이다.

청중에게 맞추어 연설하라

당신이 이렇게 두려움을 주는 연설을 처음 요청 받는 순간에 대해 이야기해 보자.

"잭, 당신이 다음 지방 의회 회의에서 연설을 해주시기를 바랍니다."

"왜 접니까? 누가 참석할 겁니까? 무엇에 관해 연설하라는 겁니까?"

그 요청에 대해 위와 같은 답변은 자동적으로 나올 것이고, 먼저 방어적인 태도를 취한다. 그러나 또한 좋은 답변이 나오게 할 수도 있다. 우리는 "왜 접니까?"는 곧 잊어버릴 것이다. 그것은 단지 자기에게 칭찬을 요구하는 것일 뿐이다. 그러나 "누가 참석할 겁니까?"에 대한 대답은 당신이 할 연설의 종류를 결정하는 데 가장 중요한 것이다.

그 도시의 시장이 그 날 저녁의 저명한 청중이라면, 당신은 도시의 문제들에 관해 연설하려고 할 것이다. 우주비행사가 청중이라면, 우주 탐험의 중요성에 대해 연설하려 할 것이다. 만약 그 모임이 강당에서 열리는 '숙녀들을 위한 밤'이라면, 당신은 축구에 관해 연설하려 하지는 않을 것이다. 그리고 청중이 모두 남자라면, 사과파이를 굽는 방법에 대해 연설하려 하지는 않을 것이다.

당신의 연설은 청중들의 관심에 맞게 조절되어야 한다. 그것이 "누가 참석하는 겁니까?"라고 질문한 이유이다. 그리고 그 질문에 대한 답변은 당신이 화제를 선택하는 데 도움을 줄 것이고, 당신의 두 번째 질문인 "무엇에 관하여 연설하라는 겁니까?"에 대한 해답을 제시해 줄 것이다.

12장, 「주제를 어떻게 선택할 것인가」에서는 화제를 선택하는 방법에 대해 보다 철저히 살펴본다. 그리고 13장에서는 당신에게 특정한 화제들에 대한 목록들 뿐 아니라, 적절한 연설 주제를 선택할 수 있는 수많은 범주들과 예정된 연설에 도움이 될 일련의 실제연습도 제시한다.

연설의 화제를 선택했다면, 당신은 연설을 준비하기 시작해야 한다. 14장, 「요점들의 목록으로 시작하라」에서는 연설의 소재 즉 일반적인 정보, 적절한 자료, 그리고 인용문을 모으는 방법을 알려줄 것이다. 그것은 연설의 본론을 어떻게 진행시킬지, 어떻게 연설을 시작하는 가장 좋을지, 어떻게 클라이맥스를 만들어내고, 마무리를 할 것인지 말해 줄 것이다.

다른 장들에서는 연설의 효과를 높일 수 있도록 도와줄 것이다. 당신은 더 중요한 요점들을 선택하는 방법과 더욱 효과적인 연설을 위해서 연설에서 강조하는 방법을 배우게 될 것이다.

아이디어 파는 것을 배워라

당신은 청중들을 어떻게 설득할 것인가? 일방적으로 청중을 따를 것인가? 당신은 청중들을 억지로 밀어붙이는 연설가인가? 아니면 당신은 끈기 있게 청중들을 이끌고, 청중들이 따라오기를 기다리는 연설가인가? 15장, 「당신의 생각을 어떻게 펼칠 것인가」에서는 설득에 관한 다양한 접근 방식들뿐만 아니라, 각각의 가치에 대해 분석한다. 그리고 처음에 호의적인 청중들을 납득시킬 수 있는 방법을 알려주고, 그 다음 당신이 마주칠 수도 있는 적의성이 있는 청중을 이기는 기술에 대해서도 살펴본다.

당신의 연설 요지를 면밀히 전개하도록 도와주는 또 다른 방법은, 요점을 강조하거나 그것을 극적으로 표현할 수 있는 시각적인 도움을 사용하는 것이다. 16장, 「당신의 요점을 증명하기 위해 시각 자료를 활용하라」에서는 당신의 연설에 시각적인 효과를 줄 수 있는 지식과 기술들에 대해 철저히 논의한다. 연설문이 준비되었고 그것에 관한 기술들이 모두 준비되었다면, 이제 연설가 자신에게 주의를 돌리자. 연설할 때 당신의 겉모습이 당신의 연설과 청중, 양쪽에 영향을 줄 수 있다는 점을 생각해 본 적이 있는가? 시 클럽에서 연설할 때 평상복이 잘 어울린다고 생각하는가? 사업가 복장이 더 적당하고 효과적이라고 생각하는가? 언제 정장을 입는 것이 적당한가? 우리가 바라든 그렇지 않든 간에 다른 사람들의 겉모습은 그들에 대한 우리의 반응에 영향을 준다는 것을 당신은 안다. 마찬가지로 당신의 겉모습은 다른 사람들에게 영향을 줄 것이다. 당신은 귀를 잡아당긴다거나 안경을 만지작거리는 것과 같은 주의를 흐트러뜨리게 하는 버릇을 가지고 있는가? 당신은 "—음"과 "—에" 같은 소리를 말하는 중간 중간에 사용하는가? 그러한 습관은 듣는 사람을 짜증나게 할 수도 있으므로 어떤 일이 있어도 극복되어야 한다.

청중을 향한 당신의 태도는 어떠한가? 경우에 따라 친절한 접근이 필요한가? 농담을 해야 하기도 하는가? 혹은 이 같은 공식석상의 연설에서는 청중과 어느 정도의 거리를 유지하는 것이 좋다고 생각하는가?

메모하는 것은 어떠한가? 당신은 앞에 두고 때때로 참조할 수 있는 대강의 요점을 가지고 있기를 원하는가? 당신은 보다 쉽게 참조할 수 있도록 카드에 날짜나 이름이나 장소 등을 적어두는 편이 낫다고 생각하는가? 마이크를 사용하는 것은 어떤가 음향효과를 사용하는 것은? 어떻게 하면 당신의 목소리가 청중에게 더 잘 들릴 것인가? 그것을 시험해 본 적이 있는가? 이러한 모든 문제와 질문들은 18장, 「무엇이 당신을 훌륭한 화자로 만드는가」에서 충분히 논의한다.

마지막으로 19장에서는 연설하는 데 단순한 것처럼 보이지만 중요한 지식들을 가르쳐 줄 것이다. 가령, 어떻게 청중과 친근해지고, 분위기를 차분하고 좋게 이끌지, 혼자서 설계했던 연설계획을 어떻게 충실히 이행할 것인지, 어떻게 제 시간에 끝낼 것인지 등. 라디오나 TV에서 연설해야 하는 경우는 어떻게 할 것인지에 대한 몇 가지 제안도 있다.

연설 기술에 대한 전문가들의 이런 훌륭한 조언들을 가지고, 또한 당신이 해야 할 몇 가지의 몫을 해낸다면, 언젠가는 대중연설이 거의 당신 집에서 가족들에게 이야기하는 것만큼 쉬운 것이 될 것이다. 어느 정도 실천해 보면 그것은 당신이 즐길 수 있는 활동이 될 것이다.

피해야 할 여덟 가지 함정

대중연설의 탁월한 지도자인 에드워드 헤가티는 연설가가 실패하는 경우를 다음 몇 가지로 들고 있다.

(1) 연설가가 말할 내용, 홍미, 새로움, 사람 이야기, 세상 이야기도 없는 경우.
(2) 자신이 이야기하고 있는 것에 관해 잘 아는 것 같지 않는 경우. 이것은 아마도 듣는 사람이 이해하지 못하기 때문일 것이다.
(3) 청중의 관심을 끄는 데 소재를 적절하게 쓰지 않는 경우.

(4) 자기가 청자에게 바라는 바를 제대로 설명하지 않는 경우.

(5) 처음 몇 분 안에 모든 것을 말해버리고 나중에는 기타 등등으로 잡담하는 경우.

(6) 너무 많은 것을 다루려고 하는 경우. 그는 청중들이 그 주제에 대해 알고 있는 것보다 더 많은 것을 알고자 한다고 생각한다.

(7) 자기의 주제에 관한 자기의 입장을 보여주지 않는 경우.

(8) 청중들이 그를 따르고 싶어하도록 만들지 않는 경우.

11. 무대 공포를 어떻게 없앨 것인가

무대 공포는 대중 앞에서 연설하도록 요청 받은 모든 사람들을 불안하게 만든다. 그런데 사실은 그 무대 공포 속에 바로 편안함이 있다. 이 장에서는 경영 상담역인 스티븐 프라이스 씨가 연설가가 공포감에서 벗어나 연단 위에서 자신감을 갖도록 하는 방법을 회사 중역들에게 말한 것을 소개한다.

자신감은 당신이 의기소침해지기 직전에 갖고 있는 경이로운 확신의 감정이다. 그 의기소침은 바로 연설을 하는 학생이 대중 연설에 대해 느끼는 일반적인 감정이다. 그러나 아주 이상한 일이지만, 그 학생은 다른 말하기 상황에서는 자신감을 가진다.

대중 연설과 관련된 고통이나 좌절은 자기들의 생활에서 결코 이러한 경험을 해본 적이 없는 사람들은 상상하기 어렵다.

말하기의 긴장에 대한 다음과 같은 진부한 문구들이 있다. '연설의 긴장은 최상의 사람들에게만 일어난다. 일 처리를 완벽하게 하려고 염려하는 세심한 사람들만이 예상되는 실패에 고통을 받는다.'

윈스턴 처칠은 숙련된 연설자로서 한때 "완벽하지 않으면 아무 것도 소용이 없다'라는 격언은 철자화된 무기력증일지도 모른다"라고 언급했다. 유명 방송인인 에드워드 알 머로우는 한때 방송을 내보내기 전에 언제나 자신은 분명히 긴장했다는 언급을 한 적이 있다. 그는 이 긴장감을 '완벽성의 땀'이라 불렀다.

세심한 사람들은 자신의 실제 능력보다 능력이 모자란다고 느낀다. 그 이유는 바로 이상적인 자기 이미지와 성취할 수 있는 것 사이의 커다란 괴리감 때문이다.

자기 평가의 이 기준은 어떠한 수행이든 작아 보이게 한다. 위대한 행동에 영감을 불어넣어 주기도 하지만, 또한 커다란 좌절을 초래하는 것은 바로 이러한 완벽주의 태도이다.

이 완벽주의 태도—아무리 위대하다 할지라도—는 모든 능력의 가치를 저하시키는 잘못된 척도이다. 과거의 업적들을 돌이켜 보면, 때때로 우리는 예상되는 일이 무엇이고, 가능한 일이 무엇인지에 대해 보다 현실적인 평가를 할 수 있다.

연설 상황을 둘러싼 환경들이나 압력들은 자아에 대한 하나의 도전이 된다. 우리는 실패할 지도 모른다는 사실에 초조함을 느끼며, 심지어 불안을 느끼고 있다는 것 자체로 인해 초조함을 느낀다. 모든 두려움에 대한 우리의 일반적 반응은 도망가거나 아니면 싸우는 것이다. 연설을 하려 할 때, 우리는 청중과 싸우려고 하는 것이 아님을 알고 있으며, 또한 책임감이 너무나도 강해서 회피할 수도 없다.

그럼에도 불구하고, 우리의 (신경) 체계는 격렬한 신체 행동을 위한 준비가 되어 있다. 우리는 건설적인 표현을 하며 이러한 신경 에너지를 발산할 수 있는 방법을 찾아야만 한다. 우리가 그런 방법을 찾을 수 없다면, 이 신경 에너지는 연설자에게 괴로움과 불안만을 초래하는 증상들이나 감각들을 영속적으로 나타나게 하기 쉽다. 연설할 때의 압력과 긴장은 우리의 신경구조가 그럴 필요성이 있다고 느끼기 때문에 발산되는 것이다. 이것은 마치 우리가 잘못된 화재 경보기를 틀어 놓은 것과 마찬가지이다. 지금 우리는 신경 장치—출구를 찾는 에너지원—에 꼼짝달싹 못하고 매달려 있는 것이다. 일단 이러한 에너지가 출구를 찾기만 한다면, 비교적 정상적인 생리적인 리듬으로 돌아갈 수 있다.

먼저, 모든 경험은 다르다는 것을 기억해라. 이러한 차이점은 유사성보다 더 위대하다. 우리에게 과거를 상기시켜 주는 것은 현재와 완전히 다르다. 일상의 상황들은 설령 반복된다고 해도 드물게 반복된다. 언제나 시간, 나이, 기분, 청중, 화자, 주제, 결과들에 어떤 차이가 있다.

다음으로 우리는 우리 감정들로부터 신비스러움이라는 딱지를 제거해야 한다. 우리의 감정은 어떠한 판단력도 지니고 있지 않다. 우리가 아무리 섬세하다고 해도, 우리의 감정은 '원시 표준시' 상태로 남아 있다. 우리의 감정들은 우리가 그 감정들을 필요하거나 필요하다고 생각할 때 반응한다. 마음의 안정과 조절은 지식과 더불어 다가온다. 낯설음은 두려운 것이고, 미지의 것은 불안을 가져온다. 이와 반대로 이해와 더불어 감정 조절이 찾아오고, 친숙함과 더불어 편안함이 찾아온다.

심리적 장벽을 어떻게 없앨 것인가

심리적 장벽이 사람들의 성취를 어떻게 방해할 수 있는가를 보여주는 하나의 완벽한 실례는 4분 이내에 1마일 달릴 수 있는 신화이다. 천년 이상 동안 사람이 4분 이내에 1마일을 달리는 것은 불가능하다는 것은 일반적으로 당연히 받아들여진 '사실'이었다. 하지만 1954년 영국인 로저 배니스터는 4분 안에 1마일을 달렸다. 그 때 이후로 많은 다른 주자들이 1마일을 4분 이내에 달리기 시작했으며, 새로운 기록들이 계속해서 만들어지고 있다.

일단 이해를 하고 나면, 우리는 선택하는 눈을 지니게 되어, 그 실재를 믿을 수 있으며 그 신화에의 도전을 선택할 수 있다. 그렇게 되면 우리는 자유로이 무엇이 가능한지를 믿으며, 우리의 변화를 도와주는 행동과 태도를 취할 수 있다. 우리는 성공한 연설가의 특성으로 귀결되는 외적인 징후들을 기꺼이 포착한다.

이 글은 이 사항에 대한 고전적인 인용문—윌리엄 제임스가 쓴—이 있다.

상식적으로 말해서 우리는 재산을 잃으면 슬퍼서 눈물을 흘린다. 그리고 곰을 만나면, 두려움을 느끼며 달아난다. 경쟁자에게 모욕을 당하면, 화가 나고 대결을 한다. …… 보다 합리적으로 말하면, 우리가 울기 때문에 슬퍼지고, 대결하기 때문에 화가 나며, 떨고 있기 때문에 두려워진다.

모든 사람들은 비행기 여행이 어떻게 공포를 증가시키는지, 그리고 슬픔이나 분노의 증상들에 굴복함으로써 어떻게 그 감정들 자체가 증가되는지 알고 있다. …… 격노할 때, 반복해서 감정들을 폭발시킴으로써 어떻게 우리 스스로 분노의 절정에 이르게 되는지는 잘 알려진 사실이다. 이러한 격노한 감정의 표출을 거부하라, 그러면 그 격정은 사그라진다. 화를 내기 전에 10까지 세라, 그러면 (화를 내려고 했던) 이 경우는 우스꽝스러워 보일 것이다. 용기 있게 계속 격정을 억누르기 위해 휘파람을 불라는 것은 단지 수사적인 말에 불과한 것이 아니다. 한편 하루종일 침울한 자세로 앉아 있고, 한숨짓고, 우울한 목소리로 모든 것에 대답하라, 그러면 당신의 우울함은 그대로 남아있을 것이다.

이것보다 도덕 교육에서 더욱 가치 있는 규범은 없다. …… 만약 우리 내부의 바람직하지 않은 감정상의 경향들을 극복하고자 한다면, 지칠 줄 모르게 그리고 무엇보다도 냉철한 자세로 정반대의 기질들—우리가 함양하길 바라는—을 밖으로 표출해야만 한다. 이러한 줄기찬 노력은 반드시 다음과 같은 보상을 받을 것이다. 우울함이나 의기소침은 틀림없이 사라지고, 그 대신에 진정한 활기참이나 온화함이 찾아들 것이다…….

긴장을 이용하라

한 대중 연설 강사는 말과 동작이 유별나게 느린 어떤 연설자를 관찰하도록 요구받았다. 그는 연단까지 아주 느려터지고 지루한 걸음으로 걸어가는 것처럼 자신의 연설을 시작했다. 말하면서 그는 자주 말을 멈추었는데, 조금 과장해서 말하자면 그 쉼의 시간의 폭은 아주 넓어서 퀸 메리호가 그 사이로 지나갈 수 있었을 것이다.

인터뷰를 하는 동안, 그 사람은 자신의 연설 능력을 매우 걱정을 하여 그것을 청중들에게 숨기고 싶기 때문에 그렇게 느리고 둔하게 행동했다는 점을 인정했다. 그는 "단지 말과 동작의 속도를 늦추기만 하면, 이런 정신적 동요감을 극복할 수 있다고 생각했어요"라고 말했다.

두 달 이내에 또 한 차례의 연설을 하기로 되어 있었다. 그래서 그는 그 연설에 대비하려고 연설 강사에게 갔다. 그의 연설 선생은 해소되지 않은 긴

장이 경직된 인상을 어떻게 초래할 수 있는지를 그에게 직접 보여주었다. 그
연설자는 자신의 이러한 초조함을 해소시키는 법을 배웠다. 그는 기민한 손
짓과, 연설의 리듬의 가속화, 열정적인 동작, 활기찬 표정들을 만드는 기교들
을 배웠다.

다음 연설에서, 그는 자신을 비롯한 모든 사람들을 놀라게 했다. 일어나
서 단상으로 걸어간 그 순간부터, 그는 마치 감전된 사람 같았다. 그는 대단
히 열정적인 동작과 정력적인 말투로 연설을 하여 청중석의 모든 사람들이
꼿꼿이 앉아 그의 연설에 주목했다. 연설할 때 그는 시각적 보조 자료들을
사용하였기 때문에 마이크가 그에게 애를 먹였다. 왜냐하면 움직임이 많았기
때문에 매번 마이크로 되돌아가야 했기 때문이다. 연설장이 너무 덥다는 것
을 알고서 코트를 벗고 청중들에게도 그렇게 하도록 했다. 그는 끝까지 놀라
운 활력으로 물 흐르듯이 연설을 마쳤다.

그 연설회가 끝난 뒤, 그는 "나의 연설이 잘 진행될 때까지 처음에는 억지
로 힘을 내기로 되어 있었다는 것을 알고 있어요. 그러나 잠시동안 나는 그렇
게 잘 할 것이라고 믿지 않았다. 그런데 그 때 청중들이 꼿꼿이 앉아서 눈을
똑바로 뜨고 내 말에 주목하고 경청하고 있음을 보았어요"라고 말했다.

숙제를 잘하라

나중에 이스턴 항공사의 사장이 되었던 제 1차 세계대전의 공군 영웅인 에디

리켄배커는 '하늘의 용사 중의 용사'로서 영웅을 환영하는 환영식에 돌아왔던 때에 대해 말했다. 자신의 영예를 축하하는 중요한 연회에서, 그는 우레와 같은 박수를 받으며 자리에서 일어섰다. 소감을 말하기 위해서 입을 열었는데, 두려움을 느꼈다. 겨우 문법에 거의 맞지 않는 몇 마디를 중얼거리고 자리에 앉았다.

그는 바로 그 자리 그 시각에 이런 일은 두 번 다시 자신에게 일어나지 않을 것이라고 스스로 다짐했다. 그 다음 날 데이먼 런연을 연설 강사로 고용해서 자신을 위한 연설문을 쓰도록 했으며 문법도 공부했다. 그런 다음 그는 오랜 여정의 순회 강연 일정을 잡았다. 그는 각 특별 연설에는 나름대로의 준비가 필요하다는 것을 알게 되었다. 연설의 준비를 하지 않으면, 전쟁 영웅이 대중 앞에 겁쟁이가 될 수 있다.

두려움이나 긴장이 단지 연설자에게 자신의 과제를 하도록 자극을 주는 일 이외에 다른 역할을 전혀 하지 않는다 하더라도, 그 감정들은 자신들의 부여받은 본연의 임무를 이미 수행한 것이다.

두려움이나 긴장은 우리의 전략이나 계획을 보다 세밀하게 다듬어서 우리가 최선을 다하도록 해주는 긍정적인 영향으로 간주되어야 한다. 우리는 항상 여러 어려움에 직면하고 있다. 이러한 도전에 대처하고 두려움을 극복함으로써 더 나아진다. 이러한 방식으로 우리의 감정들은 보다 많은 노력을 하도록 동기를 부여해 주며, 이것은 결국 성장과 발달로 이어진다.

연설을 하거나 발표를 할 때는 시간—준비할 시간—이 필요하다. 심지어 경험이 많은 연사—그가 이 점을 공식적으로 인정하든 안 하든—도 준비에 들인 땀과 시간으로부터 많은 이득을 본다.

분명히 우리는 어떤 비밀을 우리의 신경계가 모르게 지킬 수 없다. 우리의 신경계는 우리의 감정을 다 안다. 만일 어떤 행사를 기대하여 우리의 신경세포들이 과민해진다면, 최선을 다해 준비했다는 사실 그 자체로 인해 우리의 신경은 차분해진다.

"의심나면 공격해라"라는 군대의 금언이 있다. 준비된 연설자는 결코 궁지에 빠질까 염려하지 않는다. 자신이 무엇을 하고 있는지를 알고 있는 사람의 기세로 행동할 때, 그가 무슨 의문을 지니고 있든 그 의문은 일거에 해소된다.

이러한 지식이 자신의 의문들을 더 많은 확신으로 바꾸어 놓는다.

긴장을 줄이는 방법

리듬감을 가지고 숨을 쉬어라, 천천히 깊게.
하품을 몇 차례 해라.
가능할 때는 언제라도 손짓과 동작을 해라.
성대, 턱, 어깨를 편하게 해라.
팔을 느슨하게 만들어라.
완벽해지려 하지 말고 단지 잘 하도록 해라.

성공한 사람들은 대부분 완벽함을 목표로 설정한다. 하지만 그들은 완벽함은 그 자체가 가장 나쁜 적이라는 것을 알고 있다. 그래서 그들은 적당히 얼버무리는 노력이 아니라 자신들의 최상의 이상을 몇 단계 낮춤으로써 상황을 조절한다.

단지 몇 명만이 영국 해협을 헤엄쳐 건널 수 있다고들 알고 있다. 그렇지만, 그 정도까지는 안될지라도 많은 사람들은 숙련되게 수영하는 법을 배운다.

완벽함의 소재는 실재가 아니라 마음의 상태이다. 그래서 우리 자신에게 할 수 있는 최대의 요구는 최선을 다해야 한다는 점이다. 우리는 다음 시기에는 언제나 더 잘 할 수 있다.

1930년대에 '최초의 아마추어 시간'의 창시자로 유명한 에드워드 보우즈 시장은 자신의 첫 번째 대중 연설 경험을 이렇게 말했다.

내가 뉴욕에 처음 갔을 때, 마크 트웨인이 나에게 경의를 표하기 위해 저녁 만찬을 베풀었다. 수많은 저명 인사들이 손님으로 그곳에 와 있었는데, 마크 트웨인은 내가 긴장하고 있다는 것을 알아차렸다.

마크 트웨인이 내게 "괜찮아요"라고 물었을 때, 나는 이렇게 대답했다. "솔직히 긴장되어 죽을 것 같아요. 곧 연설을 해야 하는데, 의자에서 일어날 수 있을지조차 모르겠어요. 자리에서 일어날 때, 가슴이 내려앉을 것 같아요."라고 말했다.

하지만 경험 많은 대중 연설가인 마크 트웨인은 "에디, 괜찮아요. 한가지만 마음에 새겨둬요. 그들은 많은 것을 기대하지 않아요."라고 대답했다.

어떤 사람이 예정된 발표를 해야 한다는 생각으로 받는 자신의 스트레스에 대해서 상의할 때, 대개 "난 정말 스스로 바보짓을 하여 웃음거리가 되고 싶지 않아요"와 같은 말로 자신의 두려움을 정의할 것이다. 이 진술에 대한 답은 '바보는 좋은 연설을 하려고 할 때 자기가 하는 연설은 올바르게 모두 수행할 수 없다'이다.

만약 그가 주제에 대해 적절히 조사하고 자신이 알고 있는 최선의 방법으로 준비를 했다면, 그 때 쯤이면 어떠한 긴장—아무리 예측 불가능한 긴장이라 하더라도—도 이겨낼 수 있을 것이다.

이제 그가 해야할 남은 일은 청중에 대한 신뢰를 갖고 그들이 자신의 노력을 인정해 줄 것이라는 알아야 하는 것이다. 온갖 중요한 모험을 하며, 우리는 위험—우리 스스로 바보짓을 하여 웃음거리가 될지도 모른다는—을 감수한다. 그리고 진정으로 할 수 있는 한 최대로 열심히 했음에도 우리에게 바보 딱지가 붙여진다면, 그것은 바로 우리가 취해야 할 기회이다. 아마도 지혜의 첫 번째 교훈은 기꺼이 바보—물론, 양심적으로 성실히 일하는 바보—로 간주되는 위험을 감수하는 것이다.

자주 연설하고 추진력을 유지하라

자신감을 얻기 위해서는 기회가 있으면 언제든지 도전을 하여 연설을 하라. 이렇게 함으로써 당신은 스트레스에 대한 새로운 인내력을 개발시킬 수 있으며, 당신의 반응을 강화시킬 수 있다. 이것은 활동을 통해서 근육이 강화되는 것과 마찬가지이다. 우리는 모두 외부 환경에 적응하는 놀라운 능력을 가지고 있다. 그 능력을 사용하여 자주 연설하라.

당신의 그럴듯한 변명은 모두 던져 버려라.

대중 연설과 발표의 문제라면, 시인 로버트 프로스트의 효험 있는 말—"주위를 돌아보는 유일한 방법은 그곳을 통과해 보는 것이다"—을 부적으로 사용하라.

인간의 두뇌는 경이로운 기관이다. 당신이 태어나는 바로 그 순간 활동하기 시작하고 당신이 일어나서 대중 연설을 할 때까지 멈추지 않는다.

— 조지 제슬

12. 주제를 어떻게 선택할 것인가

만약 화제가 정해지지 않았다면, 우선 해야 할 일은 당신을 연설하도록 초청한 집단이 흥미를 가질 수 있는 주제를 선택하는 것이다. 이 장에서 제시되는 조언들과 연습 문제들은 당신을 연사로서 초청한 행사의 종류, 청중, 그리고 당신이 얻고자 하는 효과에 맞도록 화제를 조정하는 방법을 보여준다.

당신이 어떤 집단 앞에서 연설을 해 달라는 부탁을 받을 때, 그 프로그램의 사회자가 당신에게 무엇에 관해 연설할 것인가를 말해 줄지도 모른다. 당신은 연설을 할 때, 무슨 말—예를 들어, 은퇴하는 어떤 사람을 격려하는 말, 또는 사무실의 어떤 자리에 누군가를 임명하는 발표, 또는 다가올 박람회에 설치할 당신의 회사 모의점포에 대한 소개 등—을 해야 하는지 구체적으로 알 수도 있다.

그러나 사회자가 당신이 연설할 내용을 확실하게 말해 주지 않으며, 그 모임이 일상적인 모임이라면 당신은 스스로 주제를 선택해야만 한다. 일단 몇 가지 간단한 원리들을 터득하고 나면, 충분한 시간 여유를 주지 않고 강연 해달라고 요청을 받았을 때도, 당신이 무엇에 대해 말할 것인지 쉽게 결정할 수 있을 것이다.

최선의 주제는 당신 자신과, 청중, 행사의 종류, 당신에게 배정된 시간에 알맞은 주제이다.

당신에게 맞는 주제를 선택하라. 당신은 스스로 잘 알고 있거나 평소 깊은 관심을 갖고 있는 주제에 관해서는 이야기를 잘 할 수 있다.

연설을 할 때 당신은 당신이 연설하는 그 내용에 대해 권위자라는 사실을 명심해라. 당신은 어떤 청중들보다도 말하고자 하는 주제에 대해 더 잘 알고 있어야 한다. 당신이 단지 개인적인 관점이나 경험을 발표한다면, 이 점은 틀림없이 사실일 것이다.

그러므로 가능한 주제로 다음과 같은 것들—취미나 관심사, 과거의 경험, 믿음이나 확신, 읽었던 책에 대한 반응, 혹은 공부해 온 지적인 분야, 설명해 주고자 하는 개념이나 과정, 친구들과 토론했던 쟁점, 당신이 관심을 갖고 있는 프로젝트, 당신 자신의 바람이나 소망 등—을 고려해 보아라.

이러한 모형을 바탕으로 작성한 개인적인 목록은 다음과 같은 것—회계, 골프, 야구, 꽃밭 가꾸기, 대륙 횡단 여행에 대한 조언, 히치하이킹(길에 서서 지나가는 차 얻어타기), 더 나은 학교, 영업세, 세법, 보완장치가 장착된 자동차, 안전 운전, 쇼핑 센터, 전쟁과 평화, 성숙한 의식 등—을 포함할 수 있다. 그러면 '~하는 방법'이라는 화제로 된 연설—예를 들어, 소득세에 대비하는 법, 중고차 사는 법, 더 좋은 독서 습관을 익히는 법 등—로 당신은 자신이 습득한 전문 지식의 이점을 다른 사람에게 나누어 줄 수 있다.

주제 선택의 네 가지 방법

실제 연습 1

■강연을 할 수 있을 만큼 충분한 정보를 갖고 있다고 생각되는 열 가지 주제의 목록을 작성하라. 열성적으로 방어하거나 공격할 열 개의 명제를 작성하라.

청중에게 알맞은 주제를 선택하라. 청중은, 당신이 선택한 주제가 자신들에게 진정으로 필요로 하는 관심사이고 시의 적절한 것이라면, 더 쉽게 당신의 말에 귀를 기울일 것이다.

어떤 주제들은 젊은 층이 아니라 부모들의 관심을 끌 것이고, 그 반대로 부모가 아닌 젊은 층의 관심을 끌 수 있는 주제들이 있으며, 다른 주제들은 부모와 젊은 세대의 관심을 동시에 끄는 것이 있을 것이다. 도시 근교의 사업가들은 당연히 주차 문제, 또는 대도시의 한 회사가 자기 사업체를 한 가운데 세우려 하는 분점의 경쟁력, 또는 '애완 동물' 자선 단체와 같은 것에 관심을 보일 것이다.

그러므로 당신은 언제나 청중들에 대해 자기가 무엇을 알고 있는가 또는 무엇을 찾아낼 수 있는가에 대하여 면밀히 생각해 보아라. 스스로 다음과 같은 질문을 제기해 보아라 : 개개인으로서 청중은 무엇에 더 관심을 가질까? 조직화된 집단—다시 말해서, 노동자, 기술자, 사교 클럽—의 일원으로서 청중들은 무엇에 더 관심을 가질 것인가? 청중은 내게 무슨 말을 해주길 기대하는가?

실제 연습 2

■위에서 언급한 집단—의료계 노동자, 기술자, 사교 클럽—의 구성원들이 관심을 가질 것이라고 여겨지는 주제들을 간단히 적어보아라.

■앞서 작성한 두 목록(강연을 할 수 있을 정도로 충분한 정보를 갖고 있다고 생각되는 열 가지 주제, 열성적으로 방어하거나 공격하고 싶은 열 개의 명제들)을 검토해보아라. 이 목록들에서 당신 생각에 다음의 청중들—보이스카웃, 당신이 다니는 교회의 자선 부녀회 혹은 여성 조합, 당신의 도시와 학교, 공장을 방문한 한 무리의 여행객—의 관심을 끌 수 있는 주제를 선택하라.

행사의 유형에 알맞은 주제를 선택하라. 당신을 연사로 초청한 행사가 어떤 것이냐에 따라 당신이 반드시 언급해야 하는 사항들이 있다는 것은 너무나도 분명하다. 따라서 이 중요성은 말할 필요조차 없을 것이다. 현충일에는 죽은

자들을 위한 헌사와, 그들이 목숨을 바쳐 지켰던 호국 정신에 대한 헌사가 필요하다. 1년에 한 번 열리는 사업상 모임은 연간 활동 보고와 아마도 미래 계획안에 대한 검토가 필요할 것이다.

그러나 우리 모두는 화자들이 이와 같은 원리를 무시함으로써 지루함이나 짜증을 느낀 적이 있을 것이다. 그 연사는 자기의 관심사에 지나치게 둘러싸여 있거나 자기 마음 속에서 무언가 부담을 몹시 털어내고 싶어서 자기가 연설하고 있는 행사가 어떤 종류의 행사인지를 완전히 망각한 것이다. 졸업식장에서 어떤 뛰어난 의사는 "간의 질병들"이라는 자신의 훌륭한 논문에 대한 이야기를 하여 청중들로부터 갈채를 거의 받지 못했다. 공직에 출마하여 떨어진 어떤 연사는, 사회로 첫발을 내딛는 새로운 일원들(즉, 졸업생들)을 위한 자리에서, 성공적인 후보자들과 선출 방법을 성토함으로써 이후에 혹시라도 당선될 수 있는 가능성을 아마 완전히 날려 버렸을 것이다.

주제를 행사의 본질에서 벗어나지 않도록 하라.

실제 연습 3

■다음의 행사—크리스마스 파티, 건물의 정초식, 어떤 클럽이나 기업체, 또는 대학의 50주년 기념식 등의—에 어떤 주제가 적절할 것인가?

주어진 시간에 알맞은 주제를 선택하라. 다시 말해서, 주제가 당신에게 할애된 2분, 5분, 10분, 20분 혹은 30분 내에 충분히 연설할 수 있는 것인지 확인하라.

"미국 혁명의 원인"에 관한 4분의 연설에서 세부 사항을 다 언급한다는 것은 거의 불가능하다. 그러나 문제를 상세히 다룰 수 없다고 그 주체를 포기해야만 한다고 여기지는 마라.

광범위한 주제를 좁히거나 그 문제의 어느 한 측면에 국한시켜라. 미국

혁명의 원인이라는 연설에서, "인지(印紙) 조례", "보스턴 차(茶)사건", "자유의 아들"(영국의 식민지 지배에 반대하여 결성한 미국의 비밀 결사)과 같은 주제들은 짧은 시간에 다룰 수 있는 주제들이다.

이와는 반대로, 만약 여러분이 단지 자선 기금 모금 운동을 성공리에 마친 몇몇 봉사 단체 활동가들의 성공을 축하해야 하는 연설에서는 30분 이상을 소요하지 마라.

실제 연습 4

■ "갈림길에 선 민주주의"가 한 시간의 라디오 프로그램 주제라고 가정하자. 이 일반적인 제목 아래, 아주 많은 화자들이 논의하기 위해 선택할 수 있는 네 개의 주제 목록을 작성하라.

때로는 위의 네 가지 요인 모두가 주제를 선택하는 데 대략 똑같이 중요할 것이다. 때로는 어느 한 요인—행사의 종류와 같은—이 가장 중요할 것이다. 끝으로 만약 여러분에게 특정한 주제가 주어진 뒤, 조금 생각해 보니 당신이 그 주제에 관심이 없다는 것을 알게 된다면, 더 적절하다고 생각되는 다른 어떤 주제를 제시하든가 아니면 그 초대를 정중히 거절하라. 말하는 것보다 침묵을 지킬 때가 더 좋은 때도 있다.

실제 연습 5

■ 당신이 마을의 청년회관의 개관식 행사의 사회자라고 가정하자. 이 행사 위원회는 "오늘날의 젊은이"이라는 일반적인 주제에 대한 3개의 짧은 연설을 포함시키기로 결정을 내렸다. 당신은 이 제목 아래에 세 개의 어떤 주제들을 제시하겠는가?

■ 유명한 탐험가 한 사람이 여행에서 돌아온다. 만약 그가 훌륭한 탐험가이며

동시에 훌륭한 연설자라면 청중이나 행사—탐험가 클럽, 원예 클럽, 중·고등
학교 조회 프로그램, 대학 친구들의 동창회, 기상학자 집단 등—에 맞도록 일련
의 연설 주제들을 어떻게 다양화시킬 수 있을까?

■당신 자신이 작성한 주제들의 원래 목록들을 택해서 이 절에서 언급한 다양
한 상황들에 맞도록 그 주제들을 어떻게 바꿀 수 있는지 살펴보아라.

대중 연설의 네 가지 주요 목적

화자는 청중으로부터 반응이나 응답을 얻기 위해 연설을 한다.

만약 당신이 할 연설의 일반적인 목적과 구체적인 목적을 미리 명확하게
정의한다면, 당신은 더 훌륭한 연설을 할 것이고, 원하는 반응을 얻을 가능성
이 더 높아질 것이다.

일반적인 목적에 근거하여, 연설은 네 가지 범주로 나눌 수 있다. 당신이
할 연설의 주제를 기억하면서 그 연설이 다음 어느 범주에 해당하는지 결정
하라. 그러면 당신이 연설할 때, 다음과 같은 희망을 가질 수 있다.   청중의
관심과 흥미를 끌게 하는 것. 이것은 많은 만찬 후 연설, 의장이나 사회자의
도입부분, 저녁의 중요한 연설 전의 예비연설, 전문 코미디언의 입담, 흥미로
운 여행이나 '문화' 강연, 실제로 소위 교육적인 강연의 일반적인 목적이다.

이러한 경우 화자는 주로 이야기나 일화, 유머에 의존한다. 이러한 것은
청중의 관심을 사거나 흥미를 끌면 성공적이다.

청중을 가르치거나 정보를 제공하기 위한 것. 이것은 수업 강의, 사업 보
고서, 경영자나 감독자가 새로 입사한 사원이나 기존에 있던 사원들을 교육
시키는 연설, 협의회에서 한 전문가가 다른 전문가들에게 발표하는 논문, 과
학자나 전문가가 일반대중을 상대로 한 '대중적인' 강의들을 위한 목적이다.

이런 종류의 연설은 흥미를 유발시킬 뿐만 아니라 정보를 전달한다. 토론
하고 설명하고 사건이나 개념을 묘사하거나 혹은 무엇을 어떻게 해야하는지
청중에게 가르친다. 이 경우는 명료성과 간결성을 얻으려고 노력해야 한다.

이런 연설에서는 보고, 듣는 보조자료나 차트, 그래프, 슬라이드, 녹음기, 영화를 흔히 사용한다.

이것은 관심과 흥미를 끄는 것 외에도 그들이 강의실에 들어오기 전보다 더 많은 지식과 이해 또는 기술을 배우고 나가거나, 그리고 청자들 중 최소한 몇 명이라도 그 연설의 내용을 사용할 만큼 연설의 내용을 기억하고 있었다면 그것은 성공적이다

자극시키거나 인상을 주는 것. 이것은 많은 설교나 판매원들 또는 다른 사업가들에게 영감을 주는 말(이야기), 시합 전반에 운동선수에게, 또는 경주에 참가하는 참가자에게 하는 격려의 말 등의 목적이다. 7월 4일(미국 독립 기념일)이나 다른 공휴일 프로그램 때 하는 연설, 기념미사, 기념일, 졸업이나 학위 수여식, 동창회, 취임 기념식, 그리고 그 밖의 경축 또는 엄숙한 의식의 '경우'에 행하는 연설을 위한 목적이다.

이런 종류의 연설은 사람들의 신념을 바꾸려고 하거나 어떤 일을 하게끔 하지 않는다. 오히려 이런 연설들의 일반적인 목적은 사람들 속에 있는 신념을 강화하고 듣는 사람으로 하여금 적당히 하거나 혹은 억지로 하던 일에 활기를 넘치게 하여 더 잘 할 수 있게 한다. 이러한 연설은 말뿐인 것보다는 진정한 노력의 모습을 보여 주는 것이 좋다.

이와 같은 연설은 합리적이기보다는 감정적인 경향이 있으며, 거의 혹은 전혀 정보를 포함하지 않을 수도 있다. 흔히 이러한 겨우는 청중의 감정을 자극하기 위해 다른 자극제인 음식, 꽃, 장식품, 음악, 복장, 깃발, 진정효과, 행렬, 의식 등이 따른다. 그것은 청중이 고상해졌다고 느끼며, 신념이 굳어지고 선을 위해서 싸우고 싶은 마음이 들 때 그 연설은 성공적인 것이다.

확신시키거나 설득하는 것. 이것은 법정 변호사나 관할 입후보자, 판매원, 법만을 제정하는 법률 제정가, 개혁 운동가, 개혁가, 어떤 잘못 된 일에 대해 탄원하는 사람, 새 이론을 내놓는 과학자, 일반 시민들이 그 지역 사회의 이익을 위해 개최하는 청문회 혹은 마을 모임에서 하는 연설의 목적이다.

이런 종류의 연설들은 청중의 신념이 바뀌기를 바라며, 그들에게 어떤 특

정한 행동을 불러일으키려 한다. 이런 연설들의 호소력은 전적으로 지적이고
논리적일 수 있으며 매우 감정적일 수도 있다. 이런 연설은 그 주장을 체계화
시키고 사실과 통계로 이 논거를 뒷받침하며 흔히 자극적이고 인상적인 연설
방법을 사용한다.

그것은 신념이 바뀌고, 어느 정도 청중이 여러분이 요구하는 대로 설득되
었을 때 성공적이다. 분명 청중의 흥미를 유발케 하는 것이 목적인 연설과
무엇인가 가르침을 주고자 하는 것이 목적인 연설과는 말하는 소재, 어조, 언
어, 구조에서 사뭇 다르다. 자극하고자 하는 연설이나 확신시키고자 하는 연
설은 둘 다 서로 다른 것이다. 각각의 방법과 한계를 아는 것은 여러분이 연
설을 준비하는데 결정적인 도움이 될 것이다.

실제 연습

■ 날씨라는 주제에 관하여 그 일반적인 목적이 흥미를 끄는 것, 가르침을 주는
것, 인상을 주는 것, 청중을 설득시키는 것 중 여러분이 만들 수 있는 가능한
연설문을 생각해보아라.

■ 당신의 원래 목록에 있는 20개 주제의 일반적인 목적은 무엇이었는가? 여러
분은 똑같은 주제를 가지고 일반적 목적을 달리하여 다른 연설을 할 수 있는가?

연설 목적을 자세하게 말하기

당신이 연설의 일반적인 취지를 결정하고 난 뒤, 그 다음 단계는 가능한 한
간결하게 구체적인 목적을 말로 나타내는 것이다.

당신은 연설의 주요 개념이나 중심 생각을 여러 각도에서 그 구체적 목적
에 대해 고려해 본다. 당신이 연설하고자 하는 요점, 청중이 연설을 다 듣고
난 다음 무엇을 하기를 원하는지, 그리고 당신이 접근을 시도하고자 하는 특
별한 각도 등을 생각해보아라.

이런 식으로 주제를 요약하는 것은, 여러분의 노력을 집중시키고, 관련은 다소 있더라도 산만한 세부 사항들을 없애는 데 도움이 될 것이다.

구체적인 목적은 꼭 한 가지 사상을 포함한다는 것을 명심해라. 즉 그것은 간단하고 쉽게 이해되며 쉽게 기억될 수 있을 것이다. 그리고 그것은 청중들이 흥미를 유발할 것이라고 여겨진 것이다.

이것은 한 문장이나 혹은 의문형으로 표현될 수도 있으며 그 문장은 의미가 함축되어 있을 수도 있다.

읍사무소 서기직으로 토마스 브라운 씨에 찬성 투표하시오!
성실한 태도는 음악의 기쁨을 증가시킬 것이다.
이음새가 하나인 스커트를 어떻게 자를까?
콜포드는 여성시장을 선출할 때이다.
(나의 구체적인 목적은 해양 소년 단원을 가르치는 것이다)
볼라인매듭을 묶는 방법

복잡하고 장황하거나 불명확한 화제는 피하라.

약물 남용.
가게를 시작하는 방법.
젊은 시절 링컨은 뒤에 그가 위대해 질 가망이 거의 없었지만 그가 살아온 배경을 고려해 볼 때 우리는 쉽사리 말할 수 있다 ……

예를 들어 만약 당신이 약물 남용에 관한 이야기를 하기를 원한다면, 당신의 화제를 '약물에 관해 당신 자녀에게 일러둘 것들'로 제한할 수도 있다.

인용구 이용 하기

한 가지 의미로, 화자는 강단 위에 홀로 존재하는 것은 결코 아니다. 그에게 는 청중 앞에서 발표하고 있는 그 요점을(요약을) 지지해 줄 수 있는 아주 친한 친구들이 항상 있다. 이 친구들은 권위, 증언 그리고 인용이라 부를 수 있다.

청중들은 아주 흔히 당신 자신의 권위만으로 된 생각을 받아들이려 하지 않 을 것이다. 아마도 그들이 찾고자하는 것은 좀더 확신을 가질 수 있는 것일 것 이다. 이유야 어떻든 화자는 증거를 제시해야 하며, 자기의 생각을 설득하는데 도움이 되는 어떤 것을 제시해야만 한다.

권위, 증언, 인용을 사용하는 것은 여러분의 의견에 계속 찬성해온 살아 있 는 사람과 죽은 사람에게서 당신의 입지를 지적으로 뒷받침해 주는 간단한 완 성품이다.

청자는 당신의 관점 뒤에 서 있는 사람(옮긴이 주 : 당신이 인용하는 사람)들의 재능이나 지식을 인식하게 될 것이고, 당신의 말에 동의해야만 한다는 걸 알게 될 것이다.

권위와 인용은 화자에겐 강력한 힘을 준다. 권위와 인용을 화자가 정확히 사 용하기만 한다면 말이다.

여기 의견을 뒷받침하는 데 필요한 몇 가지 지침이 있다.

(1)당신의 권위는 그 주제에 관해 말할 권리가 있는 사람, 그 주제에 관한 직접적인 지식을 갖고 있는 사람으로 인식된다는 것을 명심하라.

(2)청자가 편견이 없고 다른 속셈이 없는 사람으로 받아들이는 권위자를 선택하라.

(3)청중에게 호소할 때 전문가에 의한 권위 있는 증언과 책이나 역사적 인물을 인용할 때 그 차이점을 인식하라. 증언은 사실이라는 의문점에 가장 효과적으로 화자의 말을 뒷받침해 준다. 인용은 청자가 당신 관 점을 감정에 호소해 받아들이게 하는 데 훨씬 강하게 작용을 한다.

(4)청중에게 부정적 영향을 줄 수 있는 진부한 인용구는 피하라.

(5)당신의 연설을 끼워 맞추기 위해 잡다한 온갖 형태의 인용구를 끌어들
이지 마라.

청중은 화자가 유명인사, 문학, 성경 그리고 화자 자기의 생각을 뒷받침하
기 위해 쓰는 속담에 대해 틀림없이 어떤 반응을 한다. 만약, 당신이 법령이
집행되기 전에 그 문제점을 세밀하게 심사숙고하기 위해 행정상의 힘이 필요
하다고 하는 연설을 하고 있다면 당신은 플루타크의 이 말을 인용할지 모르겠
다 : 나는 그를 작은 발에 맞는 신발을 만드는 훌륭한 제화업자라고 생각하지
않는다. 아니면 만약 당신이 오늘날 사업상 더 원활한 의사소통의 필요성 대해
연설한다면 당신은 다니엘 웹스턴의 말은 인용할지 모른다 : 만약 내가 소유
한 모든 것이 하나만 빼고 다 없어진다면 나는 말(語)의 힘을 선택하겠다. 왜
냐하면 말의 힘으로 나는 곧 잃었던 나머지 모두를 다시 얻을 테니까.
　아마도 당신 연설의 중심 주제는 직업과 당신이 강렬하게 믿고 있는 신념에
더 크게 작용하는 것이다. 여러분은 죠지 워싱턴의 고문인 아브라함 다벤포트
가 영국이 가까이 다가오므로 모임을 연기할 것을 사람들에게 제의했는데 그
말을 인용할 수 있다. 그는 대답했다.
　심판의 날은 가까워 오고 있거나 혹은 그렇지 않을 수도 있습니다. 만약 가
까이 오고 있지 않다면 연기를 할 이유가 없지요. 만약 가까이 오고 있다면 나
는 내 의무를 다 할 것입니다. 그러므로 나는 양초를 가져오고 싶습니다.
　당신은 당신 말에 영향력을 더할 수 있는 이러한 적절한 인용구를 어디서 찾
을 수 있을까? 메사추세츠의 책장수 존 바틀렛씨가 1885년에 '친숙한 인용구'
를 발간한 이후 편집자들은 훌륭한 격언들을 함께 모아오고 있다. 당신의 지역
도서관에는 책장마다 이런 책들이 많이 있을 것이다. 대부분의 인용사전들은
교육, 친구, 애국심 같은 전형적인 머릿글자와 알파벳순으로 짜여져 있다. 그
러나 당신의 연설과 관련이 있는 모든 인용구가 다 유용한 것은 아니다. 단순
히 진술된 그 말들을 적당히 적절하게 선택해서 인용하는 것은 당신의 손에 달
려있다.
　인용구의 사용은 몇 가지 강한 동기를 이용하는데 인용구의 힘과 오늘날의
상황에 그 인용구가 적절한가, 그리고 영광된 과거를 에워싼 듯한 감정에 영향
을 주는가. 이 모든 것은 당신이 말해야 하는 것을 청중이 받아들이도록 하며,
당신의 생각을 설득시키는데 도움이 되는 미묘하고 효과적인 자극이다.

<h1 style="text-align:center">실제 연습</h1>

■다음 중 연설하는 데 구체적인 목적을 잘 드러내지 못한 것은 어느 것인가?
a. 워싱턴 기념비
b. 장거리 전화의 요령
c. 저축 은행, 투자자금, 주식과 채권 그리고 대출
d. 나는 당신이 과세에 관해 생각해 보길 바란다.

이와 같은 구체적인 목적을 지닌 말을 활용해 보도록 하라.

■다음 중 어느 것이 일반 대중에게 가장 좋은 구체적인 목적을 가지고 있는 화제인가?
a. 크리스마스와 새해
b. 상업은행 지점의 회계감사를 행하는 방법
c. 나는 당신이 생명을 구하는 것을 돕고 싶다

■당신이 (1) 옛날 집에서 벌이는 파티에서 (2)고등학교에서 열리는 집회에서 (3) 연극 동호인 모임에서 (4) 정치적 집회에서 연설을 해야한다고 가정하라.

다음 주제들 중 어떤 것이 적절한가?
길잡이; 어린이들의 공포; 공산주의; 뉴스에서의 사건들; 중재; 텔레비전; 구어체 대 문어체; 야구

여러분들이 적절하다고 여겨지는 주제들에 알맞은 구체적 목적을 나타내는 문장을 골라라. 주어진 상황에서 여러분은 어떤 주제를 골라서 연설하겠는가? 여러분이 연설하는 데 사용할 구체적 목적을 나타내는 문장은 무엇인가?

청중을 분석하는 방법

일단 당신이 특정한 청중들에게 관심을 끌 수 있는 주제를 하나 선택하고 나면, 앞으로 청자를 분석하고 어떻게 연설하는 것이 그들에게 가장 적합할지

전체적으로 결정한다.

상상컨대, 부동산 세금이 더 낮아야 한다는 연설은 차용자 집단과 땅 소유 집단에게 할 수 있다. 그러나 똑같은 접근 방식과 논쟁거리를 가지고도 똑같은 연설을 할 수 없다. 한 경우에 있어는 환호성을 지르게 하는 것이 다른 경우에는 불만을 야기할지도 모른다.

연설은 특정한 청중에게 '알맞은' 것이어야 한다.

연설을 하기 전에 다음 질문에 대한 대답이 여러분의 연설에 어떻게 영향을 미칠 것인지를 결정하라.

(1) 청중은 일반 청중인가 아니면 특수한 청중인가? 의사 집단과 같은 특수한 집단은 색다른 관심을 가질 수 있는 주제를 요구한다. 일반 청중은 폭넓은 호소를 원한다.

(2) 청중의 적당한 규모는? 규모가 작은 청중은 규모가 큰 군중들보다 더 격식이 없을 수 있다.

(3) 내가 연설하는 청중의 나이 분포는 어떻게 되는가? 청중이 가지고 있는 과거 경험의 폭은 당신이 제재를 선택하는데 영향을 미칠 것이다. 나이가 많은 사람들에게는 30년대 경제공황에 대한 단순한 한 마디가 당장에 개인적인 반응을 이끌어 낼 것이다. 그러나 10대들에게 힘든 그 시기는 단지 간접적으로만 전해질 것이다.

(4) 청중이 남성인가 여성인가 아니면 둘 다 섞여있는가? 한 성에 적절한 제재는 다른 성 혹은 양성이 섞인 청중에게는 적당치 않을지 모른다.

청중의 교육적, 문화적인 배경은 무엇인가? 그것은 청중들의 잠재능력을 과소 평가하는 것만큼이나 청중의 머리를 두고 논하는 엄청난 실수이다.

(5) 청중들은 어떤 사회적, 정치적, 경제적 편견을 가지고 있는가? 우선 청중의 경제 수준, 그들이 소속해 있는 클럽의 종류, 그들의 사회적 지위를 알아내 보아라. 개방적인지 보수적인지, 경영자인지 노동자인지, 집 소유주인지, 아니면 아파트 전세주인지? 이들은 각각 확고한 신념을 이미 가지고 있는 경향이 있다. 능숙한 연설가는 필요 없이 적개심을 불러일으키는 말을 피한다. 그는 그들이 신봉하는 원칙에 대해 논쟁 속에서 적당한 유대감을 보여 주려 한다.

(6) 내가 말하고자 하는 주제에 대해 그들이 얼마나 알고 있는가? 그들이 이미 알고

있는 사실을 상세히 설명하는 것은 지루하게 할 뿐이다. 그들이 실제 모르는 지식이라고 생각되는 것은 그들을 놀라 당황하게 만들 것이다. 훌륭한 연설자는 그의 주제에 대한 청중의 지식 정도를 조사할 것이다.

(7) 내가 말하고자 하는 주제에 대해 그들의 태도는 어떠할 것인가? 청중들 중 몇몇은 주제에 관심을 가질 것이고 다른 사람들은 무관심하거나 냉담할 것이다. 만일 당신의 연설이 설득하는 데 그 목적이 있다면 이 두 번째 부류의 사람들은 적의를 나타낼 것이다. 당신이 생각하는 것을 연설과 조화시키는 것은 탁월한 태도이며 다른 태도에 관한 올바른 인식이다.

관심을 갖는 청중은 단지 그 관심사를 유지하도록 하면 된다. 여기서 가장 흔히 범하는 실수는 너무 지나치게 길게 말하는 것이다.

냉담한 청중은 주의를 집중시켜 관심을 불러일으켜 관심을 갖도록 해야 한다. 인상적으로 연설을 시작하는 것은 청중을 일찍 귀를 기울이도록 하고, 서서히 당신 생각을 유도해 내는 것은 마지막에 그 목적을 달성하는데 도움이 될 것이다.

적의가 있는 청중은 물론 가장 다루기가 힘들다. 많은 숙련된 연설자들은 그들의 연설의 특정 목적을 직접적으로 언급하는 시간을 상당히 뒤로 미루는 방법을 쓴다. 그들은 자신이 친근하고 겸손하며 유머스럽다는 점을 내보인다. 그들은 자기들이 편견이 없다는 것을 알게 함으로써 청중이 공정해지길 기대한다. 그리고 그들은 청중이 가지는 모든 입장을 고려한다. 그들은 의견 불일치라는 위험한 영역에 이르기 전에 의견 일치점으로 되돌아온다. 바꾸어 말하면, 그들은 만약 청중이 '예' 라는 반응을 보여준다면 '아니오' 라는 대답이 덜 나올 것이라고 바란다.

(8) 청중은 나에 관해 무엇을 알고 싶어하는가? 만약 청중이 당신에 관해 거의 모르고 있다면 당신은 당신의 과거 업적에 대해 이야기해도 된다. 그러나 아주 정중하게 하라. 그들이 당신에 관해 거의 알지 못하든 잘 알든 간에 떠벌리고 자랑하는 그런 함정에는 빠지지 마라. 청중은 당신이 능수 능란하게 주제를 다룸으로써 당신의 가치를 알게끔 하라.

위 질문들에 대해 적절한 대답을 할 수 있다면, 당신이 지역 사회에서 연설을 할 때는 특별히 어려움을 겪지 않을 것이다. 중요한 것은 당신이 하는 연설과 청중을 조화시키는 일이다.

당신이 사는 지역사회 밖에서 연설할 때, 당신은 초대한 사람이나 위원들로부터 그 기본 대답을 얻게 될 것이다. 근본적인 답은 당신이 친구나, 동료, 책에서 얻을 수 있는 그런 정보로 보충이 된다. 전문 강사는 마을을 미리 조사하기 위해서 종종 마을을 방문하는데 그들은 마을 사람들의 견해를 듣고 그들의 반응을 시험하기 위해 도살업자나, 은행주, 농부, 방직공 같은 마을 사람들과 직접 이야기를 나눈다. 당신도 가능하다면 이런 방법을 따라해 보라. 그것은 당신이 그들에 관해서 어떤 일과 그들의 특별한 문제점들을 이미 알고 있다는 것을 청중에게 보여주는데 도움이 되기 때문이다.

게다가 마지막 순간까지 청중에 대한 당신의 호응이 변하는 것을 경계하라. 당신이 하는 말 중에 오후에 일어난 중요한 사건이 청중의 기분을 변화시킬지도 모른다. 날씨가 그들의 기분을 망칠 수도 있다. 아니면 당신이 연설 서두에서 청중들의 반응을 불러일으킬 것이라고 생각해서 말하려고 준비한 말을 앞 선 연설가가 말해 버릴지도 모른다.

끝으로 당신이 특히 청중에게 적응하려고 노력해 온 것에 관해 이야기하면서 청중의 반응을 주시하라. 만약 호의적인 반응을 얻지 못한다면 다른 방침을 써 보라.

실제 연습

■당신이 생각할 수 있는 한 계속 이야기를 해 나갈 몇 가지 주제를 고르고, 여러분이 그 주체를 청중의 관심사에 맞게끔 어떻게 조화시킬 것이며, 아래의 나열된 청중의 신념을 어떻게 확고히 다질 것인가를 결정하라.

    (1) 로터리 클럽
    (2) 엘크스회(자선 · 사교 · 애국단체)
    (3) 납세자 동호회
    (4) 콜럼버스 기사회
    (5) 비밀공제 조합원
    (6) 기독교 연구회

(7) 미국의 유태민족주의자 조직

(8) 4H

(9) 하이와이

(10) 지역 클럽

(11) 전기 노동자 조합

(12) 사회 협동단체

(13) 유색 인종 진흥 국제 단체

(14) 청년공화당

(15) 청년민주당

13. 연설 준비를 어떻게 해야할까

　　　　　언어 상담자인 도로시 사르노프는 연설 계획을 세우고 자료를 다듬는 방법을 다음과 같이 우리에게 말해 준다. 연설의 첫머리는 주의를 끌어 모으고, 연설의 본론은 메시지와 언어적 기교들—메시지에 생기를 불어 넣어주는—을 전달하고, 연설의 클라이막스와 끝은 청중에게 기억해야 할 사항들을 전해준다.

당신은 우선 자료를 모아야 한다. 그런 다음에 그 자료를 조직해야 한다. 주제에 대해 당신이 이미 알고 있는 정보를 적어 놓고, 말하고자 하는 요지를 설명할 개인적인 경험과 관찰을 덧붙인다. 그리고 당신에게 없는 정보를 얻으려면, 그 정보를 가진 사람들과 상담하라.

　때로는 당신의 주제에 대한 전문가나 도서관에 전화하면, 당신이 찾고자 하는 사실들을 내어 줄 것이다. 개인적인 면담을 필요로 할 때도 있을 것이다. 만약 논쟁의 여지가 있는 사항에 대해 명백한 증거를 필요로 한다면, 그것을 글로 적어 놓아라. 신문이나 잡지, 책을 통해서 여러분의 정보를 늘려 나가라. 어떤 경우에도 뒤엎을 수 없는 뚜렷한 증거가 뒷받침되지 않는 주장은 사실에 포함시키지 마라.

　당신의 연설은 서론, 본론, 결론으로 나뉘어 진다. 먼저 연설의 첫머리에 나오는 말들을 살펴보자.

　도입 부분은 당신의 상상력에 따라 수없이 다양할 수 있다. 당신이 원하는 대로 직접적인 현장 혹은 주최자, 날씨, 기차 편을 언급하면서 이야기를 시작하라. 당신은 "여러분 중의 얼마나 많은 사람이 1966년의 뉴욕의 정전으로 발목이 잡혔는가"와 같은 질문을 던질 수도 있다. 그리고 극적인 이야기를 할 수도 있다. 그날의 뉴스에서 나온 사건이나, 역사, 당신의 직접적 경험을 인용할 수도 있다.

인용구와 일화는 연설을 시작하는 데 훌륭하게 쓰일 수 있다. 아리스토텔레스는 "인용구는 청중들이 평범하기 때문에 연설에 큰 도움을 준다. 사람들은 자기들이 단편적이고 부분적인 형식으로 알고 있는 의견들에 대해서 연사가 광범위하고 일반적인 표현을 생각해낼 때 기뻐한다"라고 말했다. 하지만 인용구는 적절한 때에만 사용해야 한다. 목덜미를 잡혀 끌려가는 길 잃은 개와 마찬가지로 주제와는 정반대로 치닫는 이야기나 농담보다 더 애처로운 것은 없다.

연단에서 말하는 일화와 재담은 활자화된 것과는 다른 형태로 표현된다. 말의 속도와 강조할 대목을 올바르게 조절하고 있는지를 알 때까지, 일화와 농담을 사용하여 연설의 예행 연습을 하라. 그렇지 않으면 농담과 일화는 청중을 즐겁게 하지 못하고 연설의 요점을 뒷받침하지 못할 것이다.

인용문을 일단 찾으려고 시작하면, 여러 곳에서 그러한 인용구들을 찾을 수 있을 것이다. 많은 책은 연사와 사회자, 축배를 제안하는 사람들에게 어울리는 일화와 인용구, 재담을 제공하는 훌륭한 공급원이다. 신문과 잡지에서 인용할 가치 있는 문구를 볼 때는 그것을 카드에 정리해 두어라. 당신은 경구시(警句詩)—아래에서 보듯이 영국의 찰스 1세의 묘비명처럼 특별한 상황에서 짧고 위트 넘치는 회고록이 되는—를 인용하기를 좋아할지도 모른다.

> 우리의 주인인 국왕이 여기에 있네
> 아무도 그의 말에 의지하지 않네
> 어리석은 것을 말하지 않았으며, 또한
> 현명한 것도 말하지 않았네

혹은 당신은 보편적인 진리를 표현하고 있는 경구(警句)를 더 좋아할지도 모른다. "국민의 목소리는 신의 목소리이다"는 일종의 경구이다. 연설에서 가장 평범하고 기쁘면서 또한 위험한 시작은 유머로 시작하는 것이다. 훌륭한 유머처럼 청중의 마음을 녹여주는 것은 없다. 그러나 유머의 효과를 제대로 활용하는 방법을 모르는 경우에는 유머를 사용하는 모험을 하지 마라. 진정으로 타고난 재능이 있는 이야기꾼은 아주 드물다.

유머는 짧고 산뜻하며 간결해야 한다. 당신 친구들에게 말한 유머가 진부해서 실패했다면, 백 명 혹은 천 명의 청중이 듣는 경우에는 더 나아질 것이라는 착각을 하지 마라. 만일 적절한 것으로 여겨지는 어떤 농담을 알고 있다면, 그 농담을 사용할 가장 적절한 시간과 강조할 대목을 확실히 알 때까지 큰소리로 연습하라. 그런 다음에 그 농담을 친구에게 시험삼아 사용해 보아라. 만약 그들의 웃음이 형식적이라면, 그 유머를 쓰레기통에 넣어라.

연설의 본론

연설 첫머리에서는 청중과 친밀해지려고 하고 그 뒤 당신의 주장을 표현해야 한다. 연설을 끝낼 시점에는 당신의 주장을 분명하게 확정한다. 그러나 본론은 당신 연설의 핵심으로, 주제를 펼쳐 나가고 청자에게 확신을 주는 곳은 바로 이곳이다.

연설은 문장을 해부하는 것처럼 세심하게 조직화해야 한다. 중심 생각과 뒷받침 생각은 각각 정해진 위치에 있어야 하며, 정해진 시간에 따라 제대로 사용되어야 한다.

대화는 정보 제공력 또는 설득력 또는 즐거움을 지니고 있거나, 이것들을 모두 조금씩 지니고 있어야 한다. 정보 제공적인 대화는 듣는이의 지식을 증가시켜 주지만, 청중의 의견을 바꾸게 하거나 강화시키려는 의도를 지니고 있는 것은 아니다. 결과적으로, 정보 제공적인 대화는 청중에게 실질적인 문제들—"컴퓨터가 사업에 어떤 도움을 주는가?", "빈 우유통으로 어떻게 양초를 만들까?", "달에서 산다면 어떤 모습일 것인가?" 등의—에 대해 논리적이고 폭넓은 대답을 주는 것이다.

이와 반대로 설득적인 대화는 문제를 제시하고 그 해결책을 제시해 준다. 그리고 일련의 주의 깊은 논리적 단계들을 통해서 화자의 행동을 유도한다.

이야기는 소용돌이 속의 나뭇잎처럼 이리저리 돌아다니지 말아야 한다. 마침내 소용돌이는 나뭇잎을 삼켜 떨어뜨린다. 이야기를 계속 앞으로 전진시켜 나가라. 그리고 각 단계에서 앞에 한 이야기를 강화하고 논리적으로 다음 단계의 이야기로 이어지는지 확인하라.

연설을 시작하는 방식을 결정하기 전에, 먼저 본론을 준비하고 적어도 조직화하는 것은 당연하다. 왜냐하면, 당신이 말하는 논지가 무엇인지 알기 전에 연설의 첫머리를 시작해 보아야 아무 소용이 없기 때문이다.

그러나 몇몇 사람들은 이야기를 준비할 때 끝에서 시작하는 것을 좋아한다. 서머셋 모옴은 항상 이야기의 끝을 먼저 쓴다고 말했다. 그리고 일단 자기가 가야 할 곳을 알면, 그가 해야 하는 모든 일은 그곳에 도달하는 길을 찾는 것뿐이었다.

수필이 아닌 이야기 준비하기

링컨은 대화가 짐수레 뒷 칸에 함께 타고 가는 두 사람 사이의 한담처럼 개인적이고 친숙하게 되는 것을 좋아한다고 말하곤 했다. 비록 마음 속에 생각한 연설의 중요한 구절과 구성을 확정하기 위해 연설 내용을 글로 써야 하지만, 그 글은 얼굴을 마주하고 말하는 일 대 일 대화의 친숙한 구어체로 써라. 당신 말에서 당신의 의도를 이해하지 못한 청자가 단 한사람도 없도록 모든 문장을 명료하게 사용하라. 청자는 디즈레이얼리(1804~1881 : 영국의 정치가, 수상, 소설가)라는 이름을 들어본 적이 없을지 모르지만, "나는 단지 내가 이해한 것만을 믿는 것을 원칙으로 삼는다"라는 그의 말은 본능적으로 동의할 것이다. 에머슨은 "연설은 어떤 진리를 당신이 말을 거는 사람에게 완전하게 알기 쉬운 언어로 옮기는 힘이다"라고 말했다. 연설은 청중이 삼십 명이든 삼천 명이든 일방적으로 그들을 겨냥하여 또는 그들에게 말을 거는 것이 아니라 그들과 더불어 말하는 속성을 지녀야 한다. 연설 내용을 다시 쓸 때마다, 문장들을 시험하게 위해서 먼저 큰소리로 말하라. 그 문장들이 보고 읽을 때와 마찬가지로 귀로 들을 때도 잘 이해되는지 확인하라.

이해하기 힘든 전문적인 언어의 사용을 피하라. 요지를 흐리게 하는 이미지는 사용하지 말고, 그 요지를 예리하게 다듬어 주는 이미지들을 사용하라. 당신이 뜻하는 바를 정확하게 전달해주는 단어들을 사용하라. 그렇게 할 수 있으면 그 뒤, 낱말들을 다채롭게 사용하라. 어떤 경우에도 연설이 끝날 때 청자가 당신이 전달하고자 하는 내용이 무엇이었는지 정확하게 알지 못한 채 자리를 일어서지 않도록 주의하라.

구체화하라. "구체적인 예가 없는 말은 설득력이 약하다"라고 루이스 칼헴이 말했다. 당신이 추상적인 말을 사용했다면, 마음의 눈으로 볼 수 있는 구체화로 그것을 뒷받침하라. '640평방 피트'라고 말하는 것보다는 '사무실 건물 엘리베이터 크기의 10배'라고 말하는 것이 청중들이 더 빨리 이해할 것이다.

주제가 추상적이거나 복잡하다면 학술이나 통계학적 숫자를 피하고 구체적인 용어로 제시하기 위해 특별한 노력을 기울여라.

시인인 엘리자베쓰 배릿 브라우닝은 이렇게 썼다.

> 한 빨간 머리의 아이
> 열병으로 아프네, 당신이 한 번 만진다면
> 손가락 끝으로 만지는 것처럼 작은 어루만짐이라도
> 당신을 울릴 것이다. 그러나 백만 명의 아픈 사람들……
> 당신이 '세 사람의 규칙'으로 인해 우는 것은 당연하며,
> 혹은 번(繁) 분수일 것이다.

연설에 생기를 불어넣는 법

노련한 화자는 수사학의 기교를 통해 마술을 건다. 초보 연설가는 유명한 연설의 단어 구조와 어휘 선택에 세심한 주의를 기울이면 도움을 얻을 것이다.

나는 이러한 기교 중 한 가지—구체성—에 대해 방금 언급했다. 구체성은 다른 방식으로는 이해하기 어려운 개념들을 감정에 호소하여 감동받게 하며,

친숙하고 쉬운 용어로 바꾸는 것이다. 간결성은 그 자체만으로도 하나의 표현 장치이다.

그러나 간결한 진술이 언제나 그 자체만으로 감정적인 반응을 유발하는 것은 아니다. 그것이 맥락 속에 올바르게 자리잡았을 때만 강화 효과를 지니게 된다. "그들은 자주 물품을 구하러 마을로 차를 몰고 갔으며, 언제나 우체국—한때는 카톨릭 선교원이었던 골조 건물인—에 잠깐 들렀다". 그 우체국(엘 우이오우드가 쓴 「이제 무얼 할까 나는 생각한다」에 묘사되어 있는 우체국)이 골조 건물이었다는 것과 그것이 한 때 카톨릭 선교원이었다는 사실을 독자가 알았다면, 그 건물은 그에게 더 사실적인 것처럼 느껴졌을 것이다.

감각에 호소하기

감각적인 이미지는 매우 효과적이다. 카프카는 감각적 이미지의 효과를 다음과 같이 적고 있다. "그런 뒤 그들은 그 방을 떠났고, 문은 닫혀 있었다. 그리고 노래 부르던 사람들은 노래를 멈추었으며, 구름은 달을 덮고 있었다. 내 잠자리 주위는 따스했으며, 열려진 창으로 말 머리는 그림자처럼 흔들렸다." 감각 이미지들—청각 이미지, 시각 이미지, 따스함이라는 촉각 이미지—이 어떻게 계속 이어지고 있는지 주목해 보라.

다음은 우이오우드가 자기의 한 작품에서 청각 이미지를 어떻게 살려내는지를 보여주는 것이다. "그 냄새가 너무 지독해서 그가 얼굴을 난로에 가까이 대었을 때, 눈에서 눈물이 나기 시작했으며, 코와 폐는 화끈거렸고 머리가 어지러웠다." 그리고 그는 계속해서 다음과 같이 청각 이미지를 드러내었다. "침대 커버는 습기에 젖어 눅눅했으며 나프탈렌 냄새를 품어 내었다. 그는 그 냄새로 인해 잠에 빠졌으며, 또한 그 냄새 때문에 밤중에 잠에서 깨어나, 이제는 달빛이 가득 내리 비치는 초원을 내다보았다. 그 냄새는 주변의 풀밭과 나무들의 은빛 색채에서 나오는 것처럼 보였으며, 또한 나무와 풀의 이상한 정적 때문인 것 같았다."

다음에서 제시되는 오 헨리의 작품에 나오는 한 문장은 상상력으로 인해 여름 날 맨해턴 호텔에서 들리는 소리들이 어떤 효과를 내고 있는가를 잘 보여준다. "멀리 브로드웨이에서 들리는 즐겁고 왁자지껄한 소리는 그 행복한 손님들의 상상력 속에서 숲—평온한 소리로 가득 찬—을 가득 채우는 폭포 소리의 시끄러움으로 바뀐다.

또한 육체적인 활동의 감각을 유발시키는 이미지도 있다. 이 이미지는 근육 운동 감각이라고 불린다. 다음 예에서 알 수 있는 것처럼, 어니스트 헤밍웨이는 근육 운동감각 이미지의 대가였다. "나는 그 로마 사람의 등을 찰싹 때렸고 우리는 다시 엄지 손가락 잡아당기기를 했다. 나 또한 그의 엄지손가락을 잡아 당겼다. 나는 그 완더로보—마사이를 껴안았으며, 엄청난 힘과 가슴 벅찬 감정으로 손가락 잡아당기기를 한 후, 그는 그의 가슴을 내리치면서 완더로보—'마사이는 훌륭한 가이드야'라고 아주 자랑스럽게 말했다."

속어의 정교한 사용

속어는 대화를 더욱 생생하게 할 수 있지만 아주 조심스럽게 사용해야 한다. 왜냐하면, 속어는 청자를 난처하게 하거나 감정을 상하게 할 수도 있기 때문이다. attaboy(옳지, 잘한다 : That's the boy의 뜻임), do your thing(가장 좋아하는 일을 하다), that's his bag(그것은 그가 제일 좋아하는 것이다), blew his top(화가 머리까지

났다), "what a drag(얼마나 멋진 연인이냐)", "up tight(긴장해라)", "don't put me down(초라하게 만들지 마라)" 등의 표현은 어떤 상황에서는 적절할 수도 있다.

비유적 표현

지루하지만 않다면, 비유적 표현은 대화의 화려함을 크게 증가시키며, 다양성을 더해 준다. 우리는 모두 비유적 표현들을 사용하지만, 흔히 우리는 심지어 비유를 사용하고 있다는 사실조차도 인식하지 못한다. 예를 들면, "월 스트리트는 어려움에 빠져 있다"라고 말한다면, 이 말은 물리적인 거리를 결코 의미하는 것이 아니라, 일반적인 주식 시장을 의미하는 것이다.

비유적 표현들에는 다음과 같이 여러 가지 유형이 있다.

직유는 하나의 사물을 다른 한 사물에 비교하는 것이다
  (예 : "나의 애인은 빨간 장미꽃과 같다").
은유는 어떤 사물을 마치 다른 어떤 사물인 것처럼 묘사하여 비교하는 것이다
  (예 : "밤은 별이 빛나는 캔버스").
반어는 어떤 것을 다른 뜻으로 바꾸어 전달하는 것이다
  (예 : "자신의 헌신을 증명하기 위해, 그는 그녀를 호되게 때렸다").
과장법은 강조하기 위해 정상적인 정도를 넘어서는 방식으로 말하는 것이다
  (예 : "그는 산처럼 높이 서 있었다").

연설의 다른 기교

운('courtly'와 'portly'; 'earning'과 'learning' 등)은 귀를 즐겁게 자극시킬 수도 있지만 사용에 신중을 기해야 한다.

첫머리 어구의 반복(조응)은 연속적인 절 또는 문장 첫머리 단어의 반복이다. "사랑은 오래 참고, 친절하고, 사랑은 시기하지 않으며, 자랑하지 아니하고, 교만하지도 아니하며……"라는 고린도서의 구절은 이 기교의 전형적인 실례이다.

균형도 첫머리어 반복과 동일한 표현 효과를 낼 수 있다. "사랑은 모든 것을 참고, 모든 것을 믿고, 모든 것을 바라고, 모든 것을 견디느니라"라는 고린도서의 구절은 균형의 기교를 사용하여 표현 효과를 보여준 것이다.

모음운은 어떤 모음의 의도적인 반복으로 다른 자음과의 결합으로 이루어진다. 따라서 이 기교는 보통 운과 동일한 것으로 간주되지 않는다(예 : "old oak", "mad hat", "top notch").

자음운은 "tip top, knick—knack, ding—dong"에서처럼 마지막 자음의 소리를 되풀이하는 것이다.

두운은 첫 자음의 소리를 되풀이하는 것이다(예 : "lonely, lowlying lands", "tried and true", "ryme or reason", "sighted sub, sank same").

어휘 반복은 케네디 대통령의 취임 연설에서 나온 다음 단락이 보여주는 것처럼 아이디어 창고를 두드린다. "각 세대는 다음 세대의 길을 닦는다는 중국의 속담이 있습니다. 그 길은 우리를 위하여 지어졌으며, 나는 그것이 우리 세대에게 다음 세대를 위한 우리의 길을 만들 의무를 지우고 있다고 믿습니다."

카덴자(옮긴이 주 : 원래 카덴자(cadence)는 바이얼린 협주곡 등에서 곡의 핵심적인 악상을 강조하며 곡을 끝내는 악장의 종지법임)는 억양―즉, 구절의 멜로디―과 운율의 결합이다(예 : "자유가 아니면 죽음을 달라", "나는 상처입어 피흘리며 죽어가는 그 사람을 보았다").

위의 목록과 용어에는 많은 중복이 있지만, 중요한 것은 그것들을 어떻게 부르는지에 대한 고민보다 그들의 기능을 이해하는 것이다.

연설 끝맺기

연설이나 강연에서 가장 인기 있는 종결법은 힘찬 어조로 강한 결론을 내리며 끝맺는 것이다. 중요성이나 내용의 범위와 관련한 당신의 아이디어들을 점층적인 방식―점차적으로 더 중요한 또는 폭넓은 아이디어들을 제시하는 방식―으로 배열하라. 어떤 교향곡에서처럼 대화의 어조가 자연스럽게 증가되는 것처럼 보일 것이다. 이 악기 저 악기의 연주들이 차례대로 연주되고 나서 관현악단 전체 연주가 동시적으로 시작된다. 이와 마찬가지로 다음 예가 보여주는 것처럼, 훌륭한 주제에 대한 연설은 관현악단 전체가 치솟는 천둥 같은 소리를 내며 연주하는 대단원의 막이라 부를 만하다. "다른 사람은 망설이고, 또 다른 사람은 일부러 시간을 끌고, 어떤 다른 사람은 더 나은 협상을 요구할지도 모릅니다. 하지만 나는 이제 행동할 준비가 되어 있습니다. 그리고 나의 행동에 대해서, 내 양심과 내 나라 그리고 하나님께 대답할 준비가 되어 있습니다."

점강적 표현으로 끝맺기

점층적인 방식과 동일한 효과를 지닌 정반대의 종결 형식은 점강적인 끝맺기―즉, 점차적으로 약화시키는 방식으로 대화를 끝맺는 방식―이다. 나는 이 방식을 '아이리싱 아웃'(iris―ing out : 옮긴이 주 : 원래 iris는 눈동자의 홍채의 뜻으로 무대 전체를 비추던 불빛이 무대 위의 사람, 그 사람의 몸, 상체, 얼굴만을 순서대로 비추고 나서 마지막으로 눈동자의 홍채를 비추고 꺼지게 되는 것을 뜻함)이라 부른다. 아마 여러분은 교향곡의 마지막 악장에서 '아이리싱 아웃'을 들어본 적이 있을 것이다. 마지막 악장에 이르면, 관현악단은 전체적으로 연주음의 크기를 줄이고, 악기들은 한 섹션 별로, 심지어는 하나 하나의 악기들이 차례차례 소리를 낮추어 가다가, 드디어 마지막 악절에 이르러 한 첼로 주자가 한숨 소리처럼 질질 끌리어 나오는 낮은 음을 점점 약하게 하며 끝내는 것을 당신은 들어본 적이 있을 것이다. 나이트 클럽의 노래들은 깊은 감정을 담고 있으며 낮은 음도로 끝나는데, 가수를 비추고 있는 빛이 점점 더 작은 동그라미 모양으로 사그라들면서 가수의 얼굴만을 비추고, 그 다음에는 점점 더 작아져서 가수의 눈만을 비추면서 희미해져 가는 것과 더불어 노래 소리도 희미해져 가는 것처럼 느껴진다.

마지막으로 그 불빛은 하나의 점이 되고, 마지막 음표와 더불어 사라진다. 다음은 점강적인 효과를 내며 연설의 결론에 이르는 한 실례이다. "나는 그가 나라의 운명을 짊어진 것을 보았고, 나는 그가 신의 가호를 간청하는 것을 보았습니다. 나는 그가 상처입고 피 흘리며 죽어가는 것을 보았습니다. 당신을 위해서, …… 나를 위해서." 마지막 낱말들은 탐조 등—한 곳만을 집중적으로 비추는—과 같이 사라지며, 청중들의 감정을 차츰차츰 사그라들게 한다.

연설이나 강연의 종결—점층적인 방식이든 점강적인 방식이든—에는 기술적인 솜씨가 필요하다. 연설이나 강연에서 지나치거나 부적절한 결말은 청중을 불편하게 하고 연사를 우스꽝스러운' 인물로 만들어 버릴 뿐이다. 결론을 글로 적기 전에 그 문장들을 큰 소리로 말하여 보라. 실제 연설할 때는 조금 소리를 낮추어 말하라. 그리고 결론을 맺는 당신의 리듬과 억양이 적절하고, 당신의 감정이 청중들에게 설득력 있게 전해질 수 있다고 느낄 때까지 반복적으로 연습하라.

효과적인 연설을 위한 몇 가지 암시

의사 소통을 하면서 더 친밀한 느낌을 주기 위해서, '우리'나 '여러분'과 같은 단어를 사용하라. 통계 수치와 그림 이미지의 비율을 균형에 맞게 조절하고, 효과를 위해 말을 하는 도중에 잠시 멈추어라.

질문은 또한 연설을 강화할 수 있다. 질문에는 다음과 같이 세 종류가 있다. 우선 연사가 청중들에게 대답하도록 묻는 질문이 있으며, 둘째로는 화자가 청중에게 묻고는 자신이 대답하는 질문이 있으며, 마지막으로 완전히 수사학적인 질문—질문 자체가 대답을 함축하고 있는 경우—이 있다.

통계 수치와 시각 보조물—챠트, 칠판, 슬라이드와 같은—의 지나친 사용을 절제하라. 당신의 요점을 분명하게 하기 위해 이것들을 신중하게 사용하라. 그렇다고 이것들이 당신의 연설을 압도하게 하지는 마라. 청중의 관심이 화자인 당신에게 집중되어야 한다는 점을 명심하라. 시각 보조물은 단지 당신의 요지를 예시하고 명확히 할 뿐이다.

만약 당신의 연설에 칠판이나 받침틀이 필요하더라도, 어떤 자료든 사용할 시간이 되기 전에 미리 칠판에 써 놓거나 받침틀에 올려놓지 마라. 이것은 듣는 사람의 주의력을 분산시킨다.

칠판을 사용할 때에는 글씨를 휘갈겨 쓰지 말고 분명하게 써라. 그래서 청중이 단어를 읽는 데 어려움을 없도록 하라. 칠판으로 향할 때에도 청중에게 계속 이야기하면서 그들에게 시선을 두어라. 그렇지 않으면 당신은 청자와의 연결 고리를 놓치기 쉽다.

슬라이드를 사용하는 경우에는, 초점 맞추기에 실수가 없도록 먼저 전문가와 함께 연습하라. 그에게 슬라이드를 바꾸라는 당신의 신호를 확실히 이해시켜라. 눈부심을 피하도록 판 끝에 스크린을 배치하라.

투사기를 사용하는 경우에는 그것을 청중 중간에 놓지 마라. 청중에게는 짜증나는 일이다. 교실 뒷편에 두어라.

시각 보조물들이 당신의 메시지를 방해하도록 하지 마라. 한 하급장교 책임자가 해군 교관의 훈련 과정에서 게시판 나열법들을 가르치고 있었다. 거의 옷을 걸치지 않는 젊은 여자의 환상적인 그림이 있는 달력 한 장을 치켜들었다. 그 학급의 수련자들에게 그 달력을 주의깊게 살펴볼 얼마간의 시간을 준 뒤, 그는 치웠다. 그리고 나서 그는 '달력에 나타난 달(月)은 몇 월입니까?'라고 물었다.

대답할 수 있는 사람이 아무도 없는 그 순간에, 그 지도관은 다음과 같은 가르침을 끌어내었다. "당신이 전하고자 하는 메시지로부터 학생들의 관심을 분산시킬 정도로 학습 보조물들—가르칠 때 사용하는—을 매력적으로 만들지 마라".

존 에프 케네디(JFK)는 어떻게 연설을 했는가

「케네디」라는 저서에서 씨어도어 소렌슨은 대통령과 자신이 연설을 준비하며 사용했던 길잡이를 우리에게 남겼다. 이 길잡이들 중 연설에 대한 나의 주장과 관련이 있는 부분을 여기에서 다시 언급하는데, 중요한 부분은 고딕체로 표시되어 있다. 케네디 대통령이 따랐던 기본 원리에 주목하라. 이 기본적인 원리들—짧은 연설, 짧은 구, 짧은 단어, 논리적으로 이어지는 요점들과 명제들, 간결성과 명료성, 연설의 필요 사항에 알맞은 일화를 통한 강조—은 당신에게도 또한 효과가 있을 것이다.

케네디는 자신이 본 적이 없으며 편집하지 않았던 원문을 맹목적으로 결코 받아들이지도 않았으며 맥빠진 어조로 연설하지도 않았다. 우리는 항상 연설에 앞서 주제와 접근 방식과 결론을 미리 의논했다. 그는 언제나 자신의 연설에 인용문이나 역사적 암시를 포함시켰다. 때때로 그는 전체 개요를 다시 살펴보곤 했다. 그리고 그는 언제나 내가 주는 원고를 받자마자 고치고 삭제하고 구나 단락, 페이지를 덧붙이곤 하였다. 어떤 원고에서는 전체를 빼버리기도 하였다.

케네디 스타일의 연설 원고—케네디는 자기 연설들의 초안들을 준비할 시간이 있는 체 하지 않았기 때문에 나는 우리 스타일이라 부르길 주저하지 않는데—는 점차적으로 나아졌다. 준비된 원문은 원고 내용을 순서대로 제시하기 위해 주의 깊게 짰다. 그렇지만, 어떤 특정한 문체를 표현하기 위해 계획적으로 가식하지도 않았다. 연설 원고를 작성할 때, 우리는 다음과 같은 정교한 기교—뒤에 문학 분석가들에 의해 이러한 기교들이 우리 연설에서 비롯된 것으로 결론이 났지만—을 전혀 의식하지 못했다. 우리는 아무도 작문이나 언어학, 의미론에 관한 특별한 훈련도 받지 못했다. 우리의 주요한 기준은 언제나 청중의 이해와 안정감인데, 이것이 의미하는 것은 (1) 가능한 경우에는 어디에서든 짧은 연설, 짧은 구, 짧은 단어를 사용하고, (2) 적절한 곳이면 어디에서나 일련의 요점과 제안들을 논리적인 순서로 연결하거나 번호를 매겨 제시하며, (3) 문장과 구, 단락을 명료하고, 간결하며, 강조하는 방법으로 구성하는 것이다.

연설의 원고를 시험하는 주안점은 그것이 눈으로 보아서 얼마나 좋은가가 아니라 귀로 들어서 얼마나 좋게 들리는가이다. 그의 가장 훌륭한 단락은 큰 소리를 내어 읽었을 때 흔히 무운시(약강 5음보격)와 같은 리듬과 억양을 가지고 있었다. 실제 때때로 핵심 단어들은 운을 이루곤 했다. 그는 두운체의 문장들을 좋아했는데, 그것은 단지 수사학적 이유만이 아니라 또한 자신의 논거에 대한 청중의 기억을 강화시켜 줄 목적 때문이었다. 비록 영어에서는 '그리고(and)'나 '그러나(but)'로 시작하는 문장을 부정확한 것으로 간주되지만, 케네디는 '그리고'나 '그러나'가 원문을 짧고 간결하게 만들어 줄 때는 언제나 '그리고'나 '그러나'로 문장들을 시작했다. 그는 흔히 대시를 사용하여 구를 나누었는데, 이것은 문법적으로는 의심스러운 방식이었다. 그러나 이 방식은 콤마를 없애고, 괄호나 세미콜론으로 연결시킴으로써 말로 전달되는 실제 연설과, 심지어는 출판되는 연설문조차도 간결화시켰다.

케네디는 단어들을 정확성의 도구—숙련공의 세심함으로 상황의 모든 요구에 맞도록 선택하고 적용하는—로 간주하였다. 그는 정확한 것을 좋아했다. 그러나 어떤 모호함이 필요한 상황이라면 그는 장황한 산문시 속에 자신의 부정확성을 파묻어 두기보다는 일부러 다양한 해석이 가능한 단어를 선택하곤 했다.

그는 수다스러움과 거만한 언사를 싫어했다

케네디는 다른 사람의 말에서와 마찬가지로 자신의 말에서도 장황함과 거만함을 싫어했다. 그는 자신의 메시지와 언어가 평이하고 진실되기를 원했지만 결코 거만하게 되기를 원치 않았다. 그는 자기의 주된 정책에 대한 진술이 긍정적이고 구체적이며 명확하기를 원했다. 따라서 "제안한다", "아마", "가능한 대안을 고려하다"와 같은 단어들을 잘 사용하지 않았다. 이와 동시에, 그는 합리적인 사고 과정—어느 쪽이든 극단을 거부하는—을 강조하였는데, 이러한 그의 태도는 병렬 구조와 대조의 사용—나중에 케네디의 방식으로 분류된—을 만들어 내는 데 도움이 되었다. 그는 하나의 불필요한 구절—"이 문제의 엄격한 사실은 ……"—을 사용하는 약점을 가지고 있었지만, 거의 예외 없이 그의 문장들은 군더더기가 없고 산뜻했다.

케네디는 어떤 연설도 이삼십 분 이상 계속하지 않았다. 그 연설들은 너무나도 짧았으며 사실들로 가득 차서 지나치게 일반적 진술과 감정적 표현들을 받아들이기 어렵다. 그의 원문은 쓸데없는 단어도 없었으며, 전달하는 데 시간을 낭비하지도 않았다. 흔히 그는 일상적인 반복이나 정교한 표현 없이 어떤 하나의 고정적인 사실이나 논제에서 다른 사실이나 논제로 화제를 너무도 빨리 바꾸어 청중들은 그의 결론을 소화하거나 그의 결론에 박수를 보내기 힘들었다. 또한 박수 갈채가 나올 때도, 그는 박수 때문에 언제나 멈추지는 않았다.

그는 처음에는 몸짓을 사용하지 않고 말했다. 그렇지만, 자기의 요점을 강조하기 위해서 주먹을 가볍게 던지는 짧은 동작을 점차적으로 개발했다. 흔히 그의 억양은 단조로웠으며, 틀린 단어를 강조할 때도 흔히 있었다. 그러나 청중이 많고 열광적일 때—특히 실내에서 연설할 때 강당이 그리 크지 않을 때, 거의 전기적인 자극이 연사(케네디 자신)와 청중 사이에서 생동감을 건네주곤 했다.

그는 속어, 방언, 형식주의적 용어, 축약, 상투적 어구, 정교한 은유 혹은 화려하게 꾸민 비유적 표현은 거의 혹은 아예 사용하지 않았다. 그리고 그는 서민적이기를 거부했으며, 또한 자신이 진부하고 무미건조하다고 생각하는 어떤 구절이나 이미지의 사용을 거부했다. 또한 "겸손한", "활동적인", "영광스러운"과 같은 상투적인 것으로 생각되는 단어들을 거의 사용하지 않았다. 관습적인 틈새 채우기 표현들을 전혀 사용하지 않았다(예: '내가 당신에게 말하는데, 그것은 합당한 질문이고, 여기에 저의 대답이 있습니다'). 영어의 엄격한 규칙들에 집착한 표현들이 청중들의 귀에 거슬릴 것이라고 생각할 때는 주저없이 그 규칙들에서 벗어나는 표현들도 사용했다(예: Our agenda *are* long).

오만이 아니라 박식함을 보여주는 연설을 한다

케네디 연설의 지적 수준은 거만함이 아닌 박식함을 보여준 것이었다. 그는 비록 불어를 조금 알고 있었지만, 연설에서 외국어 사용을 가장 싫어했다. (그는 1957년에 북아프리카 모로코 왕과 다소 머뭇거리며 어설프게 전화 통화한 후 불어를 '거의 알지 못한다'고 언급했다.)

특히 1960년 이전에는 그의 연설을 통계나 인용문으로 가득 채우는 것을 꺼려하지 않았다. 흔히 많은 청중들은 속사포 같이 잇달아 쏘아대는 전달 방식에 익숙하지 않았다. 내가 바틀렛의 저서들과 이와 비슷한 저서들을 사용하기 쉽게 배열하는 법을 배우는 동안, 상원 의원인 케네디는 자기 스스로가 가장 좋은 인용의 주된 원천이었다. 일부 자료는 그가 대학 시절부터 가지고 다녔던 검은 색 공책에 있고, 또 몇 자료는 자신의 책상 위에 놓여진 가장 좋아하는 참고 서적—에이거의 「화합의 왕자」와 같은—에 있으며, 그 외 대부분의 자료는 자신의 머리 속에 있었다.

그는 자기가 필요한 표현이나 심지어 원하는 인용구의 작가 이름까지도 항상 정확히 아는 것은 아니었지만, 그는 자신의 참모나 의회 도서관이 자기가 필요로 하는 정보를 찾아주도록 할 만큼 그 정보에 대한 설명을 충분히 할 수 있었다. 예를 들면, 그는 분리주의자 브릭커가 발의한 헌법 개정에 반대하는 짤막하고 효과적인 성명을 준비하면서, "어떤 사람—그 사람이 포클랜드였던가?—이 '변화시키는 것이 반드시 필요하지 않을 때는, 변화시키지 않는 것이 필요하다'와 같이 보수주의에 대한 고전적인 정의를 내렸는데, 이에 대한 인용문과 이 말을 한 작가를 정확히 밝힙시다."하고 나에게 말했다,

그는 또한 경우에 따라, 특히 청중이 자기가 함께 즐거운 대화를 나누었던 대학생 인 경우에, 연설의 본론에 익살스러운 예증과 인용문을 사용하기를 좋아했다. 전 상원의원들과 정치가들 사이에 있었던 특별히 독설적인 논쟁에서 쓴 인용문은 언제나 그를 즐겁게 했는데, 아마도 이것은 말을 삼가면서 하는 자신의 방식과 명백히 대조되었기 때문이었을 것이다.

그렇지만, 준비된 연설의 본론에 사용한 유머는 그가 상원 의원석 밖에서 행한 거의 모든 연설 서두에서 사용한 유머와는 비교가 되지 않는다. 여기에서도 또한 그는 역사적이고 정치적인 일화를 더 좋아했지만, 이 서두에 사용한 자료의 질과 원천은 둘 다 아주 다양하였다. 그는 자기 연설의 서두에 쓰는 유머—시사적이고, 취향에 맞으며, 적절하면서 매서운 유머—가 청중과의 교감을 가져다주는 주요 수단이라고 믿었다. 그래서 자기 원고에 포함된 더욱 현실감 있는 단락으로 많은 자부심을 느꼈던 만큼, 그는 연설 서두에 사용할 재치 있는 합당한 말을 나와 함께 그렇게 부지런히 찾아 나섰다. 또한 그는 자연스럽게 거침없이 퍼부었던 어떤 가시돋친 말을 하고 나서는 그 다음날 그 만큼 많은 자부심을 느끼곤 했다.

케네디는 어떤 사회자—연회장에서 축배를 제안하는—나 다른 한 연사에게 들었던 성공적인 이야기를 미래 참고 자료로 활용하기 위해 적어두곤 하였다. 핀리 피터 던과 윌 로저스(Will Rogers, 옮긴이 주: 미국의 연예인이자 칼럼니스트로서 정치인과 뉴스 기사에 대한 예리하고 재치있는 많은 글을 신문에 썼으며, 카우보이 철학자라는 애칭을 얻었음)의 글모음, 최근의 신문 칼럼과 인용문, 여러 작가들의 작품들—재미있는 표현과 실례들로 역사와 정부에 대한 자기들의 생각을 자유로이 펼쳐놓은 작품들—은 주의깊게 채집했다. 그는 전형적인 유머 책은 결코 사용하지 않았다. 또한 부적절하고 장황한 일화인"그것은 나에게 이런 이야기가 생각납니다"와 같은 말은 결코 사용하지 않으려 했다. 그러나 현대 정치에 대해 특별한 청중에게 연설할 때는 옛날 속담을 많이 사용했다.

웃음을 자아내게 한 이야기는 결코 버리지 않았다

웃음을 자아내게 한 이야기—일단 사용되었든지 심지어는 사용하려고 생각했든지—는 결코 버리지 않고 정리해 두었다. 내 파일의 거대한 유머 모음철은 계속해서 늘어났다. 일반적으로 신문사에 배포한 원문에서는 일화를 전부 삭제함으로써 그 일화들이 공개되는 것을 막았다. 이렇게 해서 이 일화들은 다음에 다른 지역에서 연설할 때 다시 사용할 수 있었다. 저녁 식사 도중에 케네디가 휘갈겨 써내려 가는 것을 본 청중들—이전에도 때때로 그가 그렇게 했기 때문에—은 그가 자신의 연설문을 다시 쓰고 있다고 흔히 생각했다. 그는 그 청중에게 가장 적절한 (연설의) 머리말을 메모하고 있는 경우—많은 경우에 한 줄로 되어 있으며 그의 기억을 도와주는 '유머스러운' 문구들의 '목록'에서 뽑아내 적는—가 더욱 잦아졌다.

케네디는 자기가 믿는 종교의 정치적 채무에 관한 농담을 제외하고는, 공적인 자리에서(비록 사적인 자리에서는 그렇지 않았을지라도) 상스러운 발언뿐만 아니라 모든 인종에 관한 언급을 피했다. 예상치 않았던 일이 일어난 유일한 그의 농담은 일찍이 상원의원 시절에 했던 것이다. 그는 워싱턴의 어떤 모임에 참석하여 한 청중들에게 다음과 같이 말했다. "그 택시 운전사는 정말 기가 막히게 차를 몰아 나를 오늘 점심 시간 안에 데려다 주어서 나는 그에게 봉사료를 주며 민주당에 표를 찍으라고 말하려 하고 있었다. 그런데 그 때 상원의원 그린 씨의 충고가 떠올랐다. 그래서 그에게 봉사료를 한 푼도 주지 않고 공화당에 투표하라고 말했다." 연합통신은 그 이야기를 마치 실제 일어난 사건인 것처럼 대서 특필하였고, 택시 운전자들과 그들의 아내로부터 수많은 편지가 그에게 쇄도하였다. 이로 인하여 케네디(당시는 상원의원이었음)는 그 후로는 자기의 유머 선택에 대해 더 신중하게 생각하게 되었다.

케네디는 정치, 정치가, 자신의 정당, 동료와 자기 자신에 대한 농담을 불쑥불쑥 내던지기를 좋아했다. 그는 시사성이 있는 독창적인 유머—엉뚱하지만 온화한 유머도— 또한 즐겼다. 8년간의 상원의원 시절동안, 1958년의 워싱턴 그리디론 클럽의 저녁 만찬에서 그가 맡았던 민주당의 농담자로 역할을 한 것보다 더 깊이 그리고 더 오랫동안 그에게 걱정을 안겨준 연설 임무는 없었다. 그는 그 행사에서 10분 동안의 성공적인 연설을 위해 많은 자료원으로부터 수시간에 걸쳐 자료들에서 끌어 모았으며, 많은 '전문가들'에게 시험 삼아 연설을 해보았다. 그 이후로는 아마 1960년의 대통령 선거운동 순회 연설을 제외하고는, 정치적이며 더 섬세하고 자기를 낮추는 그런 종류의 유머를 사용하는 경향을 점점 더 많이 보여 주었다. 그런데 그 이유는 그것이 천성적으로 자신의 성품과 개인적 위트가 일치하기 때문이었다.

그의 가장 훌륭한 유머는 물론 무의식적으로 자연스럽게 나온 유머였는데, 연단에서 자신감이 점진적으로 증가함에 따라 그는 즉석에서 나오는 조롱섞인 표현들을 점차 더 많이 사용했다. 허심 탄회와 유머는 서로 결합되면 정치적으로 위험한 무기가 될 수 있다. 그래서 때때로 그는 이런 방향을 좋아하는 자기의 천성적인 본능들을 제한해야만 했다.

유머 파일 이외에도, 우리(케네디와 필자인 나)는 연설의 적절한 끝맺음의 모음집—대개 유명한 인물들의 말에서 나온 인용문이나 역사에서 삽화들—을 계속 보관했는데, 이것을 자기의 간결한 열변적인 대미와 결합시켜 그는 어떤 주제에 대한, 어떤 종류의 연설이든 극적인 효과를 내며 화려하게 마무리지을 수 있었다. 1957년에서 1959년까지 대통령 후보 지명을 위한 선거운동을 하며 여러 지역을 분주하게 돌아다닐 때, 그는 자기의 애송시 한 구절—로버트 프로스트의 시—을 남기며 다음 지역을 향해 떠나곤 했다.

> 아이오와 도시는 사랑스럽고 진하고 깊네
> 그러나 내가 지켜야 할 약속이 있으며
> 그리고 잠들기 전에 가야 할 수 마일.

케네디는 곧 연설의 이러한 모든 맺음말을 암기하게 되었다. 그래서 유머스러운 머리말과 마찬가지로 연설의 모범적인 맺음말은 거의 언제나 (언론에) 배포된 그의 연설 원문에는 빠져 있었다. 그 이유는 다른 지역에서의 연설에서 이러한 머리말(과 맺음말)을 계속 용이하게 사용하기 위해서였다. 한편 그 자신이 읽을 연설 원문—아주 큰 타자체로 쓰여진—에는 단지 적절한 종결문을 암시해주는 낱말 하나나 구—예를 들면, '양초', '마셀 장군', '뜨는 해 또는 지는 해' 등의—만이 들어 있었다.

분명히 케네디는 이런 몇 개의 실마리를 풀어주는 낱말들의 도움이 없어도 자기 연설의 대미를 화려하게 장식할 적절한 표현들을 선택하고 기억해낼 수 있었다. 그러나 그는 일종의 보험처럼 연설 원문과 원문의 각 부분을 미리 면밀히 살펴보았다. 만에 하나라도 이미 연단에 서 있는데 순간적인 정신적 압박이나 여행의 피로감이 자기 두뇌를 멍하게 하는 경우에, 그는 읽어 나갈 수 있는 완벽한 원문—적어도 순간의 망각에서 벗어나기 위해 슬쩍 볼 수 있는—을 자신의 손에 지니기를 바랐다. 흔히 그는 원문에서 벗어나거나 이전에 나와 서로 합의한 구절들을 삭제하고 때로는 원문 전체를 없애버리곤 했다. 그러나 특히 초기에, 자기의 즉흥적인 연설이 더 세심하게 준비된 원문보다 덜 구조화되어 있고, 덜 정확하며 덜 문법적일 가능성이 있다고 생각할 때, 그는 원고가 가져다 주는 안도감을 원했다.

연설 원고 작성자에 대한 경고

많은 대통령들은 여러 명의 연설 원고 작성자들을 고용해왔다. 흔히 그 대필자들은 각각 나름대로의 임무—어떤 사람은 전문적 유머, 다른 사람은 시적 감각, 또 다른 사람은 경제, 마지막 네 번째 사람은 범죄에 대한 임무, 이 밖에도 많은 임무들—를 맡았다.

연설을 준비할 때 외부의 도움을 받는다면, 무엇을 말하고 싶은가에 대하여 당신 자신의 결정을 확실히 내려라. 그리고 나서 당신의 작가와 세심하게 작업을 하라. 준비는 공동의 작업으로 진행하라. 그렇지만 결국 연설은 당신의 생각과 개성을 반영한다는 것을 확실히 알아라.

새뮤얼 골드윈을 대신해 일련의 기사들을 써온 한 유명한 대필자가 갑자기 몸이 아팠다. 그래서 기사들 중 하나를 다른 대필자가 썼다. 이 기사를 읽으며 골드윈은 근심스런 표정을 지었으며, "이것은 내 일상적 기준에 맞지 않은데"라고 말했다.

일부 사람들이 연설문 쓰기 교실에 처음 오면, 다른 사람들이 써온 연설문을 읽는다. 어떤 남자의 골프 신발이 자기 부인의 발에 어울릴 그런 방식으로, 남이 쓴 연설문이 자기들의 연설문과 일치한다고 여긴다. 연사는 자기를 이해하고 자기와 친밀한 관계를 유지하며 작업할 수 있는 연설문 원고 대필자를 선택해야 한다.

연설 원고의 수정

연설 초고가 완성되었을 때는 이제 교정을 해야 한다. 교정은 반복하고 또 반복하라. 다음 항목에 견주어 연설 원고의 초고를 점검하라.

(1) 나는 연설의 필요 조건들을 모두 존중해 왔는가?
(2) 나는 주제를 충분히 탐구했으며, 모든 자료를 조사했는가?
(3) 나는 청중들의 특성—경제적 수준, 지식, 문화, 나이, 성별, 경험 등—을 고려했는가?
(4) 나는 연설의 분량이 배정된 시간에 맞을 것인지 확인하고 다시 점검했는가?
(5) 나는 배정된 시간에 맞도록 주제의 범위를 요약했는가?
(6) 나는 연설이 분명한 목적을 지니고 끝에 요점을 포함하도록 연설문을 구성했는가?
(7) 나는 본론에 매우 강한 아이디어를 담고 충분히 전개했는가?
(8) 나는 적절한 순서로 아이디어들을 배열했는가?
(9) 나는 질문들을 제기했으며, '당신'이란 표현을 충분히 사용했는가?

(10) 나는 적절한 서론을 썼는가?

(11) 나는 강한 결론을 내리고 있는가?

(12) 나는 충분한 다양성, 구체성, 연속성을 가지고 썼는가?

(13) 나의 언어는 시야, 소리, 냄새, 맛 그리고 감촉에 호소하고 있는가?

(14) 나는 너무 많은 통계를 사용하지 않았는가?

(15) 나는 이미 지방어, 관용어, 뉴스 등에 익숙한가?

(16) 나는 글말이 아닌, 입말로 연설을 준비했는가?

해리 에머슨 포스딕은 일 분 동안 말하기 위해서는 30분의 글쓰기가 필요하다고 언급한 적이 있다. 훌륭한 즉석 연설 원고 하나를 쓰는 데는 3주가 걸린다고 마크 트웨인은 말했다. 당신의 훌륭한 연설을 위한 준비에 필요한 모든 시간을 투자했는지 확인하라.

1)명심해야 할 사항

철저한 준비는 불안감을 감소시킨다.

연설에 필요한 사항—청중의 종류, 시간 제한, 적절한 옷차림 등—을 점검하라.

어떤 것이 말하고 들을 가치가 있는지 확인하라.

지적으로 자료를 모아라.

직접적인 감화를 줄 수 있는 머리말을 준비하라.

전하고 싶은 내용은 연설의 본론에서 말하라.

결론을 기억에 남을 만하게 만들어라.

14. 요점의 목록으로 시작하라

연설문을 준비하는데 어려움을 겪고 있는가? 여기 핵심적인 사항들을 뽑아내서 듣는 이의 관심을 사고 그들의 마음 속에 그것이 콕 박히도록 해 줄 수 있는 확실한 방법이 있다. 당신은 당신이 말하고 싶은 것을 청중들이 듣고 이해할 수 있도록 정확히 말하는 것을 배울 것이다.

대부분의 연설은 다음과 같은 계획으로 시작한다. "거론하고 싶은 사항이 많습니다"라고 연사는 말한다. 당신이 말하고 싶은 사항들을 알고 있다면, 이제 그 사항을 보다 더 효과적으로 제시하기 위해 사용할 수 있는 장치들을 고려해 보라.

요점을 활용하는 다섯 가지 방법

(1) 다루고 싶은 사항의 목록을 만들어라.
(2) 가능한 한 사항을 적게 사용하라.
(3) 각 사항을 청중이 흥미를 가질 수 있도록 분석하라.
(4) 연설할 사항들을 연설하는 동안 내내 청중들이 흥미를 끌 수 있는 순서로 배열하라.
(5) 청중이 기억하기 쉽게 당신의 사항에 번호를 매겨라.

1)다루고 싶은 사항의 목록을 작성하라

　백지에 당신이 다루고 싶은 사항들의 목록을 작성하라. 마음속에 떠오르는 모든 아이디어를 포함시켜라. 나중에 어느 한 아이디어가 적절하지 않다고 판단되면, 그것을 제외시키면 된다. 목록이 모두 작성되었으면, 가장 중요하다고 생각되는 사항을 서너 개 조사하라.

2)가능한 한 사항은 적게 작성하라

　대통령의 연두교서는 사항이 많기 때문에 연설이 끝날 때까지 청중들이 흥미 끌기를 어렵게 하는 좋은 예이다. 그 연설은 많은 사항을 다루어야 한다. 아마도 충성스런 시민의 한 사람으로서 당신은 그 모든 사항에 관심을 가져야만 할 것이다. 그러나 관심을 가져야만 한다는 생각 때문에 모든 사항에 실제로 관심을 갖는 청중은 없다. 청중은 그것이 자신과 어떤 관계가 있는지 살펴보아야 한다. 단 한 가지 사항만을 다뤄야 한다면, 모든 연설들이 더할 나위 없이 훌륭한 것이 될 것이다. 그 전형이 카토의 "카르타고는 멸망되어야 한다."라는 말이다. 그러나 당신 목록에 항목이 10개 있다면 줄이는 방법이 두 가지 있다 : (a) 몇 가지 항목은 무시하라; (b) 부수적인 사항은 주요 항목에 묶어라.

　　몇 가지 항목은 무시하라

　당신이 처음 작성한 목록의 항목이 서, 너 개라면 당신은 운이 좋은 것이다. 청중이 주의를 기울이는데는 일정한 시간의 한계가 있다. 항목이 네 개 이상이 되면 청중은 흥미를 잃게 되고, 그렇게 되면 당신은 청중에게 전혀 호소력을 발휘할 수 없게 된다. 맨 처음 작성한 목록에 모든 아이디어를 포함시키라고 충고했다. 그러나 다음과 같이 하게 되면 내용에 큰 손상을 입히지 않고 항목을 줄일 수 있다.

　　다음과 같은 사항들은 제외시켜라

* 당신에게 중요성이 적은 것;
* 큰 가치가 있다고 여겨지지 않는 것;
* 너무 많은 설명을 요하는 것;
* 당신의 목표에 부수적일 뿐 밀접하지 않다고 여겨지는 것;
* "이것은 당신에게 흥미 있는 것이 아닐지 모르지만, 남미에는 중요합니다"와 같은 사과를 해야하는 것;
* 당신이 논쟁을 할 필요가 없다고 생각하고 있는 데, 논쟁을 야기할 가능성이 있는 것.

이러한 사항들을 제외시키게 되면 당신은 중요한 사항을 준비할 충분한 시간을 갖게 된다.

부수적인 사항은 주요 사항에 결합시켜라

당신은 항목의 목록을 작성한 후 앞에서 서 너 개 주요 항목들을 확인했다. 이제 당신이 확인하지 않은 사항들 중에서 몇 개가 부수적인 항목으로서 주요항목 밑에 둘 수 있는지 조사해 보아라. "그렇지만 목록에 있는 모든 사항들이 똑같이 중요한데 모두 15개나 된다"라고 이의를 제기할 지도 모른다. 이 말이 옳다고 하자. 그러나 청중을 생각해 보라. 당신은 청중이 당신의 말을 듣고 기억해 주기를 바란다. 그런데 청중은 15개의 사항으로 된 논문에 끝까지 귀를 기울여 듣기 어렵다. 그가 15개의 사항 모두를 기억할 수는 없다.

한 연설 전문가가 판매 관리자와 함께 판매회의에서 다루려고 계획하고 있던 사항들을 줄이는 작업을 하고 있었다. 판매 관리자는 사항들의 항목을 4개로 줄일 수 없다고 주장했다. 그는 사용할 항목이 14개나 된다는 것이었다. 연설 전문가는 "주요 사항 4개로 다루십시오. 그리고 나서 의문 난 사항이 있으면 회의를 개최하여 당신의 연설을 들어보게 하십시오. 그리고 그들이 다른 사항들이 중요하다고 느끼면 그것들에 대해서 질문을 하게 하십시오"라고 제안했다. 판매관리자는 충고대로 첫 회의를 열었고 판매사원들은 그가 다루지 않은 세 가지 사항에 대해 질문을 했다. 연사는 중요한 사항이 10개가 된다고 느낄 수 있다. 청중은 그 중에 세 개만이 중요하다고 느낄 수 있는 것이다. 사항들을 줄이면 청중은 더 집중하게 되고 더 오래 기억하는 데 도움을 줄 것이다.

서너 개의 사항이 기억하기 용이하다

이것이 연설 사항을 3~4개로 줄이라고 요구하는 주된 이유이다. 왜 사항을 적게 하는 것이 이로운지를 학생들에게 보여주기 위해 한 대중 연설 교사는 다음 세 가지 이점에 대한 연설을 하고 있다 :

첫째, 시간을 절약하게 된다.
둘째, 노동을 절약하게 된다.
셋째, 돈을 절약하게 된다.

그는 세 가지 사항을 언급하고 몇 분 동안 더 이야기를 한 후에 "내가 몇 개의 사항을 다루었죠?"라고 묻는다.

학생들은 "세 가지입니다."라고 답한다.

선생님은 "첫 번째 것은 무엇이었습니까?"라고 물으면, 학생들은 "시간 절약입니다"라고 대답한다. 선생님이 "두 번째 것은 무엇이었습니까? 라고 이어서 물으면, 학생들은 "노동 절약입니다."라고 대답한다. 계속해서 선생님이 "세 번째 것은 무엇이었습니까?"라고 물으면, 학생들은 "돈 절약입니다."라고 답한다.

이 보기는 청자는 적은 수의 사항을 오래 기억할 수 있다는 것을 증명해준다. 사항의 수가 많으면 청중에게 너무 많은 것을 요구할 수 있다. 당신의 주된 관심은 청중이 무엇을 기억할 수 있느냐에 있어야지 당신이 무엇을 다루고 있느냐에 있어서는 안 된다.

연사들은 사항이 적은 것이 더 좋다는 것을 알고 있지만 그들이 아는 바를 그대로 써보는 연사는 극히 드물다. 대체로 모든 연설이 너무 길다는 것을 유념하라. 카토의 문장은 "카르타고를 멸하라"로 줄일 수 있다.

3)각 사항을 분석하라

목록에 작성되어 있는 각 사항에 대한 정당한 근거를 제시하라.

다음과 같은 질문을 던져보아라 :

(1) 이 사람들에게 호소하는 바가 무엇인가?
(2) 얼마나 많은 설명을 필요로 하는가?
(3) 내가 할애한 시간만큼 가치가 있는가?
(4) 더 덧붙일 것이 없는가?
(5) 그 사항에 대해 어떻게 말해야 깊은 인상을 줄 수 있겠는가?
(6) 그 항목을 제외시키면 어떤 손해를 보게 되는가?
(7) 청중들이 이 사항들 중 몇 개를 기억하겠는가?
(8) 청중들이 동의할 것인가 반대할 것인가?

청중이 그 항목에 흥미가 있을 것이다라는 것 외에는 어떤 관점도 언급하지 마라. 당신이 생각한 사항에 대하여 까다로워라. 항목이 글을 쓰는 데 도움이 되지 않거나 좋다고 생각되지 않으면 제외시켜라. 당신이 취약하다고 생각하는 사항을 다루게 되면 좋은 결과를 얻기 어렵다. 모든 항목은 "왜 청중이 이것에 대해 흥미를 가질까?"라는 질문에 대한 답에 비추어 판단해 보라.

4)흥미를 끌 수 있도록 사항들을 배열하라

당신은 사항의 목록을 작성한 순간부터 의식적이든 무의식적이든 그 사항들을 제시할 순서를 고려하게 된다. 당신은 "중요한 안건을 맨 먼저 제시해야 하는가 아니면 그것을 클라이맥스로 아껴두어야 하는가?"와 같은 생각을 하게 될 것이다. 내 충고는 "줄거리 쌓기를 고려하라"는 것이다. 이 줄거리 쌓기에 대한 개념을 이해하는 연사는 극히 드물다. 다음의 계획을 따라가 보면 그것을 이해할 수 있을 것이다.

아이디어를 제시하는 방법:
* 좋은 아이디어를 먼저;
* 더 좋은 아이디어를 그 다음에;
* 가장 좋은 아이디어를 맨 나중에.

한 연설 교사는 줄거리 쌓기 위한 이 공식을 설명하는 데 나와 비슷한 방법을 사용했다.

사항을 제시하는 방법 :
* 강도 높은 (중요한) 사항을 먼저;
* 강도가 더 높은 사항을 두 번째로;
* 가장 강도가 높은 사항을 맨 나중에.

그는 "청중은 당신이 제시하는 높은 강도의 사항에 감동을 받을 것이고, 강도가 더 높은 사항에는 더 큰 감동을, 가장 강도가 높은 사항에는 더욱 큰 감동을 받을 것입니다."라고 주장했다.

이러한 공식을 사용하여 당신은 연설할 때 줄거리 쌓기를 해 갈 수 있습니다. 하위 사항에도 그와 똑같은 줄거리 쌓는 공식이 적용된다. "돈을 절약해 줍니다"라는 주요 사항 아래에 작은 절약은 맨 처음에, 그보다 더 큰 절약은 그 다음에, 가장 큰 절약에 대해서는 맨 나중에 배열하라. 당신이 그 항목들을 배열하는 일을 해 가면서 충격 효과를 주기 위해서 중요한 아이디어들 중 한 개를 연설의 시작 부분에 넣을 필요가 있다고 느낄 수도 있다. 그렇게 해 보라. 그러나 좋은 자료라고 모두 시작부분 근처에 사용하지는 마라. 일부는 청중이 당신의 목소리에 싫증이 나기 시작할 무렵을 위해 남겨 두어라. 줄거리 쌓기를 고려하라. 그러면 연설을 일련의 기타 등등과 같은 중요하지 않은 항목으로 끝맺지는 않을 것이다. 연설이 끝난 후에도 계속 애기하는 연사를 좋아하는 청중은 없는 것이다.

5)당신의 사항에 번호를 매겨라

당신이 작성한 사항에 번호를 매기는 것은 "네가 받은 축복의 수를 세어라."라는 옛 찬송가의 훈계와 같다. 번호는 청중이 연설을 이해하고 또 기억하는 데 도움을 준다. 그리하여 청중은 그 연설을 자기에게 복이 되게 만들 수 있는 것이다.

청중에게 당신이 제시하는 축복들을 세어 볼 것이라고 말하라. 예를 들면 다음과 같다 :

* 세 가지 이익들.
* 세 가지 이로운 점들.
* 세 가지 절약.
* 세 가지 그 어떤 것.

그 말에 이어 이렇게 덧붙여라 :

* 첫째, 이것은……
* 둘째, 이것은……
* 셋째, 이것은……

왜 번호가 도움이 되는가?

번호는 연사와 청중 양자에게 도움이 된다.

* 번호는 사항을 구별지어서 그것이 다른 사항들과 혼동되지 않게 한다.
* 번호는 사항이 더 중요한 것처럼 보이게 한다.
* 번호는 적은 수의 사항을 사용한다면 오래 기억하는 데 도움을 준다.
* 번호는 연사가 무엇에 대하여 말하고 있는지를 연사 자기가 알고 있다는 것을 청중에게 알려 준다.

이 가운데 마지막 것이 가장 중요하다. 왜냐하면 자기가 청중들에게 원하는 것이 무엇인지도 모를 것 같은 연사의 충고를 받아들일 청중은 없기 때문이다.

다음과 같은 실험을 해 보라

어떤 연설 연구회에서 교사는 한 학생에게 "이 계획은 세 가지 장점을 갖고 있습니다. 시간을 덜어 줍니다. 노동을 덜어 줍니다. 돈을 덜어 줍니다."라고 큰 소리로 말해 보게 했다. 그리고 나서 그에게 다시 "이 계획은 세 가지 장점이 있습니다. 첫째, 시간을 덜어줍니다. 둘째, 노동을 덜어 줍니다. 셋째, 돈을 절약해 줍니다."라고 소리내어 말해보라고 했다. 그리고 나서 후자를 이번에는 각 번호를 말한 후에 잠시 쉬었다가 말해보게 했다 : "첫째 (쉬고), 시간을 덜어 줍니다. 둘째 (쉬고), 노동을 덜어 줍니다. 셋째 (쉬고), 돈을 절약해 줍니다."라고.

번호 매기기의 주의점

당신이 청중에게 열 개의 사항에 대하여 말할 계획이라고 말하면, 청중은 "아침 내내 이 자리에 있겠구나"라고 생각할 것이다. 사항이 여러 개면 그것이 몇 개인지 언급하지 마라. 어떤 연설 교사는 번호사용을 하지 말라고 충고한다. 왜냐하면 당신이 말한 사항이 일곱 번째인지 여덟 번째인지 잊어버릴 수가 있기 때문이다.

번호를 말할 때는 "기본적으로, 부차적으로"와 같이 복잡한 용어대신에 "하나, 둘, 셋……" 또는 "첫째, 둘째, 셋째……"를 사용하라. 가능한 한 이해하기 쉬운 번호를 항상 쓰도록 하라.

6)다음과 같은 사항들을 어떻게 다루겠는가?

대부분 연설에서 당신은 당신의 사항을 조사해야 할 것이다. 그러나 앞 페이지에서 제시한 충고에 따라 연습해보는 의미에서, 당신 상사가 다음과 같은 사고 원인이 적힌 안전에 관한 기사를 읽었다고 가정해보자 :

(1) 부적절한 지식
(2) 잘못된 태도
(3) 습관
(4) 기술 부족
(5) 환경 재해
(6) 부주의
(7) 개인적 책임 완수 실패

상사가 당신에게 그 기사를 건네주면서 그것을 읽어보고 그 주제로 다음 월례모임에서 직원들에게 연설할 연설문을 준비하라고 요구한다. "이 사고 원인들이나 다른 원인들을 이용하도록 하시오. 물론 당신이 생각하는 원인들도 좋소."라고 제안한다고 하자.

당신은 그 기사를 읽고 그 정도 항목들이면 충분하다고 느끼게 된다. 당신은 그 중 몇 개 사항들에 대한 보기로써 쓸만한 일화나 사무실에서 일어난 사건들을 떠올려 본다. 앞쪽 페이지를 다 읽었으므로 당신은 이제 다음과 같은 질문으로 연설문을 준비하기 시작한다

(1)이 정도면 받아들일 만한 목록인가? 아니면 다른 항목들을 더 덧붙여야 하는가?
(2)직원들을 고려해볼 때 목록 가운데 몇 개 정도 뺄 수 있는가? 다른 사항들과 합칠 수 있는 것은 어느 것인가? 사항들을 네 개 항목으로 줄이면 무엇을 뺄 것인가?
(3)청중에게 흥미를 줄 수 있을 증거나 사례가 있는 사항들은 어떻게 다룰 수 있는가?
(4)어떻게 사항들을 배열해야 연설을 하는 동안 내내 청중들의 관심을 끌 수 있는가?
(5)번호를 어떻게 사용해야 청중이 사항들을 오래 기억하게 할 수 있는가?

안전에 대해서 연설을 준비하는 것이 당신이 전공한 주제에 대한 연설을 준비하는 것보다 더 어려울 수 있다. 당신이 계획하는 어떤 연설문에 대해서도 이와 똑같이 하라. 그러면 보다 전문적인 노력은 기울일 수가 있다.

위의 다섯 가지 문제를 던지면서 당신이 다루고자 하는 사항의 목록을 작성하라. 그러면 당신의 연설을 훨씬 더 좋게 만들 수 있을 것이다.

연습문제

먼저 사항의 목록을 작성하라.

(1) 당신이 소음공해를 줄일 필요성에 대한 연설을 하려고 한다. 당신이 해야
할 첫 번째 일은 무엇인가?

(2) 효과적인 연설을 하려면 어떤 장치를 사용할 수 있는가?

(3) 다음은 당신이 다루고 싶어할 수 있는 사항의 목록이다. 잘 읽고 물음에
답하라.

       a. 건강 저해
       b. 효율성 상실
       c. 달러비용
       d. 업무로 인해 손실된 시간
       e. 사회적 이동
       f. (보다 조용했던) 옛날에 대한 향수
       g. 법률 개선의 필요성
       h. 누가 연구비를 지불할 것인가?
       i. 소음제거 발명특허
       j. 개혁을 추구할 뛰어난 인재
       k. "조용한 도시"의 초상
       l. 소리나지 않는 착암용 드릴
       m. 고속도로의 시 외곽지역으로 이전
       n. 항의
       o. 지금까지의 연구
       p. 확장으로 인한 재해
       q. 소음 증가로 인한 질병으로 고통을 겪는 사람의 수
       r. 소음과 행정

A. 위 목록에 언급된 것 중 가장 중요한 사항은 무엇인가?

B. 가장 큰 관심을 불러일으키려 한다면 위의 사항들을 당신은 어떤 순서로
배열하겠는가?

C. 사항들의 목록을 주요 표제 아래에 묶는다면 어떻게 묶겠는가?

연사를 소개하는 방법

연사를 소개하는 말은 사교적인 자리에서 사람을 소개하는 것과 유사하다. 먼저 연사와 청중사이에 관심의 끈을 만들어 우호적인 분위기를 만들어준다. 연사가 연설하고자 하는 특별한 주제에 적합한 사람인지를 예시해 줄 정보를 청중에게 제공해 주어야 한다. 즉, 소개 말은 청중에게 연설 주제와 연사 둘 다를 선전해야 한다. 그리고 이것은 가능한 한 짧은 시간에 이루어져야 한다.

소갯말은 간단하지만 매우 조심스런 준비가 필요하다. 첫째, 당신이 여러 가지 사실들을 모아야 한다. 여기에는 세 가지 항목에 중점을 두어야 한다 : 즉 연사가 연설할 주제, 그 주제에 대해 연설할 연사의 자격 요건, 그리고 연사의 이름이다. 때때로 연사가 선택한 주제가 왜 청중에게 특별한 관심거리가 되는가가 네 번째 항목이 되기도 한다.

연설 제목을 정확하게 제시하고 청중들의 관심사와의 관련성을 밝혀 주어라. 이 정보는 연사에게서 직접 듣도록 하라. 만약 이것을 제 삼자, 예를 들어 프로그램 진행자에게 의존해야 한다면, 서면으로 받도록 하고 연설하기 직전에 연사로부터 확인을 받도록 하라.

당신이 준비하는 것 대부분은 연사가 연설을 할 자격을 갖추었는가에 대한 사실을 확인하는 것이다. 만약 연사가 전국적으로나 지방에 널리 알려진 사람이라면 인명사전이나 뛰어난 실적 기록에서 그에 관한 정보를 알 수 있다. 지방에서는 연사가 일하고 있는 분야의 홍보실이나 인사 부서에 문의할 수 있다. 또는 연사의 가까운 친구나 가족에게 전화로 당신이 알고자 하는 것들을 확인할 수 있다. 중요한 사실은 연사에 대한 전기적 사실을 정확하게 알아놓는 것이다. 연사와 가까운 사람들은 당신에게 여러 가지 자료를 기꺼이 제공해 줄 것이다.

무엇보다도 연사의 이름을 정확히 알고 바로 그 사람의 이름을 정확히 발음할 수 있도록 준비하도록 하라.

소개할 때는 거의 대부분 TIS공식이 연사에 대한 정보를 나열하는데 편리한 소개는 연사의 연설 제목을 정확하게 말하는 것으로 시작하라. 안내자가 될 것이다.

1. T는 주제(Topic)를 나타낸다.

2. I는 중요성(Importance)을 말한다. 이 단계에서는 연설 주제가 청중들이 특별히 관심을 가지고 있는 것과 밀접한 관련이 있음을 보여주어야 한다.

3. S는 연사(Speaker)를 말한다. 여기서 당신은 특히 연설 주제와 관련하여 연사가 훌륭한 자격이 있음을 나타내 주어야 한다. 마지막으로 당신은 연사의 이름을 분명하고 또렷하게 소개해야 한다.

"제게는 큰 기쁨입니다"나 "당신께 소개를 올리는 것이 커다란 특권입니다"와 같은 진부한 표현은 하지 않는 것이 좋다. 연사를 소개하는 가장 좋은 방법은 그의 이름을 알려 주거나, 또는 "소개하겠습니다"라고 말한 후 청중들에게 그의 이름을 말하는 것이다.

어떤 사회자들은 지나치게 오랫동안 말을 하거나 청중들을 불안하게 하는 단점이 있다. 또 어떤 사회자들은 연사나 청중들에게 깊은 인상을 주기 위해 웅변가적 환상에 빠지게 된다. 또 어떤 사람들은 때때로 품위에 맞지 않게 케케묵은 익살로 질질 끄는 경우가 있다. 효율적인 소개를 하고자 하는 사람이라면 이러한 실수를 저질러서는 안 된다.

연사를 소개하는 태도 또한 중요하다. 당신이 연사를 소개하게 되어 얼마나 기쁜지를 말하는 대신에 즐거운 마음으로 소개하라.

맨 마지막에 연사의 이름을 말할 때 가장 절정에 이르는 마음으로 소개하면, 청중은 더욱 큰 기대감을 갖게 되어 연사에게 열렬한 박수를 보내게 될 것이다.

마지막에 연사의 이름을 말할 때, "쉼", "분리하기", "박력"이라는 단어들을 기억하라. 이름을 말하기 바로 전에 잠깐 "쉬는" 것은 청중들이 더 큰 기대감을 갖게 할 것이다. 당신이 연사의 이름을 말할 때, "분리하기"는 성과 이름을 분명하게 구별하도록 상기시켜줄 것이다. "박력"은 이름을 힘있게 말해야 함을 의미한다.

당신이 연사의 이름을 발음할 때, 연사를 향해 돌아서지 마라. 대신 마지막 음절이 끝날 때까지 청중들을 향해 있어야 한다. 마지막 음절을 끝마친 후 연사를 향해 돌아서라. 소개를 훌륭히 해내다가 마지막 부분에서 망치고 마는 사회자가 수 없이 많다. 연사의 이름을 발음할 때 연사를 향해 몸을 돌려버리면 연사만이 자기 이름을 들을 수 있을 뿐 청중들은 그가 누구인지 제대로 알지 못하게 되고 마는 것이다.

— 데일 카네기

15. 당신의 생각을 어떻게 펼칠 것인가

　　　　어떤 사람에게 그들의 마음을 바꾸게 하는 것은 세상에서 가장 어려운 일 중의 하나이다. 그러나 반드시 대중 연설가들은 그러한 일을 하려고 종종 노력한다. 당신은 다음에 제시하는 지도력과 참을성을 기르는 간단한 원칙을 수행하는 법을 배워라. 그러면 당신은 당신에게 적대적인 청중들을 절대 멀리 하는 것이 아니라 설득할 수 있다는 것을 알 수 있을 것이다.

한 번에 설득시키기! 이것은 미숙하고 아무렇게나 하는 전형적인 아마츄어 연설가의 전략이다. 숙련된 전문가들은 이런 생각이 얼마나 위험한지를 알고 있다. 그들은 신중하게 그리고 정중하게 상황을 처리해 나간다. 그들은 그 다음 계획에 따라 그들의 작전을 수행하기 위해 체계적으로 일을 시작한다.

　　당신은 논쟁의 여지가 있는 주제에 대해서 이야기를 하거나 회의를 할 때는 당신의 접근 방법을 신중하게 선택해야 한다. 잘못된 접근방식을 택하면, 당신은 청자를 적대적인 반응으로 유도할 위험이 있다. 잘못된 접근 방식은 당신이 실제로 이야기를 시작하기도 전에 당신 연설을 망치게 할 것이다. 당신이 올바른 접근 방식을 택하면, 당신은 아마도 진정으로 설득력 있는 사람이 될 수도 있을 것이다. 이것은 대화 기술에서 가장 힘들고 가장 값진 기술이다.

　　진정으로 설득력이 있다는 문제를 신중하게 살펴보도록 하자. 당신이 만약 어떤 주제가 논쟁거리가 될 만하다는 것을 알고 있다면, 어떤 청중이든지 세 부류의 모임이 있을 수 있다는 것을 예상할 수 있다. 그들 중에는 이미 당신과 의견이 일치하는 사람, 아직 결정을 내리지 못한 사람, 그리고 의견이 일치하지 않는 사람이 있을 것이다. 의견이 일치하는 사람은 이미 설득이 된 것이다. 아직 결정을 내리지 못한 사람들은 매우 명확하고 수긍이 갈 만한 사실을 진술하면 당신 쪽으로 기울어 질 수 있다. 실제로 문제가 되는 것은 의견이 다른 사람들이다. 당신은 그들이 마음을 바꾸도록 유도하기를 원한다.

어떤 이로 하여금 자기의 마음을 바꾸도록 유도하는 것은 실로 매우 섬세한 작업이다. 우리는 우리가 가진 생각들에 자부심을 가진다. 어떤 생각들은 수년간에 걸친 연구와 경험의 결과로서 형성된 것이고, 또 다른 생각들은 깊게 자리잡은 정서적인 뿌리에서 형성된 것이다. 당신이 어머니 무릎 위에서 배운 교훈들은 바로 당신의 인격에 깊이 그리고 확실하게 심어져 있는 것이다. 우리들 대부분은 종교, 정치, 육아, 민주주의, 그리고 심지어 노조에 대해서까지 깊이 뿌리 박혀 있는 생각을 가지고 있다. 오랫동안에 형성된 자기만의 생각 때문에 수많은 주제에 관해 객관적으로 생각하기가 매우 어렵다. 이런 생각은 다른 사람들에게는 편견처럼 보인다. 하지만 만약 그것이 바로 나의 생각이라면, 그것은 매우 이성적이고 만족스러운 것으로 여긴다. 우리들 각자는 자아도취에 빠진 부모들이 자기 자식들에 대해서 느끼는 것과 같이 가슴 깊숙이 간직하고 있는 생각들처럼 객관성을 잃고 편파적으로 생각하기도 한다. 타인들은 어떤 아이를 개망나니라고 볼 수 있지만 그들의 부모들은 그 아이를 다른 안경을 끼고 바라보게 된다.

만약 당신이 한 개인이 깊이 간직한 생각에 대하여 정면으로 대결을 한다면, 그는 당신이 그들의 아이들을 비난할 때 그들이 반응하는 것과 같은 방법으로 당신에게 반응을 할 것이다. 그들은 당신에게 화를 낼 것이고 당신이 말하는 모든 것에 대해서 벽을 쌓게 될 것이다. 그들은 확실히 그들의 생각을 포기하는 것이 아니라 전보다 더 확고하게 그들의 가슴속에 품게 될 것이다.

이것이 당신이 한 개인의 생각을 한 번에 설득하려고 할 때 나타나는 보편적이고 분명하게 예상할 수 있는 감정적인 반응이다.

예화(例話) 활용하기 — 마크 안토니의 경우

셰익스피어는 위의 경우를 알고, 우리에게 논쟁적인 상황을 다룰 수 있는 효과적이면서도 고전적 방법의 예를 들고 있다. 당신은 안토니우스 장군의 유명한 추도연설을 기억할 것이다. 브루투스와 그 밖의 사람들은 방금 줄리어스 시저를 살해했다. 브루투스는 이것은 로마를 구하기 위해서 필요하다고 군중들에게 선전했다. 군중들은 그 행위에 대해서 열광하고 브루투스와 그의 동료 음모자들을 영웅으로 우러러보았다.

안토니우스의 목적은 군중들이 그들의 생각을 바꾸어서 브루투스에게 등을 돌리도록 하는 것이다. 만약 안토니우스가 그것을 성공할 수 있다면, 그는 그가 시저의 후계자가 될 것이라고 믿었다.

그는 '단번에 설득하기'를 하지 않았다. 그는 첫마디를 "나는 시저를 묻으러 온 것이지 그를 칭찬하려고 온 것은 아니오"라고 시작했다. 그는 "브루투스는 존경할 만한 사람이요"라고 브루투스를 존경하듯이 말했다. 그는 브루투스가 시저를 로마의 번영을 위해서 죽였다는 생각이 그럴듯함을 인정하였다. 그는 일련의 말들로 청중들을 부드럽게 끌어서 조금씩 움직였다. 각 단계마다 그들을 브루투스의 생각에서 멀게 만들면서 조금씩 자신의 생각 쪽으로 끌어왔다.

청중들이 그와 생각을 같이 한다는 것을 확신하였을 때, 그는 먼저 브루투스의 생각을 공격하고, 나중에는 브루투스에 대해서 열렬히 공격하였다. 군중들은 브루투스와 그의 동료를 암살자로 보게 되었고 그들은 암살자를 찾는 폭력적인 집단으로 돌변하였다. 만약 안토니우스가 '한 번에 설득하기 식'으로 브루투스가 군중들에게 설파했던 생각을 꺾으려고 하였더라면 그 화난 군중들은 오히려 안토니우스를 암살자로 쫓아다녔을 것이다.

이보다는 덜 극단적인 형태이지만, 만약 당신이 상반된 주장에 대해서 공격을 심하게 하면서 언쟁을 시작하면, 이런 일은 당신에게도 일어날 수 있는 일이다. 반대 입장을 가진 사람들은 당신이 이야기를 시작하기도 전에 당신을 소외시킬 것이다. 그들은 자기들이 간직해온 생각들에 대해 방어적으로 바뀔 것이며, 자기들의 생각을 바꾸려는 당신의 노력에 저항할 것이다. 그들은 단지 그들의 마음을 닫아서 마치 귀마개라도 한 것과 같이 효과적으로 당신의 생각을 봉쇄할 것이다.

그러므로 당신이 취할 첫 단계는 "한 번에 설득하려고 하지 마라"는 것이다. 먼저 다른 관점도 있을 수 있다는 것을 인정하면서 말을 시작하고, 당신과 다른 관점을 당신이 이해하고 있다고 말하라. 당신과 다른 관점 또한 악한이나 바보가 아닌 인간이 가질 수 있는 생각임을 인정하라.

불도저가 되지 말라

상대를 온전하게 설득할 수 있는 다음 지침은 "불도저가 되지 마라"는 것이다. 사실들, 숫자 그리고 토론자들이 결정적인 증거라고 언급하기 좋아하는 것들을 청중에게 인정하라고 들볶지 마라.

청중들은 그들이 먼저 그것을 수용하기를 원할 때에만 받아들인다는 사실을 기억해라. 사실 우리는 생각하고 싶은 것만을 생각한다. 정서적 반응으로 좋은 동반하는 생각들은 기꺼이 받아들여진다. 반면에 적대적인 태도에 쌓인 생각들은 아주 쉽게 쓸모 없는 것으로 취급되고 만다.

당신이 만약 토론에 참가한다면, 반대되는 생각들을 아주 모조리 산산조각 내버리는 방법을 배우게 될 것이다. 그 게임은 반대되는 상대편의 생각들을 모조리 박살내기 위한 것이다. 빈정댐의 정도는 반대 의견을 묵살시키기 위해서 칼날처럼 날카로워져 있다.

아주 재미있는 일이다. 사실, 당신 말에 이미 동의하는 청중들에게는 당신의 빈정댐은 아마 매우 흥미로운 것이다. 그들로부터 당신을 자랑스럽게 생각하는 찬사가 쏟아져 나온다.

하지만 그 찬사는 당신을 잘못 이끌고 있다. 왜냐하면 그런 토론가의 전략은 반대 의견을 가진 사람들을 설득하지 못하기 때문이다. 다른 사람들은 언쟁을 함으로써 공공연하게 반대 의사를 표명하기보다는 오히려 억지로 침묵을 지킴으로써 때때로 논쟁에서 이긴 것처럼 보일 수도 있다. 반대 의사는 단지 깊숙한 곳에서 분노로 바뀐다. 어떠한 생각도 이런 과정으로는 상대의 생각을 바꿀 수 없다.

"자기 의견에 반대 의견을 가지고 있다고 확신되는 사람은 여전히 변하지 않고 똑같은 생각을 가지고 있다."라는 말이 있다. 만약 당신이 당신 생각을 상대에게 억지로 설득하려고 한다면 당신은 결코 그 설득을 성공적으로 한 것이 아니다. ― 단지 시간낭비를 했을 뿐이다. 결코 불도저가 되지 마라.

에머슨은 이 이론을 이야기로 표현했다. 한 마을의 소년이 큰 송아지를 외양간에 집어넣으려고 애쓰고 있었다. 그는 있는 힘을 다해서 밀었고 계속해서 채찍질을 해 댔고, 격렬하게 욕을 하고, 억지로 외양간으로 송아지를 몰아 넣으려고 하였다.

한 여인이 그가 어려워하는 모습을 보게 되었다. 그녀는 송아지의 식습관을 상기시키면서, 그녀는 그 문제를 부드럽게 송아지의 관점에서 접근하였다. 그 여자의 생각을 송아지가 아주 좋아하는 것으로 점차 바꾸어 나갔다. 일단 그런 관계가 성공적으로 이루어졌기 때문에, 그녀는 송아지를 어디든지 데리고 갈 수 있었다.

연설가에게 도덕이란 바로 이런 것이다. 연설가의 생각을 청중들에게 호감을 느끼도록 전환하려 하고, 청중들로 하여금 자기 생각에 반대하기보다는 찬성하도록 만들어라. 청중의 생각에 대한 해박한 지식을 가지고 시작하면서, 당신 생각을 조금씩 바꾸어 나가는 쪽으로 나아가라.

당신 생각을 어떻게 정립할 것인가? 마치 손가락이 송아지에게 하는 역할과 같이 당신 생각을 청중에게 호소함으로써만 가능할 것이다. 그들은 당신 생각이 자기들에게 상당한 이익을 주는지 알아보기 위해 여러 도움을 받았음에 틀림이 없다

당신이 개방적이고, 그들의 관점을 이해하고 있으며, 그들의 복지에 진정으로 관심을 가지고, 당신이 그들에게 전해 줄 소중한 어떤 것을 가지고 있다는 사실을 설파할 때, 당신은 그들과 훌륭한 관계가 성립된다. 그 때만이 그

들은 기꺼이 새로운 생각을 향해 이끌려 올 것이다. 비로소 이 때 당신이 이야기하고자 하는 행위나 확신을 청중에게 촉구하기 시작해도 좋다.

정면 충돌을 피하라

능숙한 설득자는 절제하는 법을 배운다. 마크 안토니우스처럼, 능숙한 설득자는 인내심을 가지고 신중하게 그의 목표를 향한다. 그는 반대되는 생각과 정면충돌은 피한다. 지적이거나 정서적인 생각은 짓밟지 않으려고 한다.

간단한 대화로 이 접근법을 시도해 보자, 가령 당신이 새로운 고등학교 설립을 옹호하는 발언을 하려고 한다. 당신은 학부모들로부터는 찬성을 기대한다. 그러나 기본적으로 반대 의견은 학생이 없는 납세자들이 내어놓을 것으로 예상한다. 어떤 납세자는 아이가 없을 수도 있고, 어떤 납세자는 아이가 있을 수도 있다. 어떤 이는 자기 아이들을 사립학교나 교회가 운영하는 학교로 보낼 수 있다.

하나의 접근법은 '편을 갈라서' 새로운 학교 설립에 찬성하지 않는 사람을 반대파, 심지어는 적으로 간주한다. 괴롭게도 이런 일은 인간이 내놓는 의견(意見) 속에서 자주 일어나는 것이다. 이러한 과정에는 오해, 의심, 적개심 그리고 갈등 등이 내재되어 있다. 최악의 경우, 그것은 통일문제에 관한 남북 사이의 갈등처럼 깊은 골이 생기게 된다.

만약 당신이 "편 나누기"식을 따른다면 더 심한 싸움으로 곤두박질 칠 수 있다. 친구와 친구가 싸울 수도 있고, 종교 단체들은 서로 고발과 맞고발을 하게 될 것이다. 당신은 이미 확보한 당신의 유권자들은 가지고 있을 수 있지만, 새로운 유권자는 결코 확보할 수 없을 것이다.

이 방법은 확실히 막다른 길이다. 우리가 설득적인 접근 방법을 어떻게 적용할 수 있는지 살펴보자. 우선 우리는 우리와 다른 관점이 존재할 수 있다는 것을 인정하면서 말을 시작한다. 진정으로 그것을 이해하기 위해서 우리의 마음을 충분하게 열어야 한다. 이 출발점은 두 이견(異見)사이의 교차지역이다. 모든 유권자들은 의식적이든 무의식적이든 두 집단의 가치를 저울질하고 비교하게 될 것이다. 저울의 한쪽에는 개선된 교육 기회로부터 파생되는 사회에 대한 가치를 올려놓는다. 반대쪽에는 우리가 납부해야 하는 세금을 올려놓는다.

우리 모두는 저울의 어느 한 쪽에 대해서 동의를 한다. 세금이 증가하는 것은 모두에게 괴로운 일이다. 우리가 높은 세금에 대해서 걱정을 할 때에는 친형제처럼 가까워진다.

우리는 저울의 다른 쪽에 대해서도 상당히 의견의 일치를 보이고 있다. 우리 모두는 우리 지역의 젊은이들이 양질의 교육을 받기를 원한다. 개중 어떤 사람에게는 이것은 너무나 급박하고 중요한 문제이기 때문에 반대쪽의 과중한 세금에도 불구하고 이쪽에 무게를 더 주게 된다. 또 다른 사람들은 세금이 스스로 지탱하기 어려운 정도 무거운 것이 아니기 때문에 세금 부과 쪽으로 무게를 더하게 된다.

우리의 할 일은 개선된 교육의 무게를 더 많은 사람들의 마음 속에 있는 과중한 세금 문제의 부담을 능가할 만한 지점까지 쌓아 올리는 것이다. 이 목표를 달성하기 위하여 간단한 이야기를 마련해 보자.

이야기 속에서

친애하는 납세자 및 시민 당신 : 당신과 저는 중요한 결정을 앞 두고 있습니다. 이것은 우리 각자에게 중요합니다. 왜냐하면 이 결정이 앞으로 몇 년간 우리가 내야 할 세금에 영향을 미치기 때문입니다. 또한, 우리 각자에게 중요합니다. 왜냐하면 그것은 브랑크 빌(도시명)이 생활과 노동, 자녀 양육을 위해 계속해서 좋은 곳이 되는가를 결정하는데 중요한 영향을 끼치기 때문입니다.

우리 모두는 우리의 무거운 세금 부담에 대해서 지대한 관심을 같이 가지고 있습니다. 그것이 우리 지갑을 부담스럽게 한다는 것도 우리 모두 압니다.

우리는 또한 세금이 너무 높으면, 우리 사회에 새로운 주민이나 새로운 공장이 입주하는 것을 막게 된다는 것을 알고 있습니다. 이런 현상은 우리 사회에 피해를 줄 수 있습니다. 우리 모두는 우리 마을에 해가 되는 일은 무엇이든지 반대합니다.

한편으로, 우리는 우리의 사회를 더욱더 살기 좋은 곳으로 만드는데 도움이 될 프로젝트에 대한 열정도 공유하고 있습니다. 우리의 문제는 새로운 학교를 설립하는 것이 세금증가로 입게 되는 피해보다 더 우리 마을을 발전시킬 수 있는가를 결정하는 것입니다.

이 문제에 대해서 한 번 저울질을 해봅시다. 한쪽에는 세금율의 증가를 올려놓습니다. 이것은 무게 달기가 쉽죠. 그것은 1000 달러 당 2달러의 증가율을 보일 것입니다. 당신은 2달러가 당신의 세금 청구서에 추가 부담이 될 것이라는 것은 계산할 수 있을 것입니다.

다른 한편에는, 우리의 젊은이들에게 완전한 교육기회를 부여함으로써 사회에 줄 수 있는 대가를 올려놓습니다. 이것은 각자가 서로 다른 유리한 관점으로 그것을 보기 때문에 저울질하기가 더 어려울 것이다.

우리 중 몇몇은 그 새 학교 — 아니면 현재의 구식학교— 에 보낼 애들이 있습니다. 아마도 우리가 여기에 너무 밀접하게 연관되어서 객관성을 가지기는 힘들 것입니다. 우리는 꽉 찬 강의실, 불충분한 실험실, 빽빽한 체육관, 그리고 화재위험 등을 보아서 알고 있습니다. 만약 시민으로서 우리가 학교를 둘러보고, 우리의 교육환경을 보게 되면 더 이해가 빠를 것입니다.

한 시민 단체에서 객관적인 조사를 실시하였습니다. 그들의 보고서는 우리의 고등학교가 인접지역의 학군과 비교하여 열등하다는 것을 명백하게 보여줍니다. 그것은 주(洲)의 교육 평가기관에서 요구하는 최소한의 수준에도 미치지 못하고 있습니다.

이러한 상황은 앞으로 우리의 주택을 매매하려는 구매자들에게 달갑지 않은 소식일 것입니다. 그리고 이와 같은 열악한 교육 환경은 우리 마을을 새로운 많은 일자리와 지방 상인을 위한 새로운 사업을 창출할 수 있는 공장지대로 꼽고 있는 새로운 기업에게는 실질적인 장애물일 것입니다. 이것은 우리 주택보유자들에게 주택 재판매 이익에서 수천 달러의 차이를 보일 수 있습니다. 어떤 이들에게는 이것은 좋은 직장을 가지는가 가지지 못하는가의 차이를 의미합니다. 우리 마을로 보면 이것은 정체와 성장의 차이를 의미합니다.

우리는 이 지역을 주위에서 뛰어난 학군으로 되찾을 수 있는 많은 조건들을 보유하고 있습니다. 우리는 악조건에도 불구하고 꾸준히 노력하는 유능하고 헌신적인 교수진을 확보하고 있습니다. 우리는 그것을 초등학교와 중학교 학생들에게 효율적으로 제공해 왔습니다. 단지 고등학생만을 제외하고는 모든 학생들에게 최선을 다 해왔습니다.

우리의 공립학교 체제는 계몽된 이기심이라는 확실한 바탕에서 존재합니다.

모든 사람들은 모든 어린이들을 교육시키는데 돕고자 합니다. 당신들이 재학시절, 이 지역의 모든 시민들은 당신의 학비 조달을 위해서 조금씩 기부를 하였습니다. 당신과 당신 부모님들은 학비의 일부분만을 납부하였을 뿐입니다. 언젠가 당신들이 다른 자녀의 학비를 조달함으로써 언젠가 당신이 지게 된 빚을 갚아야 할 것임을 알았기 때문에 다른 시민들이 기부를 했던 것입니다.

우리 모두는 탁월한 교육기회를 갖고 있는 지역에서 사는 축복을 받고 있습니다. 브랭크빌의 아이들에게 우리가 할 수 있는 최선의 것을 물려줍시다. 자, 새 고등학교 건립을 위해 한 표를 부탁드립니다.

우리는 이 이야기를 의견이 다른 사람들에게 하려고 했다는 점을 유념하라. 우리는 그들의 관점이 합리적임을 인정하고, 가능한 많은 의견상 교차점을 찾았다. 마침내, 우리는 그들에게 이점을 제공하였고, 더 나은 쪽을 향해서 점진적으로 나아가도록 시도하였다.

일 대 일 설득하기

설득의 원리들은 청중들에게 이야기하거나 일 대 일 대화에서나 마찬가지로 적용된다. 단지 유일한 차이점은 일 대 일 대화가 설득력을 쉽게 얻을 수 있다는 것이다. 왜냐하면 당신이 당신 동료의 관점을 완전하게 경청하고 알 수 있기 때문이다. 당신은 동료의 관점을 완전히 이해할 수 있고, 그들이 호소하는 요점을 올바르게 인식할 수 있다. 당신의 관점과 타인의 관점을 최대한 일치시킬 수 있는 더 쉬운 기회를 당신이 가질 수 있다. 당신이 진정으로 개방적이라면, 그 때 당신이 가진 생각의 일면을 바꿀 수도 있다. 이러한 관점으로부터 당신은 그들에게 당신 생각의 가치를 주입시킬 수 있다. 당신이 때때로 말을 멈추고 그들이 말을 할 수 있는 기회를 그들에게 준다면, 당신은 그들이 가지고 있는 지적 감정적 반응을 확실히 판단할 수 있다. 당신이 상대의 감정을 다치게 했다는 사실을 알았다면, 주제를 바꾸어서 그들의 이해력이 더 향상했을 때 다시 신선하게 출발을 하는 편이 나을 것이다.

1)일화로 타인을 설득하기

훌륭한 모든 연설가들은 모두 청중의 가슴을 열게 하고, 기꺼이 그의 의견을 수용하도록 하기 위해서, 끄집어내어 사용할 수 있는 실증적 이야기 보따리를 가지고 있다. 당신이 강단에 오른다는 것은 당신을 청중이 다시 듣고 싶어하는 훌륭한 연설가로 될 수 있도록 하는 선상에 세워놓기 때문에, 당신은 이야기들, 특히 유머러스한 이야기의 이용법을 배울 의무가 있다.

여기에 재미있는 이야기를 하는 데 몇 가지 실제적인 사실들이 있다 :

우리는 유머라는 것을 명확하게 정의할 수 없다는 것을 안다. 맞는 사실이다. 그러나 우리가 자주 말하는 사랑이나 증오와 같은 많은 말들도 온전히 정의 내리지 못하기는 마찬가지이다. 우리가 말하는 유머의 형태는 개인마다 다르지만 유머가 우리 모두의 일부분이라는 사실은 확실하다.

물론, 누구나 멋진 이야기(일화)를 할 수 있다. 만약 당신이 알고 지내는 사람들만큼 이야기를 잘 할 수 없다할지라도, 당신은 이 이야기를 당신이 하는 연설의 핵심부분으로 만들 수 있을 만큼은 잘 할 수 있다. 만약 타인이 이야기를 잘 전달한다면, 그것은 아마도 그가 연습을 많이 했기 때문일 것이다. 당신 또한 연습을 많이 해야만 한다.

그 밖에 다른 모든 것으로 청중들의 동의를 얻어내는데 실패했다하더라도, 멋진 이야기만큼은 성공할 것이다. 종종 이것은 청중들이 편견을 버리고 연설가인 당신의 의견과 일치하도록 하는 유일한 기술처럼 보인다.

다음과 같은 지침을 사용하라:
* 당신이 알고 있으며 확신할 수 있는 이야기를 하라.
* 청중이 쉽게 이해할 것이라는 사실을 확신하지 못한다면 '깜짝 놀라게 하는 대목'에 의존하는 이야기는 피해라.
* 당신이 무슨 이야기를 하든지, 그것은 당신의 연설과 연관이 있어야 한다. 만약 그렇지 못하면, 뜨거운 감자처럼 떨어뜨려 버려라.
* 이야기를 짧게 하라.
* 모든 사람들이 전에 들었던 진부하고, 오래된 이야기는 경계하라. 그것만큼 치명적인 것은 없다.
* "그것이 나에게 이런 이야기를 상기시키는군요."라는 식으로 결코 이야기를 이끌어가지 마라.
* 왜곡된 이야기는 피해라. 당신이 위험한 입장에 놓일 수 있다.

반박하려는 본능을 억제하라

일 대 일 설득에서 가장 위험한 적은 반박하려는 본능이다. 어떤 토론에서는
아주 강한 유혹에 이끌려 겉으로는 남의 의견을 듣고 있는 척 하면서 실제로
는 대화에 끼어들자마자 던질 놀라운 반박을 준비하곤 한다. 당신 동료가 이
것을 깨닫고는 그가 들을 차례가 되었을 때, 무의식적으로 반박을 준비하는
상태에 빠지게 된다. 결국 토론은 잠재된 재치 싸움으로 전락하게 된다. 결국
요점은 증명이 되고, 의견 대립도 (적어도, 임시로 가슴속에 감추어지지만)
결말이 나게 되지만, 잠재된 재치싸움에서는 진정한 설득이 있을 수 없다. 반
박 본능은 설득을 저해하는 음흉한 방해꾼이다. 이것은 때때로 우정까지 금
가게 할 수 있다. 그 병은 너무 교활하여 그들이 이 병에 걸려있다는 것을
거의 인식하지 못한다. 이것은 너무나 나쁜 것이어서 사람을 너무 불행하게
만들고 당신의 가장 절친한 친구조차도 당신에게 말하지 않게 한다.

끈기를 가져라

종종, 설득은 첫 번째 또는 두 번째, 세 번째에도 잘 이루어지지 않는다. 때때
로 착상(아이디어)은 몇 번이고 심사숙고해야 하고, 비판적으로 검토해야 하
며, 환영을 받기도 전에 다음날까지 결정을 미루기도 해야 한다. 하룻밤을 자
며 생각해야 한다. 당신 생각을 상대에게 너무나 조급하게 주입시키려고 하
면 주어진 기회도 함께 망치게 될 수도 있다. "지금 당장 저에게 어떤 답을
바라신다면, 그것은 아니오입니다. 당신이 저에게 하루동안 생각할 시간을
주신다면 아마 찬성할지도 모르죠."라는 말을 수 차례 들었지 않은가

당신이 항복과 억지 찬성, 그리고 찬성의 징후를 구별할 만한 지각력이
있다면 당신은 대화를 진정 설득력 있는 결말로 이끌 수 있을 것이다.

　이러한 모든 기교들이 속임수나 교활함으로 들리지 않게 하려면, 당신은 청중들에게 설득 기교들이 남을 속이거나 교활하지 않다는 것을 확신시켜야 한다. 우리는 타인의 행복에 대한 진실한 관심과 지성적인 정직에 대해서 이야기하고 있다. 당신이 당신의 생각을 충분히, 그리고 진정으로 믿을 때만이 당신은 진정으로 남을 설득시킬 수가 있다. 게다가, 당신의 생각이 상대에게 이익이 된다는 것을 정직하게 믿지 않는 한, 당신 생각을 다른 사람이 호감을 가질 수 있는 생각으로 만들 수 없다. 문제에는 반드시 양면이 있다. 당신이 현명하지 못해서, 합리적인 사람은 당신과 다른 면을 더 좋아할 수 있다는 사실을 알지 못하면, 당신은 정말로 다른 사람을 설득할 수 없다. 당신이 또한 실제로 설득하는데 솔직하지 못하면 남을 설득을 할 수 없다.

　설득은 신중해야 한다. 하지만, 설득을 하기 위해서, 당신은 생각과 감정 두 가지 모두를 전달해야 한다는 것을 명심해야 한다. 적대적인 감정을 유발하면 당신의 생각은 꽉 닫힌 귀로 향하는 것이다. 만약 당신이 호의적인 감정을 유발하면, 당신은 진짜 설득력을 가질 수 있는 기회를 가지게 된다.

　자, 당신이 설득력을 배양하고자 한다면, 당신에게 자연스러워 질 때까지 다음과 같은 비결들을 연습하라.

- ■한 번에 설득하려고 하지 마라.
- ■막무가내로 밀어붙이지 마라.
- ■끌려가지 말고, 앞에서 이끌어라.
- ■일대일 접촉에서 반박 본능을 억제하라.

16. 당신의 요점을 증명하기 위해 시각 자료를 활용하라

당신이 아무리 달변가라고 할지라도, 논지를 더 빨리 그리고 더 효과적으로 전달하기 위해서 그림이나 도표를 사용하는 경우가 있다. 차트, 도표, 슬라이드 영사기, 칠판 그리고 다른 시각 매체들은 청중의 주의를 계속 끌어 모을 수 있고, 당신의 발표를 더욱 활기 있게 할 수 있다.

1869년 돈 마셀리노 드 사우투올라라는 이름의 스페인 귀족은 사냥을 가서 커다란 바위틈을 발견하였는데, 그 틈은 커다랗고 메아리가 울리는 동굴로 이어지고 있었다. 눈이 희미한 빛에 익숙해지자, 갑자기 그 귀족은 자기가 험상궂은 사람들과 동물들의 무시무시한 그림들에 의해 둘러싸여 있음을 깨달았다. 어둠 속을 유심히 살피면서, 그는 자기가 발견한 것들의 진정한 가치를 깨닫기 시작하였다. 그가 주시하고 있었던 그 그림들은 가득한 아득히 먼 옛날에 그려진 것들이었다. 바로 그 시기에 인간은 어두운 동굴 속의 혈거 생활로부터 나와서 대지의 오르락내리락하는 언덕을 눈을 깜빡거리며 바라보기 시작하였다. 그 그림들은 2만 년 전의 원시인들에 의해 그려졌다. 2만년 전 털옷을 입은 사람들이 그림들—다른 구경꾼들에게 자기들이 하고 싶은 말을 보여 주고자 했던 그림들—을 그리기 위해서 깜빡거리는 기름등불 앞에서 서 있었다. 그들은 그 그림들로 그들의 어떤 생각을 더 생생하게 표현하기 위해 사용하고 있었다.

아주 오랜 세월에 걸쳐 선사시대 혈거 주민에서 현대인의 말에 이르렀지만, 요점을 꿰뚫기 위한 최선의 방법이 그림이라는 법칙은 지금도 여전히 변하지 않은 채로 남아있다.

그리고 앞으로도 더 좋은 다른 방법은 결코 찾아보지 못할 것이다. 그림은 다른 어떤 의사소통수단보다 아이디어를 더욱 빨리, 명확하게, 그리고 생생하게 전달한다. 동굴 벽화와 연설에서 제시하는 시각적 자료는 둘 다 청중의 마음속에 그 뜻을 깊게 자리잡게 한다. 그리고 결국 그 아이디어는 정곡을 찌르며 정확히 전달된다.

이제 아이디어들을 '그림으로 제시하는 것'에 대해서 좀 더 자세히 살펴보자. 이런 기술을 시각 자료라 부른다. 시각 자료들은 관찰자에게 어떤 작용을 하는가? 그리고 어떤 생각을 다른 사람에게 설득력 있게 전달하고자 할 때, 시각 자료들은 어떤 목적을 달성하는가? 이런 두 가지 질문들은 쉽게 답변할 수 있다. 당신의 연설을 뒷받침하기 위해서 시각 매체를 사용하는 데, 그 사용에 어떤 심오한 비결이 있는 것이 아니며, 또한 시각 자료가 연설자 당신이나 당신의 생각에 미치는 영향에 어떤 신비로움이 존재하는 것은 아니다.

여기에 당신의 연설에 뒷받침하고자 할 때면 언제든지 백지 수표처럼 사용할 수 있는 유용한 자료들이 있다.

연설에서 시각 도구는 연설자가 어떤 생각이나 상황을 전달할 때 사용하는 그림 제시물이다. 연설자가 이 그림 제시물을 사용하는 이유는 시각 도구가 말이나 숫자보다 그 생각을 더 그럴듯하게 보이게 하기 때문이다. 예를 들면, "이제, 쇠고기를 들고서 가슴부위와 다른 부위를 도려내라"라고 이야기하는 것보다 식육점 주인이 쇠고기의 옆구리 살을 어떻게 도려내는가를 보여주는 그림이나 다이어그램이 더욱 실제 장면에 가깝게 보인다. 아니면, 어떤 특정 지역에 배치된 군부대의 증가를 보여주는 그림 그래프나 막대 그래프가 숫자의 나열보다 더 명확하고 생생하게 보여줄 것이다.

시각 매체를 사용하는 이유는 단지 청중들의 더 빠른 이해를 촉진시킬 수 있는 형태, 가능한 한 실물과 비슷한 형태, 그리고 청중에게 최소한의 해석만을 요구하는 형태로 아이디어를 빠르게 이해하기 위해서이다. 이를 공식화하

면 다음과 같다: 화자의 생각+시각 매체=아이디어의 빠른 이해.

시각 매체를 사용할 때는 골프나 조경, 요리, 지도 작성법에서처럼, 기본적인 법칙에 대한 지식이 필요하다. 문제는 골프의 경우 "어떤 채로 공을 칠 것인가?"이며, 조경의 경우는 "얼마나 깊이 심어야 하는가?"이며, 요리의 경우 "언제 양념을 첨가해야 하는가?"이며, 지도 작성법의 경우 "어떤 형태의 지도를 만들 것인가?"이다.

각 활동의 기본적인 법칙들이 이런 문제들에 대한 해답이 된다. 여기에서는 시각 매체를 사용할 때 연설가에게 도움이 될 만한 기본적인 지침들을 제시한다.

조명

연사는 절대 어두운 곳에 있어서는 안 된다. 슬라이드나 필름을 보여주고 있을 때조차도 그럴까? 물론 그렇다. 시각 매체를 사용한 발표는 연사가 전개하거나 증명하고자 하는 논지를 시각매체가 뒷받침해 준다. 연설가는 언제나 그 방에서 가장 중요한 대상이어야 하고, 시각 매체는 언제나 그를 지원하는 역할만 해야 한다. 만일 청중이 그를 볼 수 없다면, 연사가 어떤 중요한 역할을 수행한다는 것은 불가능하다.

어떤 유형의 시각 매체는 완전히 어두운 곳에서 제시할 때도 있다. 이 경우에도 조그만 불빛은 연사를 비추도록 준비해야 한다. 만약 그렇지 못하면, 연사로서의 당신의 권위는 약화될 것이고 이것은 심각한 실수를 불러일으킬 것이다.

자료 크기

다음과 같은 말은 모든 연설에서 영원히 사라져야 한다.

> 저는 여기 그 공장의 차트를 가지고 왔습니다. (말을 잠깐 멈춤) …… 아마 청중 여러분에게는 이것이 잘 보이지 않을 수도 있습니다. …… 하지만 이것이 그

문제를 이해하는 데 도움이 될 수도 있을 것이라고 생각합니다.

과연 어떻게 사람들이 볼 수 없는 차트가 그 문제를 이해하는 데 도움이 될 수 있단 말인가? 청중이 볼 수 없는 시각 매체는 시간 낭비에 불과하다.

그럼 당신은 어떻게 모든 청중에게 시각 매체가 보일 것이라고 말할 수 있을까? 아주 쉽다! 연설을 시작하기 전에 강연장의 뒤쪽으로 가서 보면 된다. 만약 당신이 매체 위의 모든 것들을 볼 수 있다면, 필요 조건—시각 매체가 모든 청중에게 보여야 한다는—이 만족되는 것이다.

연사의 위치

오른손잡이 연사는 주로 시각 매체의 왼편에 서서 청중의 주의를 그 자료로 끌어 모은다. 지시봉을 사용한다면, 왼쪽이든 오른쪽이든 어느 쪽에 서도 상관이 없다. 하지만, 청중들이 보려고 하는 도표나 그림 앞에는 서지 마라. 보조물을 설치하기 전에 이것을 생각해 보라. 또한 가장 잘 보이는 자리에 그리고 당신이 사용하기 가장 용이한 자리에 시각 자료를 설치하라. 당신이 말해야 하는 내용을 뒷받침하기 위한 매체 구성의 중요성을 항상 생각해 두어야 한다. 만약 당신의 모습이 서툴러 보이고, 그 매체가 귀찮은 물건이 된다면, 그 매체의 효용성은 매우 감소될 것이다.

많은 연설가들은 훌륭한 매체를 효과적으로 사용하는 데 실패한다. 언제나 청중들의 시선을 당신의 차트나 매체 쪽으로 끌어와야 하고, 지시봉으로 당신이 강조하고자 하는 바를 명확하게 가리켜야 한다. 단순히 매체가 있는 어중간한 방향으로 가리킴으로써 당신이 의도하는 바를 청중들이 정확하게 알 수 있을 것이라고는 기대해서는 안 된다.

말하는 방법

기억해라, 당신의 이야기를 듣는 것은 무생물체인 시각매체가 아니라 바로 청중이라는 것을. 하지만 연설의 십중팔구는 연사들이 그들의 시각매체에게 이야기함으로써 대부분의 시간을 허비하고 있다. 당신의 청중에게 이야기를 하라. 당신이 매체 쪽으로 향할 때는 도표를 강조하거나, 연설을 더 명확하게 해주는 특별한 내용으로 청중의 관심을 끌기 위할 때만 그렇게 해야 한다. 시각매체가 도움이 될 수 있다. 하지만 그것이 당신과 당신의 청중을 분리시켜서는 안 된다.

색상 사용

위대한 시인 셸리는 인생을 '다양한 색상의 유리로 이루어진 천장과 같은 것'이라고 말했다. 그는 우리들의 일상 생활 속에 있는 다채로운 색깔을 생생하게 기술하고 있으며, 또한 색깔이 우리 모두에게 미치는 영향을 생생하게 묘사하고 있다. 그림이나, 잡지 속의 광고, 휴가 중 친구가 찍어 준 사진, 새로운 차를 한 번 보라. 모두들 색깔을 사용함으로써 한층 눈길을 끌고 있다. 색깔은 매일매일 우리들이 어떠한 생각을 수용하거나 거부하도록 동기를 부여하는 데 중요한 역할을 한다. 중요한 사실은 색깔이 우리 인간에게 반응하도록 유도한다는 것이다. 만약 연사가 이 생기 있는 힘을 이용하지 못 한다면 그는 실패할 것이다.

매체 그리기

한 번이라도 일본어 인쇄물을 본 적이 있는가? 그것은 섬세하고 가는 선으로 이루어져 있고, 부드러움과 여린 느낌을 넌지시 제시한다. 이런 것들은 연사가 사실에 목말라 하는 비판적인 청중들에게 전해 주고자 하는 특징이 있는 것이 아니다. 연설가는 사고의 강렬함으로 청중들에게 인상을 주기를 원한다. 강력한 도표와 차트는 이런 느낌을 청중에게 전달하는 데 도움이 될 수 있다. 시각 매체의 그림과 선은 세밀하고 넓고, 분명하게 그려라. 그렇지만 선을 가늘게 그리거나 우아하게 그리지 마라. 그것은 예술가인 체하는 태도,

자발적으로 타협하려는 느낌, 그리고 억지로 어떤 입장에 매달려 있는 듯한 느낌과 혼동을 불러오기 쉽다. 단순하게 묘사된 시각 매체들은 청중들로 하여금 당신이 신중하게 그 보조물을 생각해냈다는 확신과 당신이 하는 말을 사실로 수용해도 별 무리가 없을 것이라는 확신을 주는 데 도움이 될 것이다.

물건 보여주기

당신이 연설을 할 때, 사물 그 자체를 보여 주는 것보다 어떤 특정 사물을 더 사실적으로 예시하는 것은 없다. 예를 들면, 당신은 새로운 담배 라이터의 장점 또는 한층 더 효율적으로 포장한 어떤 화장품 용기의 새로운 디자인을 보여준다고 하자. 실제 라이터와 포장용기만큼 당신의 이야기를 증명할 수 있는 것은 없다. 직접 보여 주어라!

하지만 똑바로 보여 주어라! 다음은 사물을 진술할 때 도움이 될 만한 몇 가지 규칙들이다.

■손에 들고 있는 물건에서 당신이 가리키는 모든 부분을 청중들이 확실하게 볼 수 있도록 하라. 만약 청중이 볼 수가 없다면, 그림을 그려서 그 부분을 확대시켜야 할 것이다.

■청중의 주의를 끌어 모으고자 하는 사물의 특정 부분을 가리켜라. 청중 앞에서 그 물건을 흔들기만 하지 말라. 당신의 연설을 뒷받침하기 위해 물리적인 사물을 사용하는 것은 청중을 이끄는 뛰어난 방법이다. 청중은 당신을 앞서 갈 수가 없다.

■손에 든 물건을 당신의 신체 바로 앞에 두지 마라. 만약 그렇게 하면, 그 물건은 당신의 옷의 일부로 섞여 버릴 수 있다. 당신은 그 물체가 청

중들에게 쉽게 보이게 하기 위해 튀어 보이기를 바란다. 몸에서 대략 5인치 정도 떨어진, 어깨 정도의 높이에 물건을 손으로 들고 있어라. 어색해 보이지 않도록 물건을 다루는 법을 배우고 연습하라. 그것은 어려운 것이 아니다.

■가장 중요한 것! 당신이 사용하고자 하는 도구의 사용법을 확실하게 익혀라. 연사가 어떤 물건을 예시하려고 하는데, 당신이 그 물건의 정확한 작동법을 알지 못한다는 사실을 청중들이 알았을 때만큼 당혹스러운 일은 없다.

■언제 그 사물을 설명할 것인가를 결정하라. 그리고 그 순간까지 그것을 들어 보이지 마라. 예시하지 않는 물건을 가지고 연사를 볼 때, 청중들은 혼란을 겪는다.

■만약 그 물체를 당신의 호주머니에 넣어둘 작정이라면, 적시(適時)에 그것을 꺼낼 수 있도록 조치하라. 새신랑이 반지를 찾지 못했다는 유명한 이야기들을 수십 명의 화자를 통해 들어왔을 것이다. 이런 상황에서 청중들은 전혀 자비를 보여주지 않으며, 연사 또한 연사로서의 어떠한 자격도 없는 셈이다.

그래프 활용법

모든 사람들은 듣는 것보다 직접 보는 것을 더 빨리 이해한다. 심리학자들은 눈은 귀보다 정보를 수집하고 저장하는 데 훨씬 더 효과적인 도구라고 지적한다.

그 이유는 지극히 단순하다. 잠시 동안 발화된 말이 어떻게 작용하는지를 생각해 보자. 낱말들을 순차적으로 하나하나 제시하여 전체 표현의 의미를 끌어내야 한다. 반면에, 시각 매체는 한 번에 모든 정보를 보여준다. 눈은 즉시 모든 것을 파악한다.

바로 이것이 기업이나 산업 기관에서 차트를 아주 중요하게 사용하는 하나의 이유이다. 숫자는 경영에서는 기본적인 도구이다. 흔히 숫자 메시지는 수입과 지출의 균형을 흔들고, 논의되고 있는 요지를 증명하고, 결국에는 회사의 정책을 결정하는 힘이 된다.

하지만, 무더기로 제시되는 숫자들은 오히려 역효과를 가져오거나, 청중들이 사고하는 데 도움이 되기보다는 오히려 저하시키는 경향이 있다. 이런 경우에 바로 그래프의 가치가 돋보인다.

그래프는 단 한 번만의 제시로 당신이 묘사하고 있는 생산 현황에 대한 확실한 성장이나 감소 추세를 보여줄 수 있다. 또는 그래프는 한 차례의 제시만으로 작년의 생산 실적을 보여주고 그 생산량과 판매 할당량을 쉽게 비교할 수 있다.

그래프에는 몇 가지 유형이 있다. 각 형태의 그래프는 독특한 장점들을 지니고 있으며 어떤 특정한 목적을 수행하는 데 아주 적합하다.

1)선 그래프 활용법

선 그래프는 특정한 기간에 걸친 상승과 하락, 성장과 감소를 나타내는 데 아주 유용하게 사용된다. 아마도 1970년대 이후의 미국의 인구 성장률을 보여주려고 한다고 하자. 선 그래프는 즉석에서 이것을 보여줄 수 있다.

선 그래프를 사용할 때는 다음 사항을 유념하라.

- 청중들에게 전달하려는 표제어는 항상 그래프 위에 적어 놓아야 한다.
- 그래프의 양축(수평축과 수직축)에 분류명을 반드시 기입하고 그 분류명이 청중들에게 잘 보이도록 하라.
- 분류명은 가로로 기입하라. 왜냐하면 (책의 페이지와는 달리) 청중들이 당신이 그린 그래프를 이리저리 마음대로 돌려 볼 수 없기 때문이다.

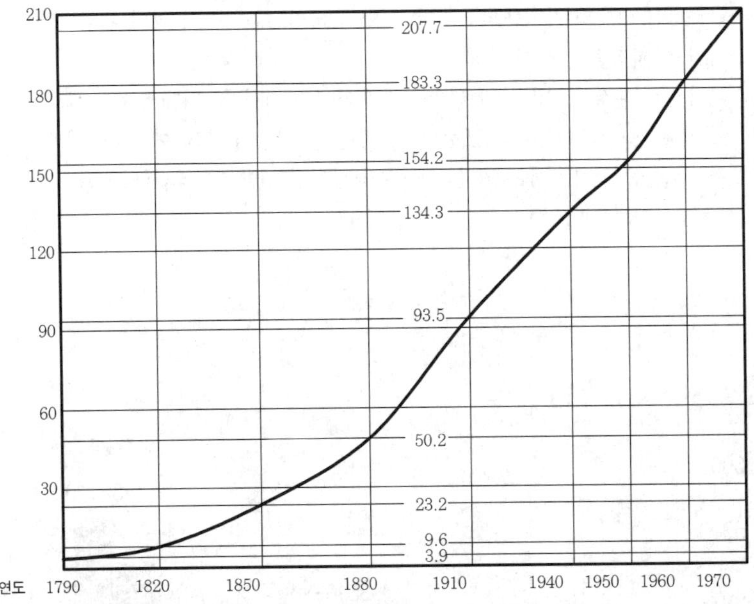

- 맨 뒷줄에 앉은 사람도 볼 수 있을 정도로 뚜렷하게 선을 그어라. 희미한 선은 아무 쓸모가 없다.
- 그래프에 중요 사항이 있다면 화살표를 표시해서 청중들의 주의를 집중시켜라.
- 색깔을 사용하라. 이는 관심을 끌어 모으고 지속시키는 최선의 방법중 하나이다.

2)막대 그래프 활용법

막대 그래프는 유사한 아이디어들, 사건들, 또는 경향들을 즉석에서 비교하고자 할 때 특히 적합하다. 예를 들어, 전 세계 상선의 규모를 1939년과 1959년을 비교하면서 보여주고자 한다면, 다음과 같은 막대그래프로 보여줄 것이다. 막대를 수직으로 세워 그리든 수평으로 눕혀 그리든 어느 쪽을 택해도, 시각화하려는 정보를 표현하는 데는 막대그래프가 가장 적합하다.

선 그래프 사용에 덧붙여 막대 그래프 사용 지침에 대하여 다음 사항을 유념하라.

■ 가능하면 비교되는 막대의 무늬를 차별화 하라. 그러면 각 막대의 의미가 재빨리 파악될 것이다.

■ 차이점을 부각시키기 위해 색깔을 사용하여 인접한 두 막대의 길고 짧음을 대비시켜라. 이는 시각표현의 기본 법칙—청중이 빨리 이해하면 할수록 당신이 해야만 하는 말을 믿을 가능성이 그만큼 더 크진다는—을 따른 것이다.

세계 상업용 선단

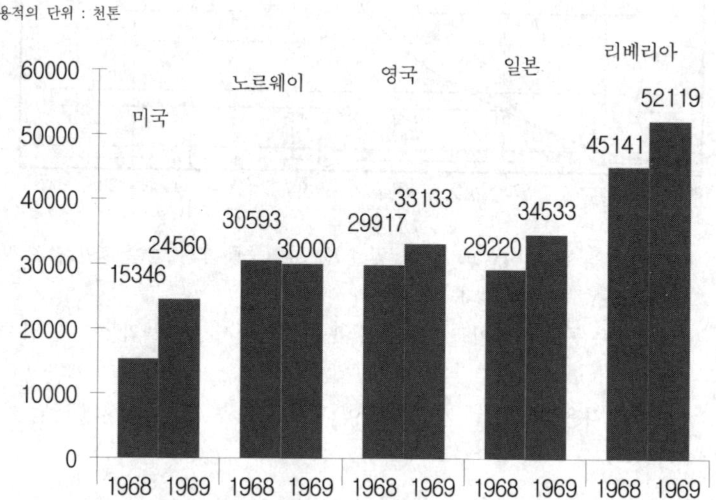

3)그림 그래프 활용법

한 줄기 신선한 공기처럼 그림 그래프는 시각 매체의 표현 방식으로 점점 더 많이 사용되고 있다. 이 표현 방법을 통해, 기존의 통계표로는 탁한 먼지처럼 답답하게 여겼을 내용을 청중들이 즉각적으로 받아들이고 이해할 수 있게 되었다. 느긋하고 행복해하는 청중들에게는 말을 걸기가 더 편하고 더 쉽게 설득시킬 수 있다.

그림 그래프는 16세기의 유명한 기사이자 학자이며 선생님이고 군인이었던 필립 시드니 경이 일찍이 말했던 다음의 목표를 달성하는 데 적당하다. 사람들을 가르치고 설득하는 가장 좋은 방법에 관해 그는 다음과 같이 간략하게 말했다. 그는 "아이들을 놀이에 관심 없게 하고, 늙은이들이 굴뚝 모퉁이에 못 가게 할 정도 재미있는 이야기를 가지고 너에게 다가왔다"라고 했다.

달리 말하면, 그는 "당신이 할 말을 상대가 이해하기 쉽고 배우기에 즐겁도록 말을 하라, 그러면 사람들은 당신 말을 기억할 것이다"라고 말했던 것이다. 그림 그래프는 특별히 이 목적에 잘 부합한다.

그림 그래프는 묘사하고 있는 사물에 대한 상징적인 표현물이다. 정부 예산이 각 부처로 어떻게 배정되는가를 보여주기 위해 동전을 쪼개놓은 그림을 본 적이 있을 것이다. 혹은 한 나라의 국방력을 나타나기 위해 군인들의 실루엣이 사용된 것을 보았을 것이다. 또는 산업 현황을 나타내기 위해 공장 그림이 그려진 것을 보았을 것이다. 그림 그래프는 가장 효과적인 시각적 표현이다. 왜냐하면 그림 그래프는 보는 사람들에게 전달하고자 하는 내용을 시각화하여 보여주기 때문이다.

그림 그래프는 묘사하고 있는 내용을 빠르게 시각적으로 비교해 준다. 숫자, 도표, 그래프의 변환이 필요 없다. 왜냐하면, 그림 그래프를 제시하는 바로 그 순간에, 청중들은 그 의미를 이해할 수 있기 때문이다. 그림 그래프의 장점을 습득하여, 당신의 연설을 위해 그 효과를 최대한 발휘케 하라.

다음은 말하고자 하는 요지를 전달해 줄 그림 그래프를 도안하는 데 도움이 될 몇 가지 지침이다.

■ 가능한 한 그림을 단순하게 그려라. 세세하게 그려진 그림은 아이디어를 간결하고 직접적으로 제시하는 데 방해가 된다.

■전달 내용을 명확하게 해주는 가장 대표적인 그림의 상징을 만들어 내라. 모든 표제어와 수치는 단지 부차적인 보조물에 불과하다. 필요할 때만 그림을 제시할 수 있다는 표준 지침을 세워 두어라.
■그림 그래프는 비교하는 데 가장 자주 사용된다. 색깔을 사용하여 대조를 극명하게 하라.

기회가 있을 때는 언제든지 그림 그래프의 이점을 모두 활용하라. 그림 그래프는 우리에게 자극을 주어 정보를 주고, 관심을 끌어 가르침을 주며, 즐거움을 주면서 우리의 아이디어를 뒷받침한다. 이는 흔히 모든 사람이 언급하는 연설과 아무도 기억하지 못하는 연설의 차이점이다. 다음 번에는 그림 그래프를 시험해 보라. 그러고 나서 그들의 의견을 들어보아라.

공군력
미국 대 중국
1970

플라넬판 사용법

당신이 전달하고자 하는 의도를 완성된 모습으로 예시하는 훌륭한 방법이 있다. 이 방법은 준비하기 쉬우며 사용하기도 편하다. 또한 청중들의 관심을 불러일으키고 자극을 주는 독특한 어떤 장치를 가지고 있다. 플라넬판은 지금까지 사용될 때마다 의사소통에서 그 가치가 입증되어 왔다. 플라넬판의 독특함은 당신의 말을 한층 더 풍부하게 해준다. 아마도 청중들은 플라넬판의 사용을 이전에 결코 본 적이 없을 것이며, 따라서 시각적 보충 기법으로서 그들을 틀림없이 흥분시킬 것이다.

다음은 플라넬판의 정의와 기능에 관한 것이다. 플라넬판은 다양한 재질로 되어 있으며, 크기는 2인치×4인치와 3인치×6인치가 많은데, 이것들보다 더 큰 것들도 있으며, 판의 표면에 검정 플라넬천이 팽팽하게 씌워져 있다. 이 검은 색 배경 위에 당신이 준비한 차트, 단면도, 다른 시각 자료 등을 붙인다.

당신이 좋아하는 바탕색 위에 그림 그래프, 다이아그램, 차트, 통계수치 등을 그리면서 삽화 종이 위에 여러 시각 자료를 펼쳐 넣는다. 시각 자료들의 준비가 끝나면, 뒷면에다 사포 조각들을 붙인다.(당신이 찾을 수 있는 가장 무거운 표준 치수의 사포를 사용하고 귀퉁이에 붙여라.)

연설을 할 때, 정보를 예시하기 위해서 당신이 해야 할 일은, 플라넬판 위로 이 시각 자료물들을 옮겨다가 꼭꼭 눌러 붙이는 것뿐이다. 사포의 까칠까칠함이 시각 자료물들을 플라넬판에 달라붙어 있게 할 것이다. 시각 자료들은 당신이 떼어낼 때까지는 그 판에 남아 있을 것이다.

플라넬판을 사용함으로써, 연설을 할 때 아이디어를 펼쳐 보이고 청중들 앞에서 그 내용을 전개하며, 내용을 분명하게 나타내 준다. 엄숙함을 거부하는 것처럼 보이는 이 장치는 청자들에게 반드시 흥미를 돋우어 줄 것이다.

더욱 완성된 형태로 자기들의 시각 보조물들을 제시하기를 좋아하는 그런 연사들을 위하여, 시각 자료 가게에는 플라넬판 용도로 특별히 도안된 채

색 종이와 하얀 종이—뒷면에 이미 부착 표면이 흩뿌려져 있는—가 있다. 당신이 구입하든지 만들든지 플라넬판을 사용해 보라. 실제로 성공적인 연설로 그 노력을 보상을 해줄 것이다.

차트와 칠판 사용법

차트와 칠판은 아이디어를 시각화하고 당신의 연설을 뒷받침하는 아마도 가장 편리하고 유연한 수단일 것이다. 수천 명의 교사들이 수업시간에 칠판에 의존한다. 차트는 모든 점에서 가장 잘 발달된 사업용 언어의 일부이다. 이두 가지 시각적 표현 기술—차트와 칠판 사용법—은 장점과 한계를 가지고 있다.

1)차트

두꺼운 삽화지에 그려진 것이든 보통 하얀 종이에 그려진 것이든 커다란 흰색의 차트는 당신의 생각을 청중 앞에서 명확하게 하는 데 많은 도움이 될 수 있다. 다이어그램이 복잡하다면, 아마 당신은 그것을 연설하기 전에 완전히 준비하고자 할 것이다. 그렇지만, 다이어그램이 단순하다면, 연설을 해가면서 그것을 펼치는 것이 좋을 것이다. 이 기술은 청중이 당신보다 먼저 핵심에 도달하는 것을 막아주면서 청중들을 당신의 보조에 맞추게 하는 뛰어난 방법이다.

준비한 다이어그램들을 정돈된 형태로 펼쳐 놓아라. 청중들은 왼쪽에서 오른쪽으로 그리고 위에서 아래로 읽어 가는 기존의 오래된 독서 습관을 가지고 있다. 이 습관을 깨뜨린다는 것은 지금으로서는 무모한 일이다. 당신의 준비물을 기존의 친숙한 방법으로 펼쳐 보여라. 그러면 청중과 관중들은 별 어려움 없이 빠르게 따라올 것이다. 차트의 한 가지 큰 약점이라면, 모든 사람들이 차트가 지금까지 흔히 엉망진창으로 사용되는 것을 수십 차례 본 적이 있다는 것이다. 그럼에도 불구하고 잘 그려진 단순하고 독창적인 차트는 당신의 연설을 뒷받침하는 데 있어서 멋지게 그 효과를 발휘할 것이다.

2) 칠판

　　칠판은 너무나도 흔히 오로지 교실에서만 사용되는 시각 전달 장치로 간주해 왔다. 칠판이 가르치는 데 그렇게 널리 사용되는 이유는 칠판이 생각의 윤곽을 정하고 각색하는 가장 좋은 방법들 중의 하나이기 때문이다. 칠판만큼 유연성을 지닌 매체는 거의 없음을 당신은 알 수 있다. 칠판의 유용성은 화자가 새로운 내용을 같은 표면에 계속해서 지우고 쓸 수 있다는 것이다.

　　차트의 경우와 마찬가지로, 칠판을 사용하는 연사는 관심을 불러일으키고 아이디어에 대하여 더 명확한 정의를 내리기 위해 색상을 활용해야 한다.

　　칠판을 어떻게 사용할 것인지 계획을 세우고 모든 청중들이 알아 볼 수 있을 정도로 분명하게 판서를 해야 하는 것을 명심하라. 만일 자신이 없다면, 강연 전에 판서 연습을 시험삼아 해 보라!

　　칠판에 당신의 자료들을 펼칠 때 심한 혼란을 가져오기 쉽다. 다시 한 번 말하지만, 왼쪽에서 오른쪽으로 위에서 아래로 읽는 관중들의 독서 습관을 이용하라.

　　마지막으로 유의해야 할 점은, 혼란스럽게 판서되어 있는 칠판을 바탕으로 강연을 해서는 안 된다는 것이다. 이는 관중들의 주의를 정말로 혼란시킨다. 칠판에서 어떤 도표를 사용하고 끝낼 때는, 그것을 지우고 청중들이 당신만을 보도록 해야 한다. 칠판은 바로 이런 방식으로 사용해야 한다.

투사기 사용법

많은 언어학자와 의사소통학자들은 말과 그림의 현격한 차이점을 강조했다. 말은 순차적으로 제시되지만, 그림은 한 번에 어떤 내용을 나타내 준다. 이것이 바로 훌륭한 연사들이 수년 동안 이용해 온 의사소통의 원칙―그림을 사용하여 어떤 즉각적이고 생생한 이야기를 전달한다는―이다.

　　오늘날은 수많은 새로운 기계들이 발달됨으로써 시각적 아이디어들을 몇 년 전보다 더욱 쉽고 극적으로 제시할 수 있게 되었다. 이 기계들은 모션 픽쳐(영화), 투사기, 슬라이드와 스트립 투사기, 오버헤드 투사기의 대략 세 가지로 구분된다. 각각의 장단점을 살펴보면 다음과 같다.

영화 사용법

아이디어들을 매우 완성된 형태로 제시하는 뛰어난 방법이 있다. 이런 유형의 발표는 아이디어들을 고도로 유연하게 흐르도록 함으로써 그 아이디어를 강화하며, 또한 이 장면에서 저 장면으로 자유롭고 손쉽게 카메라를 이동시킬 수 있다는 것과, 화면에 오디오 트랙의 작동을 제공할 수 있다는 것 때문에 강조되고 있다. 우리 모두는 '영화'의 시대에 자라서, 영화하면 즐거움을 떠올리기 때문에 영화는 모든 청중들에게 이미 강한 호소력을 가지고 있는 매체로 자리 잡았다.

영화는 당신의 연설에 생기를 더해 줄 수 있다. 그렇지만, 또한 영화에는 당신이 분명히 알고 있어야 할 다음과 같은 한계점도 있다.

- 영화는 빛이 완전히 차단된 방을 필요로 하는데, 깜깜한 방에서는 주의력의 집중이 해이해지면서 흔히 잠을 자기도 한다. 불이 꺼지면 연사는 자신의 정체성을 잃기 쉽고, 따라서 통제력을 잃기 쉽다. 당신의 연설에서 영화를 사용하려 한다면, 시험삼아 당신이 직접 영화에 대한 해설을 하여 청자들의 집중력을 지속적으로 끌어 모아 보아라.
- 사용하려는 기계가 작동이 잘 되고 있는지 확인하라. 끝까지 작동이 되지 않는 시각적 장치—예를 들어, '조금전 오늘 오후'에도 작동했던 투사기—는 청중들을 완전히 짜증나게 할 것이다. 청중들은 시네마스코프와 같은 비싼 제품을 기대하지는 않는다. 단지 작동이 잘 되는 기계를 원할 뿐이다.
- 연설의 내용을 뒷받침하기 위해서 영화를 활용하라. 그러나 영화가 연설 자체가 되게 하지 마라. 전달할 내용을 먼저 구두로 발표한 뒤 강조하고 싶은 사항들을 뒷받침하기 위해 영화를 활용하는 것이 좋은 방법이다. 그 다음에 당신의 발표 목적을 요약하고, 당신이 그들로부터 원하는 것이 정확히 무엇인지를 청중들에게 말하면서 발표를 마무리하라. 다시 말해서, 영화를 도구화하라. 연사는 바로 당신이지 기계가 아니다.
- 아마도 청중들은 보고싶은 만큼 실컷 '홈 무비'를 보았을 것이라는 점을 기

억하라. 분명히 볼 만한 가치가 있는 영화를 준비하라. 불쌍한 관람자를 생
각해 보라.

■ 영사기를 어디에 설치할 것인가를 주의 깊게 검토하라. 많은 화자들이 자
기들의 발표에서 주요 보조물로서 영화를 보여줄 계획을 세워 왔다. 그런
데 그들은 결국 영사기가 청중들의 이해를 50퍼센트나 가로막게 되었다는
것을 알게 되었다.

■ 마지막 제언 : 전류를 점검하라. 교류인가 직류인가?

슬라이드 투사기와 스트립 투사기 사용법

세월이 가면 갈수록 점점 더 많은 사람들이 여행 등에서 찍은 사진들을 자기
들의 행복한 가족 생활을 기록하는 데 사용하기 위해서 모으기 시작해 왔다.
그 결과로 수십 개의 훌륭한 슬라이더 투사기가 오늘날의 시장에 나와 있다.
연설가들은 이런 영사기들이 어떤 아이디어를 재미있고 지속적으로 주입시
키는 도구에 불과하다는 것을 재빨리 알아 차렸다. 스트립 투사기도 역시 지
금 널리 사용되고 있는데, 스트립 투사기는 필름 위에 가늘고 길게 한데 묶어
놓은 일련의 슬라이드들이다.

　연설 계획을 세울 때, 슬라이드와 스트립 필름을 대수롭게 보지 마라. 다
음은 슬라이드와 스트립 투사기를 사용할 때 명심해야 할 사항들이다.

■ 필름 투사기와 마찬가지로 슬라이드 투사기는 반드시 어두운 방에서 사용
해야 한다. 그런데, 슬라이드 투사기가 당신을 압도하게 하지는 마라. 즉,
기계가 아니라 바로 당신이 연사라는 점을 명심하라.

■ 새로운 슬라이드 투사기와 스트립 투사기는 연사에게 자기의 슬라이드 프
레임을 바꾸도록 해주는 길다란 코드 부착기를 가지고 있다. 그것을 사용
하라. 그러면 악의를 많이 품은 기계 조작자에게 "다음 슬라이드 보여주세
요"와 같은 신물나는 지시어를 말하지 않아도 된다.

■ 몇몇 새로운 슬라이드 영사기는 소리 부착기—슬라이드와 필름 스트립을
같이 사용하여 녹음하는—와 함께 사용할 수 있다. 이런 투사기들은 사용
하지 마라고 충고한다. 만일 기계 장치로 연사를 대치하고자 한다면, 당신

은 집에 편하게 앉아 있고 청중들은 테이프 레코드만 듣게 하는 것이 낫다.

실물 영사기 사용법

모든 연사의 발표에 전문적인 느낌을 더해주는 훌륭한 장치—그렇지만 불행하게도 거의 사용되지 않는—가 있다. 당신들 중 일부는 이 영사를 볼링장에서 사용하는 것을 본 적이 있을 것이다. 이 투사기들은 머리 위 화면에 볼링 점수를 투사시켜 주는 기구이다.

　　다음은 기업계 연사가 자기 연설에 오버헤드 투사기를 사용할 수 있는 방법을 예시한다. 먼저 시각 정보(예 : 글씨나 그림 등)는 크기가 3인치×3인치에서 8인치×8인치 이르는 다양한 크기의 투명한 아스테이트 용지에 기입한다. 그 다음 이 아스테이트 용지는 강한 빛이 발사되는 영사기의 매끈한 표면 위에 놓는다. 이 빛이 아스테이트를 통과하여 연사가 만들었던 삽화나 예시물을 포착한 뒤, 이를 광학 렌즈를 통해 올려보내 스크린에 펼쳐 놓는다. 오버헤드 투사기는 연사들에게 아주 잘 어울리는 자연스러운 도구이다. 그 이유는 다음과 같다.

- 오버헤드 투사기는 완전히 환한 방에서도 사용할 수 있다.
- 이런 종류의 영사기는 휴대하기 아주 편하다. 오버헤드 투사기는 겨우 대략 17 파운드의 무게에 불과하다.
- 연사는 손쉽게 자기의 투사 용지를 준비할 수 있다. 따라서 전문적인 슬라이드 용지를 만드는 데는 상당한 돈이 들어가지만, 오버헤드 투사기의 투사용지를 만드는 데는 비용이 별로 안 들어간다.
- 환하게 불이 켜진 방에서는, 연사는 청중의 얼굴을 마주볼 수 있고, 투사기 위에 투사 용지를 올려놓을 수 있으며, 이것을 자기 머리 위로 넘겨 스크린에 펼칠 수 있다. 이것은 화자가 청중들과 항상 얼굴을 마주할 수 있으며, 시각 장치를 가까이서 직접 통제할 수 있다는 것을 의미한다.
- 당신은 연설할 때, 성장이나 변화, 비교를 보여주기 위해 여러 색깔의 투사 용지들을 겹쳐서 사용할 수 있다. 이 오버헤드 투사기는 다른 장치들에서는 찾아보기 힘든 시각적 발표의 유연성을 화자에게 제공해 준다.

시각 영사기들은 어떤 연설이든 더 훌륭하게 만들 수 있다. 당신의 가장 가까운 곳에 시각 자료물 제공자가 있는지 찾아보고, 그들에게 화자로서의 당신이 유용하게 사용할 수 있는 것이 무엇인지 물어보아라.

기타 시각 보조 기구 사용법

다음은 당신이 사용법을 익혀야 할 다른 시각적인 보조 기구들이 있는데, 이 것들은 다음에 당신이 연사로 초청 받아 어떤 중요한 발표를 해야할 때 사용 해 볼 만한 것이다. 만일 당신이 이런 여타의 시각 보조 기구들을 잘 활용만 한다면, 좋은 연설을 하는 데 있어서 크게 도움이 될 것이다. 예를 들어, 아래 의 보조 기구들을 사용하여 당신은 자신의 능력과 지성을 보여주는 좋은 연 설을 할 수 있을 것이며, 명확하게 의사 전달을 하고 사람들에게 당신의 제안 이 논리적으로 타당함을 설득할 수 있는 그런 연설을 할 수 있을 것이다.

■크레용

차트와 그래프, 단면도 등에 사용할 다양한 색깔의 크레용을 몇 개를 구 해놓으시오. 당신 종이 위에 넓고 선명한 선을 그려줄 묵직한 크레용을 찾아 보아라.

■분필

칠판을 사용하는 (또는 사용해야만 하는) 경우에 색분필을 가져가는 것을 잊지 마라. 흰색과 마찬가지로 노랑, 빨강, 초록, 파랑색의 분명한 색을 사용 하라. 왜냐하면, 이런 색깔은 가장 잘 눈에 뜨이며, 당신이 제시하는 내용에 흥미와 명료함을 더해 줄 것이다.

■플라스틱 테이프

몇몇 제조업자들은 다양한 크기와 색상의 플라스틱 테이프들(수선용 테이프처럼 포장된)을 생산한다. 이 테이프들은 막대나 선 그래프를 그리는 데 잘 어울린다. 우선 그래프의 축에 이름을 정하라. 그 다음에 필요한 색 테이프를 벗겨서 사용하라. 그러면 시각 자료는 이제 다 완성이다!

■매직 잉크펜

많은 비즈니스맨들은 시각적인 자료를 필요로 할 때 전문적인 미술가들에게 도움을 요청하지 않는다. 그들은 대부분 자기들의 그리기 능력과 다이어그램에 글자를 써넣는 능력에 대해 남을 너무 의식하는 경우가 매우 많다. 지금은 시장에 글씨 쓰기와 선 그리기를 더 쉽게 하고 그것들을 보다 전문적으로 보이게 해주는 다양한 종류의 매직 잉크펜이 있다. 또한 매직 잉크펜을 사용하는 경우에, 사람들은 정말로 만족스러운 시각적인 발표를 할 수 있다.

■색채 투사용지

어떤 아이디어를 시각적으로 제시할 때 겹쳐서 사용하는 여러 장의 투사용지들—다양한 음영을 지닌—은 대부분의 미술용품 가게에서 구할 수 있다. 먼저 기본적인 시각 정보를 그려라. 그 다음에 이 시각 자료들(색채 투사용지들)을 겹쳐 사용하여 기본적인 아이디어를 발달시키고 확장시켜라. 이런 방법은 공장의 발전도, 판매율 신장, 포장 디자인의 변화 등을 보여주는 데 가장 적합한 방법이다. 다음 연설에서 이러한 장치를 시험삼아 사용해 보라. 아마도 청중들은 이 도구가 사용된 것을 본 적이 없을 것이다.

시각 자료들의 사용으로 인해 청중들은 모두 계속해서 큰소리로 다음과 같이 간청할 것이다. "날 좀 보여 주세요!"라고.

당신의 논점을 입증하기 위해 시각 자료들을 사용하는 당신의 능력에 대한 시험

(1) 시각적 보조물을 사용하는 기본적인 목적은 무엇인가?

(2) 다음의 각 항이 시각 보조물들의 사용에 어떻게 관련되는지 말하시오.

가) 조명   나) 시각 보조물의 크기   다) 어느 위치에 서있어야 할까

라) 연설하는 방법   마) 색깔의 사용   바) 그림 그리는 방법

(3) 앞에서 제시한 '공군력' 삽화를 잘 살펴보고 그 삽화가 어떻게, 그리고 왜 효과적인지 말하시오.

(4) 플라넬판을 만들고 사용하는 법을 설명하시오.

(5) 이 장에서 언급되지 않은 다른 유형의 시각적 보조물들의 이름을 대고, 그 보조물들에 사용될 수 있는 재료들을 몇 개 제시하시오.

17. 스스로 연설을 준비하라

일단 연설문이 작성되었다면 중요한 그 순간을 위해 준비할 때가 왔다. 여기 도로시 사르노프가 제안한 연설을 준비하고 연설할 때 점검할 필요가 있는 모든 것을 보여준다 : 연설, 요점카드, 조명, 마이크, 연단, 그리고 불안해 하고 있는 연사 ― 당신까지도.

당신이 연설초고를 작성하고 231쪽에 있는 점검표에 따라 편집한 후에, 한 문장 또는 단락별로 연습하지 말고 연설문 전체를 소리내어 읽는 연습을 해야 한다. 친척이나 친구들에게 경청을 부탁해라. 그들은 당신 연설문의 구조나 연설자체를 분석하도록 도와줄 수 있다.

하지만 가장 도움이 되고 엄격한 비평가는 녹음기이다. 당신의 연설을 녹음하라. 그리고 제삼자의 입장에서 객관적으로 녹음된 내용을 들어 보라. 메모하고 다시 편집하고 필요하다면 첨삭하라. 당신이 만족할 때까지 계속해서 녹음된 내용을 반복해서 들어보고 다시 편집을 하라. 잘못된 구성, 논리적 오류, 엉성한 표현, 부적절한 예시나 인용이 있나 잘 들어 보라.

청중들에게 익숙지 않은 표현을 쓰고 있는가? 발음하기 어려운 표현이 사용되고 있지 않는가? 혹은 결론을 서너 번 내리고 있지 않는가?

당신 연설문의 구성에 만족한다면 이제 앉아서 한 번 더 그 연설문을 써 보라. 행간을 띄어서 타이핑하는 것이 더 좋다.

이제 요점 카드를 준비해야 한다. 텔런트들은 대사를 잊어버릴 경우에 대비해 프롬프터나 요점 카드를 사용한다. 요점카드는 바보 카드

라고 불리어지지만 대부분 전문가들은 바보가 되느니 차라리 바보 카
드를 사용하려고 한다.

요점 카드는 당신에게 자신감을 줄 것이다. 즉, 당신이 연설하는 동안에
설령 내용이 생각나지 않더라도 요점 카드가 있기 때문에 당신이 더듬거리지
않으리라는 것을 알기 때문이다. 요점 카드는 당신이 훨씬 자유롭게, 거의 대
화하듯이 말할 수 있게 할 것이다. 그것들은 당신이 자유롭게 청중을 보게
해준다. 이는 대단히 중요하다. 왜냐하면 청중과 시선을 교환하는 것은 친밀
한 관계를 위한 첫 번째 단계이기 때문이다. 당신이 연설문을 읽어야 한다면
당신의 시선은 원고에 쏠리게 된다. 요점 카드의 도움을 받게 되면 당신은
항상 청중을 바라 볼 수 있다.

청중에게 자연스럽게 보이기를 바란다면 어울릴 만한 목록 카드가 들어
있는 6인치×9인치 크기의 루스리퍼 식 노트나 천공기를 하나 구입해라. 책
속에 끼어 넣을 수 있도록 길게 카드에 구멍을 뚫어라. 그러면 마치 벽의 달
력처럼 살짝살짝 올릴 수 있다.

지금까지 당신의 연설은 종이 위에 있었다. 이제 그 원고를 세밀히 점검
해라. “그”, “그러나”, “왜냐하면”, “옆에”, “더불어”, “에서”, “안에” 등과 같은
짧은 비핵심 단어들을 삭제해라. 분명한 동사들은 놔두고 다른 단어들은 축
약시켜라. 연설할 시간이 왔을 때에는 축약한 단어들이 무엇을 의미하는지
즉각적으로 확실히 알 수 있어야 한다.

다음으로는 당신 연설문의 축약본을 카드에 옮겨 적어라. 다음 페이지의
보기를 보아라. 펠트펜으로 활자체로 적혀진 것을 주목해라. 각 문자들은 반
인치 정도 높다. 그래서 전체 문장은 단 한 번 봄으로써 떠올릴 수 있다. 심지
어 아무리 깨끗하게 쓴 필체보다 타이핑해서 프린터 시키는 것이 훨씬 보기
쉽다. 손으로 쓰고 싶은 유혹을 물리쳐라. 손으로 쓰는 것이 더 빠를 수 있지
만 또한 읽기가 더 힘들어 진다. 타자기가 점보형이 아니라면 또한 사용하지
말아라.

요점 카드를 사용하는 데 있어서 기억해야 할 것은

(1)각 카드에 번호를 매겨라.

(2)각 문장에 번호를 매기고 각 문장을 왼쪽 여백부터 시작해라.

(3)문장 사이에 많은 공간을 띄어 놓아라.

다음에 예시한 원문의 첫 단락 첫 번째 문장을 소리 높여 세번 읽어라. 그리고 페이지를 넘겨 요점 카드에 축약된 한 번 문장으로 가라. 머뭇거림 없이 전체문장을 재생해낼 수 있다는 것을 발견하게 될 것이다.

요점 카드를 자연스럽게 사용할 수 있도록 여러 번 연습해라. 나는 대개 여덟 번 연습한다. 당신은 아마 두 번이 될 수도 있고 스무 번 아니면 그 사이가 될 수 있을 것이다. 어떤 경우에서든지 실제 상황처럼 책상에 앉아서가 아니라 일어서서 큰 소리로 연습해라. 거의 저절로 말이 나올 때까지 만족하지 말고 계속하라.

[전문] :

아무도 오늘날 미국 군대의 사기가 높다고 말할 수 없다. 대통령께서는 일월 연두 교서에서는 이 땅의 '어떤 불안함'에 대해서 연설했습니다. 이것은 금세기에 대한 아주 절제된 표현입니다. '불안함'이란 낱말은 위험스러울 정도로 미국에서 ,우리의 정치제도에서, 그리고 우리 사회의 중산층의 기술 문명에서 늘리 퍼져있는 신념의 상실처럼 보입니다.

신문사의 논설 위원들은 우리가 바라보는 것은 어디든지 무엇인가 잘못 되어 있다고 말합니다. 그러나 그들은 보통 베트남 전쟁과 우리의 도시 속의 흑인의 빈곤을 우리가 지닌 대부분의 문제의 원인들로 지적한다.

> 1. 아무, 말 못해, 미군 사기 높다고.
> 2. 대통 연두 교서……이 땅 불안
> 3. 근세기——아주 절제된 표현
> 4. 불안함, 신년 상실 : 정치제도, 중산층 기술 문명
> 5. 편집국장 : 무언가 잘못됨
> 6. 그러나 그들 지적, 베트남 전쟁, 흑인 빈곤, 문제 원인.

기억하려 하지 말고 익숙해져라

"마치 외우듯이 연설하는 사람은 그가 준비한 원고의 매력을 모두 잃게 만든다."고 퀸틸리안이 말했다.

당신이 하는 시연(리허설)의 목적은 연설한 내용을 암기하는 것이 아니라, 주요 표현과 생각의 흐름에 철저하게 친숙해 지는 것이다. 만약 당신이 암기하려고 하면, 억지로 단어를 기억하려 애를 쓰게 되고, 당신의 눈은 내면으로 초점이 맞춰지고 눈빛은 흐려질 것이다. 만약 당신이 연설문을 읽는다면, 당신의 초점은 청중이 아니라 연설문에 맞추어 질 것이다. 그리고 청중들은 당신의 시선 대신에 당신의 정수리 부분만을 보게 될 것이다. (청중들은 활기찬 얼굴이 중앙 무대를 차지하는 대신에, 텔레비전 되감기를 누르는 것보다 더 빠르게 연설 원고와 요점 카드를 번갈아 보는 대머리를 보고 싶어하지는 않는다.)

링컨이 젊었을 때 여러 주(洲)에서 순회 연설을 했는데, 그의 룸메이트는 미래의 대통령이 한 연설의 효과는 그가 그 연설문을 서서 큰소리로 연습한 시간의 양과 정비례해서 나타났다고 적고 있다. 단순히 연설할 내용을 훑어보는 것이 그 내용을 직접 말하는 것을 결코 대체할 수 없다. 마치 풀장을 훑어보는 것이 수영하는 것을 대체할 수 없는 것과 같다.

이것은 아무리 자주 말해도 지나치지 않다. 청중들로 가득 찬 연단 앞에

당신이 서 있다고 생각하고 연습하라. —서서 큰 소리로!

이제 당신은 익숙해지기 위한 마지막 단계에 와 있다. 다시 한 번 녹음테이프를 사용해라. 매력적으로 들리는가, 활기차게, 확신 있게, 따뜻하게, 지적으로, 세련되게, 힘차게, 진지하게, 편안하게, 즐겁게, 명석하게 들리는가? 끝부분을 점검해라. 효과를 높이기 위해서 잠시 휴지를 두는가? 강하게 전달되었는가? 아니면 따분하게 들리는가? 싫증나게, 냉담하게, 단조롭게, 잘난 체하는가, 혼란스럽게 들리는가?, 아니면 약간 어리석게 들리는가?. 결론 부분이 좀 약한가? 한 번 이상 결론을 내렸는가? 계속해서 연습하고 점검해라. 당신이 청중이라도 이 연설에 호감을 느끼고 듣고 싶어 할 때까지 계속해서 연습하고 점검해라.

연설 당일

연설할 날은 다가오게 되어있다. 마지막까지 체계 있게 준비해라. 먼저 옷에 대한 문제인데 당신의 연설에 방해가 되는 옷은 피하는 것을 명심해라.(여성 연사들에게 가장 치명적인 것 중에 하나는 치렁치렁한 장식품인 귀걸이라든지 얼굴의 반을 가리는 모자를 쓰는 경우인데 청중들은 그 여자의 숨겨진 얼굴 부분, 즉 코 위 부분을 보고 싶어해서 연설에 귀를 덜 기울이게 된다.)

시간이 남았다면 마지막 점검으로 녹음 테이프를 다시 이용해라. 연설하기 전 시간이 얼마 없다면 최소한 연설문의 마지막과 끝 부분을 테이프로 점검해라.

연설장에서

청중들이 도착하기 약 한시간 전에 그 장소에 와서 준비해라. 만약 가능하다면, 작은 모임에서처럼 특히 비즈니스 모임처럼, 직렬형태가 아니라 원형 경기장처럼 반원형태로 의자를 배치하도록 요청해라. 청중이 서로의 반응을 더 많이 볼 수 있다면 화자한테도 더욱 좋다.

될 수 있는 한 청중들에게 더욱 가까이 갈 수 있도록 해라. 가끔씩은 연단이나 마이크를 무대에서 가지고 내려오기도 하고 심지어 다리를 무대의 가장자리에 걸치고 앉기도 하고 청중이 소수라면 그 그룹 내에 의자를 가지고 가서 앉기도 해라. 화자와 청자 사이의 거리 간격은 눈에 보이는 만큼이나 심리적인 틈을 주게 된다.

산만함을 통제하는 방법

당신이 연설 준비를 하는데 가장 중요한 부분 중에 하나가 예상하지 못했던 방해들이 나타났을 때 어떻게 처리해야 할지를 아는 것이다. 연설장에 산만한 일들이 일어나도 그 상황을 통제 할 수 있도록 도와줄 수 있는 네 가지 요점을 적어 놓았다.

(1) 산만하게 하는 요소의 인식: 가끔씩 그 연설장 내에서 집중에 방해되는 소음을 내거나 자리를 옮기는 경우가 있다. 어떤 이는 불편해서 창문을 올리고 내리기 위해서 일어나기도 하고 에어콘을 조절하기도 한다. 어떤 이는 늦게 도착해서 문을 꽝 닫고 자리를 찾느라 뒤에서 앞까지 헤매고 다닌다. 만약 당신이 집중을 방해하는 이런 일들을 무시하고 계속 청중을 사로잡을 수 있다면 그대로 하라.

(2) 외부 소음의 인식: 때로는 화재 사이렌 소리라든지 절걱절걱 내는 기계 소리, 낮게 나는 비행기 소리, 옆방이나 복도에서 나는 말하는 소리와 같은 외부의 방해 소음들이 있다. 이런 소음들이 연설하는데 방해가 되지 않는다면 그 소리들을 무시해라. 또한 잠시 쉬었다가 사이렌이나 비행기가 지나갈 때까지 기다려도 된다. 그러나 이런 소음들이 청중들에게 심한 방해가 된다면 청중사이에 있는 관계자에게 당신을 도와주도록 부탁해라.

(3) 짓궂은 사람들 대처하기: 만약 누군가가 당신을 말로써 당황하게 만든다면 당신은 당신의 위엄과 위치를 유지하면서 선하게 반응해야 한다. 그것이

무엇이든지 간에 화를 내서는 안 된다. 당신도 입장을 바꾸어서 생각해 보고 적절하게 대하면 청중들도 우호적으로 반응을 할 것이며 그 사람에게 압력을 가할 것이다. 만약 그 논쟁의 다수의 입장에 당신이 서 있지 않다면 당신에 대한 청중들의 반감이 증가할 것이다. 그럴 경우에는 분명한 적대감을 계속 표현하지 않는 것이 현명하다.

(4) 긴급 상황에 대처하기: 때때로 청중 중에 심장 마비와 같은 긴급상황이 일어날 수도 있다. 이런 경우에는 당신은 연설을 멈추고 의료진의 도움을 요청해야 한다. 상황이 다시 회복된다면 내용을 요약하고 일찍 결론짓는 것이 현명하다.

조명 점검

최근에 뉴욕 호텔연회장에서 열린 모임에서 명사들이 조명시설이 여기저기 달려있는 발코니 아래에 앉아 있었다. 발코니 림에 부착된 스포트라이트 조명은 테이블 보, 은쟁반이나 크리스탈이나 연설자의 손을 비추었다. 그러나 실상 얼굴은 어두웠다. 어느 누구도 조명이 연설자의 얼굴을 비추는 점검하지 않았다.

텍사스에서 어떤 콘서트가 시작되기 전에 나는 홀 안에 스포트라이트 조명이 없다는 것을 발견했다. "우리는 눈을 감는답니다. 노래는 보는 것이 아니라 듣는 거예요"라며 사회자가 아주 오만하게 말했다. 나의 반주자는 조세프 블랫이었는데, (그는 나중에 미시간 대학의 오페라의 장이 되었다.) 그는 내가 만난 가장 유능한 지휘자이자 반주자였다. 그는 대단히 성실하고 사려 깊었다. 그는 사회자의 말을 듣는 대신 자신이 직접 그 도시를 뒤져서 초상이 난 집에 걸려던 조명등 두 개를 빌려서 콘서트 홀에 가져왔고, 그것을 발코니 레일에 달았다. 콘서트가 끝난 후에 사회자도 "가수의 얼굴 표정을 바라봄으로써 콘서트의 즐거움이 얼마나 커지는지 미처 몰랐군요. 그 동안 우리가 놓쳐버린 조명의 효과는 생각하기도 싫어요"하고 조명의 효과에 대해서 공감했다.

낭독대

낭독대가 당신에게 맞는 높이인지 점검해라. 필리핀의 외무장관인 칼로스 로물로는 아주 뛰어난 연설자이지만 키가 아주 작다. 겨우 5피트를 조금 넘는다. 항상 그는 청중들이 자신을 잘 볼 수 있도록 발언대 뒤에 올라 설 수 있는 박스를 준비해 달라고 요청한다.

젊은 시절 그는 작은 키에 대한 열등감으로 괴로워했다. 하지만 어느 날 우연히 그가 파리에 있는 매덤 뚜사드 밀랍 박물관을 방문했을 때 나폴레옹보다 자기가 반 인치가 크다는 것을 발견했고 그때부터 자신감을 갖기 시작했다. 한 번은 그가 휴스턴에 갔다. 그는 플랫폼에서 키가 큰 텍사스 사람들에 의해 둘러 쌓여 연단 위에 서있는 자신을 발견했을 때 최악의 상태는 끝났다는 것을 알았다. 그들 중에 한 명이 우리 같은 텍사스 거인들 가운데 함께 서있는 것에 대해 어떻게 생각 하냐고 물었다. 그는 "아마 당신은 5센트 짜리 동전 속에 있는 10센트 짜리 은화 같다고 말하고 싶겠지요."라고 친절하게 대답했다.

낭독대 문제로 돌아와서 먼저 조명을 점검하는 것이 중요하다. 종종 조명은 당신의 노트뿐만 아니라 목의 튀어나온 부분이나 살찐 턱까지도 비춘다. 조명이 목 부분보다 얼굴에 더 집중되기를 바란다면 조명등을 부드럽게 하기 위해 종이나 냅킨을 클립이나 스카치 테이프로 부착해라.

마이크는 친구인가, 적인가

마이크의 위치를 점검해라. 일반적으로 입에서 8인치 이상 떨어져서는 안 된다. 만약 마이크가 불편한 상태에 놓여 있다면 어색하게 앞으로 몸을 숙이거나 쭉 빼야 한다. 그러므로 마이크의 위치가 당신에게 맞지 않다면 편해질 때까지 조절하는 데 주저하지 말아라.

마이크에 가까이 갈수록 그 소리는 더욱 친근하게 들린다. 그리고 보다 강력하게 호소할 경우에는 마이크로부터 다소 떨어져야 한다. 가능한 한 가장 친근한 소리로 말하려면 약 6인치 정도 떨어져서 말하는 것이 좋다. 가끔씩 감정에 호소하려면 더욱 가까이 다가가서 말해라.

당신은 턱 높이에 마이크를 놓고 마이크를 더욱 가까이 가져오기 위해서 목대가 자유롭게 구부려지게 생긴 구스넥 마이크를 요청해라. 마이크에서 쉿소리가 난다면 이것은 당신이 손을 대고 있기 때문일 것이다. 어떤 마이크들은 개나 아기들처럼 낯선 사람이 만지는 것을 싫어한다. 당신이 손을 떼면 그 소리는 아마도 멈출 것이다. 갑자기 마이크에서 굉음처럼 들끓는 소리가 난다면 마이크에 직접 대고 말하지 말고 약간 각도를 비스듬히 해서 말하라.

고마워! 프래드!

예를 들어 음향기술자 프래드가 있다고 가정하자. 반드시 그를 만나서 그의 이름을 알아둬라. 위기를 미리 막아주고 마이크를 당신 친구로 만들어 줄 것이다. 그에게 요청해서 마이크 테스트를 하고 마이크를 조정한다면 당신의 톤은 따뜻하게 느껴지고 소리 높이도 튀지 않을 것이다. 만약 당신이 여자라면 그에게 최고음부의 소리는 줄이고 저음 소리는 높이도록 그에게 소리 높이 제어기를 조절하도록 요청할 수 있다. 저음소리를 늘리면 여성의 목소리는 아름답게 들리고 고음소리가 많으면 금속성의 소리가 나기 때문이다. 당신에게 꼭 알맞은 소리로 섞어 주도록 하라.

프래드의 이름을 알지 못한다면 아주 작은 위기 상황에서도 당신의 목소리는 당황해서 떨리게 될 것이다. 조정을 했는데도 청중이 당신의 목소리를 듣지 못한다면 "프래드 소리 좀 높여 주겠어요? 청중들에게 소리가 잘 안 들리는 것 같군요." 라고 간단히 말해라. 아마도 그는 소리를 완전히 높이는 것을 깜박 잊은 것 같다. 그가 다른 일을 하고 있었다 해도 곧바로 일어서서 그에게 고정된 수많은 청중들의 불만스런 시선을 의식하고 즉각 볼륨을 바로잡을 것이다.

또한 프래드는 다른 방법으로도 당신을 도와 줄 수 있다. 방에 사람이 너무 밀집되어서 더울 경우 그에게 부탁해서 냉방기계를 틀어 달라고 할 수 있다. 더운 곳에서 연설하는 것만큼 화자에게 치명적인 것은 없다.

대기 시간

연설하기 전에, 또 차례를 기다리는 동안 명심해야 할 것은 어떠한 알코올도 마시지 않는 것이다. 만약 꼭 그렇게 해야겠다면 한잔 정도로 한정해라. 파일 럿이 자기를 완전히 통제할 수 있거나 비행기를 모는 데 아무 이상이 없다면 비행 전 술 마시는 것이 허락될 수도 있겠지만 그래도 술을 먹으면 안 된다. 알코올을 마셨을 때 온전히 유지되는 능력은 없다. 술은 당신을 보다 나은 연설자로 만들지 못한다. 다만 당신이 좀 더 나은 것 같다고 착각하게 만들 뿐이다.

먹는 것에 있어서도 중도를 지켜라. 배부른 상태는 당신의 마음자세를 해 이하게 만들 것이다. 다른 사람들이 연설을 할 때 관중을 유심히 보아라. 그 들이 빠르게 반응하는가? 느린가, 부정적인가, 쉽게 웃는가? 그들의 반응이 당신이 예상했던 것과 다른가? 만약 그렇다면 당신이 연설하고자 했던 연설 문을 약간 고칠 필요가 있다. 주장을 완화시키고 농담을 첨가시키든지 빼야 한다.(만약 당신이 전체적인 상황에 대한 확신이 없을지라도 마지막에 연설의 기본 구조 를 변화시키지는 마라.)

또한 다른 연설가들을 경청해라. 이것은 아주 예의바른 행동이고 청중들 은 당신의 이런 모습을 더욱 좋아할 것이다. 더욱이 다른 연사의 연설에서 당신이 이제 말하려고 하는 내용과 관계가 있거나 당신이 말하고 싶어하는 것을 들을 수 있을 것이다.

당신의 노트가 절서 정연하게 정리되어 있는지 확인하라. 나는 경험이 없 는 연사들이 연설을 메모해 둔 위치를 잃어버리고 당황하는 것을 본 적이 있 다. 번호가 매겨진 요점 카드철은 당신이 이런 식의 혼란에 빠지는 것을 막아 줄 것이다. 작은 타이머 시계를 당신의 노트에 부착시키고 사회자가 당신을 소개하는 시간과 당신의 연설시간을 합친 총 예정시간에서 5분을 빼고 시간을 맞추어라.

초조함이여, 이제 안녕!

아무리 철저하게 준비를 했고 많은 연설을 해본 경험자일지라도 아드레날린이 당신의 혈관 속으로 퍼져 안절부절 못 하게 할 가능성이 있다.

이런 초조감에 대해서 걱정하지 마라. 이것은 단지 짐을 나르는 말보다 경주하는 말한테서 나타나는 현상과 유사하다. 이러한 초조함을 진정시킬 다음 처방책을 잘 기억해 놓았다가 당신이 연설할 차례를 기다리는 동안 그대로 따라해라.

1)적절한 자세로 앉아라. 중추로 긴장을 모으면서 허리를 의자에 바짝 붙여 앉아라. 복부근육을 긴장시켜라. 이렇게 하면 초조함이 사라진다.

2)긍정적인 생각만 해라. 다음 긍정적인 단어들을 스스로 반복하면서 부정적인 생각들을 몰아내어라. 즉 나는 준비가 되었고, 설득력이 있고, 힘차고 확신에 차 있고, 열정적이고, 정열적이고, 재미있고, 효과적이다.

당신 스스로 낙관적인 에너지원들을 만들어라. 계속해서 당신이 낙관적인 생각을 하고 기분을 고양시키는 동안에는 아무런 문제가 없다. 부정적이고 염려되는 생각들은 떨쳐 버려라.

3)마음속으로 계속 연설의 첫 부분을 되 뇌여라. 말 그대로 연설의 첫 부분이 입에서 그대로 튀어나올 수 있게 하라. 시작 부분을 잘 알고 있으면 카드를 보지 않고도 청중들의 눈을 바라보며 시작 말을 잘 전달하고 있는 자기를 발견할 것이다.(연설의 끝 부분도 마찬가지다. 마지막 부분도 카드를 보지 말고 청중들을 바라보면서 말해라.)

모든 연설자들은 각자 나름대로의 초조함을 가지고 있다. 윈스턴 처칠도 초기에는 모든 청중들이 발가벗고 있다고 상상함으로 그의 연단 공포증을 극복했다. 플랭클린 루즈벨트도 모든 청중들이 결점을 지니고 있다고 생각하며 연설을 했다고 한다. 나는 당신이 그 정도까지 할 필요가 없기를 바란다. 청중은 당신이 유죄라고 이미 알고 있는 배심원들이 아니며, 이제 막 당신의 연설문을 듣기 시작했다. 그들은 당신을 좋아하게 되기를 바라고 있다. 당신은 그 일을 쉽게 할 수 있도록 하기만 하면 된다.

명심하고 명심할 것!

요점 카드를 사용하라. 기억하지 말고 익숙해져라.

큰소리로 연습해라. —서서, 최소한 여섯 번 정도는 녹음된 내용을 다시 들으면서 편집해라. 녹음기를 이용해라.

연설할 장소의 무대 장치 및 주위를 점검해라. — 발언대, 마이크, 음향기술까지도.

차례를 기다리는 동안 자신감을 강화시켜라. 초조함을 단호하게 몰아내라.

상 받을 때와 상 줄 때의 연설을 위한 여덟 가지 규칙

"사람들이 가장 갈망하는 것은 남으로부터 인정받고 싶어하는 욕구, 즉 명예욕이다." 인간의 보편적인 감정을 작가인 마거리 윌슨은 이이와 같이 표현했다. 우리 모두는 삶을 함께 잘 살아가기를 바란다. 또한 인정받고 싶어한다. 다른 사람들의 칭찬, 공식석상에서 수여되는 상은 말할 것도 없고 단 한마디 말뿐일지라도 정말 기적처럼 마음을 고양시켜준다.

테니스 스타인 앨씨아 깁슨은 사람들의 이러한 욕망을 그녀의 자서전 제목에 적절하게 표현하려고 애썼다. 그녀는 그 책의 제목을 "나는 중요한 사람이 되기를 바랐다."라고 붙였다. 우리가 상을 수여하는 연설을 할 때에는 청중들에게 그 수상자가 정말 중요한 사람이라는 것을 다시 확신시켜 줘야 한다. 그는 성공적으로 어떤 일을 해냈고, 그 명예를 받을 만하고, 우리 모두는 그에게 이런 명예를 주기 위해 함께 모였다는 생각이 들게 해야 한다. 우리가 말할 내용은 간략해야 하지만 그것을 사려 깊게 전달해야 한다.

그것은 상을 받는데 익숙해 있는 사람들에게는 별로 큰 의미가 없을 수도 있지만 그런 행운을 덜 받았던 사람들에게는 그들 여생에 뚜렷이 기억될 만한 중요한 일일 수도 있다. 그러므로 우리는 상을 수여할 때 하는 말의 선택을 신중히 생각해서 해야한다.

(1) 이 상이 만들어진 이유에 대해서 말해라. 아마도 그것은 오랫동안 전해오던 상일 수도, 경기에서 이겨서 받는 상일 수도, 뚜렷한 업적에 대한 상일 수도 있다. 이 점에 대해 간단하게 설명해라.

(2) 청중들이 관심을 갖고 있는 것은 상을 받게 되는 사람의 생애나 활동이다. 이 점에 대해서 말해라.

(3) 얼마나 이 상이 가치가 있는지, 모인 사람들이 얼마나 수상자를 진심으로 좋아 하는지 말하라.

(4) 수상자에게 축하를 하고 모든 사람들의 축복을 전달해 주어라.

이 짧은 연설에 가장 필수적인 요소는 정직이다. 만약 당신이 상을 받고 연설을 하도록 선정되었다면 수상자뿐만 아니라 당신에게도 명예로운 일이다. 지성과 감성을 겸비한 사람이 맡는 그 일을 당신이 맡게 되었다는 것으로 당신의 친지들은 당신이 그만큼 신뢰받을 만한 사람이라는 것을 알게 된다. 그러나 이 일을 하면서 과장하는 실수를 범해서는 안 된다. 실제보다 더 그의 장점을 과장해서 말하고 싶은 유혹에 빠져서는 안 된다. 그가 그 상을 받을 만한 가치가 있다면 그 점을 말해야 한다. 그러나 지나치게 칭찬해서는 안 된다. 과장된 칭찬은 수상자를 불편하게 만들뿐이다. 이렇게 해서 청중들이 수상자를 더 잘 알게 되는 것은 아니다. 그 상 자체의 중요성을 과장하는 것을 피해야 하고 그 상의 본질적 가치를 강조하는 대신에 그에 대한 상을 수여하는 사람들의 우호적인 감정에 대해서 더욱 강조해라.

수상자의 수락 연설은 상을 수여하는 사람의 연설보다 훨씬 짧게 해야 한다. 이런 연설은 외어서 하는 연설이어서는 안 되지만 미리 준비해 놓는다면 유리할 것이다. 만약 당신이 수락연설이 따르는 상을 받게 될 거라는 것을 알고 있다면, 당신에게는 명예가 되고 그 상을 수여하는 이들에게는 기쁨이 될 감사의 말을 어떻게 해야 할지 몰라 당황하는 일이 일어나기를 원하지 않을 것이다.

겨우 "고맙습니다." "내 삶의 최고의 날 이예요." "나에게 일어난 최고의 선물입니다."라고 중얼거리는 것은 좋지 않다. 당신의 진심에서 우러난 감사를 보다 적절한 용어를 사용하여 표현해야 한다.

여기 일반적인 형식을 제시하겠다.
(1) 모인 사람들에게 진심으로 "감사합니다."라고 말해라.
(2) 당신을 도와준 사람들에게 고마움을 표시해라 : 동료들, 친구들, 가족, 직원들.
(3) 당신에게 이 선물이나 상이 어떤 의미가 있는지 말하라. 그 선물이 포장이 되었다면 열어서 보여줘라. 청중들에게 얼마나 유용하고 예쁜지 또한 그것을 어떻게 사용할 것인지 말해라.
(4) 당신이 받은 선물이나 상에 대해서 청중들에게 다시 한 번 감사의 표현을 해라.

당신이 정말 적절한 시간에 적절하게 말함으로써 만족을 얻기를 원한다면, 나는 당신이 수여 연설이나 수락 연설을 할 때 이러한 제안을 주의 깊게 따르기를 권하고 싶다.
— 데일 카네기

18. 무엇이 당신을 훌륭한 화자로 만드는가?

당신은 연설을 준비하는 것에 대해 많은 것을 배워왔다. 청중이 흥미를 느낄 만한 주제를 선택하고 구성하는 법, 시큰둥해 하는 청자를 설득시키는 법, 또 당신 스스로를 준비하는 법을 배웠다. 그러나 당신이 연단에 서 있는 지금, 당신을 훌륭한 연사로 만들어 줄 지침들이 여기 있다.

대중연설은 대화를 확대한 것이다. 한 사람에게 말하는 것과 열 사람 혹은 백 사람에게 말하는 것 사이에는 차이점이 거의 없다. 단지 더 큰 소리로 말해야 한다는 것뿐이다. 그러나 당신이 저녁 식탁에서 주고받는 말이 회의석상에서 하는 말과 본질적인 차이가 있는 것은 아니다. 실질적으로 오직 하나의 차이가 있다면 회의석상에서의 화자는 아무런 방해 없이 저녁 식탁에서보다 더 오랫동안 이야기 할 수 있다는 데에 있을 뿐이다.

그러므로 당신의 연설을 청중과 나누는 대화쯤으로 생각하라.

당신 앞에 보이는 사람들과 함께, 그리고 그들에게 말하라. 그러나 결코 그들에게 일방적으로 말하지 마라.

연설을 아는 사람들과 토론한다고 생각하면서 연설을 준비하면 연설을 연습하는데 도움이 된다. 그들이 당신에게 중요한 질문을 하고 당신이 거기에 답변을 하는 데 최선을 다한다고 상상해 보라. 그래서 그들은 당신에게 또 다른 질문을 하고, 당신은 그에 대해 대답하려고 할 것이다. 당신은 질문에 설명을 하고, 예시로 말하고자 하는 의도를 쉽게 이야기하고, 또 통계자료를 인용하기도 한다. 또는 누군가가 당신 의견에 반대하면 당신은 그것에 이의를 제기하기도 하고, 그 반박들을 뒷받침해 주는 사실들을 제기하기도 한다. 마침내 당신은 "자, 바로 그겁니다. 그것이 내가 말하려고 했던 것입니다."라고 말하며 모든 것을 요약하게 된다.

만약, 당신이 이런 방법으로 당신의 연설을 생각하고 준비한다면, 그것은 매우 훌륭한 연설이 될 것이다.

대중연설은 어떤 목적을 가지고 있는 의사소통이다. 당신은 어떤 목적을 가지고 청중에게 말하며, 그들이 어떤 것을 느끼고, 생각하고, 행동하기를 바란다.

그러므로 당신이 연설하는 동안은 이러한 목적에 집중을 해라. 좋은 기회를 놓치지 않도록 빈틈없이 하라.

늦게 오는 사람이나 소음들 때문에 혼란에 빠지지 않도록 하라. 아무런 생각 없이 기계적으로 말하지 마라. 만약 주의가 산만해지면, 당신의 태도는 방심한 상태가 될 것이고, 그러면 당신은 의사소통을 하지 못할 것이다.

당신이 연설을 하는 동안, 당신이 말하고 있는 것이 무엇인지를 생각하라. 그것을 열심히 생각하라. 그러면 청중은 당신이 말하려고 하는 의미를 알게 될 것이며, 당신 말에 귀기울일 것이다.

훌륭한 화자의 모습

* 훌륭한 화자는 생동감이 넘치고 흥미진진하며, 열광적이고 활동적이다. 그는 자신이 살아있음을 느끼고 청중을 살아있는 사람으로 본다. 그는 자기 주제에 흥미를 가지게 되고, 그 주제가 여러 사람들에게 활력을 줄 수 있는 것으로 생각한다. 그래서 그는 주제에 대해서 정열적으로 말한다. 그것이 청중들의 흥미를 끌 수 있는 최선의 방법이다.
* 훌륭한 화자는 진지한 태도를 가진다. 그는 연설 그 자체를 위해 말하지 않고 그의 옷이나 미소 혹은 말씨나 목소리를 과시하기 위해 말하지 않는다. 그가 청중이었을 때 느꼈던 매력적이지 못한 것을 자기가 발표할 때는 내보이지 않는다.

* 훌륭한 화자는 청자에 대해 책임감을 가지고 있다. 그가 만약 백 명의 청자에게 5분 동안 말을 한다면 그 화자는 청자의 삶에서 5백 분을 빼앗고 있다는 사실을 깨달아야 한다. 그는 그 귀중한 시간 동안 청자에게 가치 있는 그 무엇을 말하도록 최선의 노력을 해야 한다.

* 훌륭한 화자는 프로그램에 등장하는 다른 사람에 대해 책임감을 가지고 있다. 만약 그에게 5분이 할당되었다면 10분을 쓰지 않아야 한다. 그는 다른 사람들을 그 프로그램에 옭아매지 말아야 하고, 그들이 시간에 쫓기게 하지 않도록 배려해야 한다. 청중들 역시 가치 있는 말을 가지고 있을지도 모르므로 장황한 말을 하지 않는다.

* 훌륭한 화자는 그 주제에 대해 책임감을 가지고 있어야 한다. 그는 감당하기 어려운 주제에 대해 말하려고 하지 않으며, 한꺼번에 많은 일을 하려고 하지 않아야 한다.

* 훌륭한 화자는 리더십을 가지고 있다. 그는 똑바로 서서 청중들과 눈을 맞추며 얘기하고 리더로서의 책임감과 권위의식을 가지고 연설한다. 그는 긍정적이고 친절하고 솔직하다.

* 훌륭한 화자는 어떠한 상황에서도 침착하다. 그는 도가 지나칠 만큼 열광적이지도 않고, 광적인 사람으로 되지 않는다. 그는 자기의 자신감이 자만으로 바뀌지 않도록 하며, 대중의 주목을 받는 데서 오는 권력감에 도취되지도 않는다.

* 훌륭한 화자는 중립적이며 사려 깊은 사람이 되기 위해 노력한다.

* 훌륭한 화자는 그의 유머 감각을 잃지 않는다.

초보 연설자에게

당신의 참모습을 보여주어라. 어떤 칼럼니스트나 뉴스 진행자의 생각을 말하지 말고 당신 자신이 생각하는 것을 말하라.

다른 연설자들을 연구하되, 그들을 흉내내서는 안 된다. 경험이 많은 화자의 훌륭한 소질을 인정하고 또 동경해라. 그러나 그것이 반드시 당신이 가져야 하는 소질이라고 생각하지는 말아라. 당신은 자신의 잠재능력을 개발시켜야 하고, 자신의 스타일을 만들어서 무엇이 당신을 효과적인 화자로 만드는지를 알아내야 한다.

그러므로, 초보 화자에게 하고 싶은 또 한가지 말은 자기 자신을 알아야 한다는 것이다. 당신의 연설 능력에 대해 원대한 상상에 빠지지 말아라. 당신 능력의 한계에 대해 현실적이 되어라.

비판을 수용하고 그것으로부터 도움을 받는 법을 배워라.

각 연설을 마친 뒤에는 그것을 분석해라. 신뢰하는 친구들에게 당신의 연설에 대해서 물어보고 그 연설의 값에 대해 몇 가지 객관적인 평가를 받도록 노력하라.

당신의 약점을 발견하고 그것들을 숨기려 하지 말아라. 약점들을 고치기 위해 무엇인가를 해라.

당신의 장점을 발견하고, 그것들을 강조하고 개발하라.

초보 연설자의 오류

여기에 초보자들이 흔히 저지르는 오류들이 몇 개 있다. 만약 당신이 그러한 것들 중 몇 개를 가지고 있다면, 그것들을 없애도록 노력해라.

"어" 또는 "그리고 어"의 버릇: 우리는 피곤할 때나 생각을 정리할 수 없을 때 또는 너무 오랫동안 글을 읽거나 기계적으로 아무런 생각없이 일을 할 경우 '어—'소리를 낸다. 그러나 연설하는 동안 내내 '어'소리를 섞어 쓰는 것은 연설을 지루하게 만든다.

버릇 고치기 : 초시계를 앞에 두고 마치 라디오 청취자에게 하듯이 당신이 있는 방을 묘사해서 말해 보아라 '어'소리를 내지 않고 45초 동안 얘기를 해봐라

당신 스스로 '어' 소리를 듣지 못한다면 누군가가 당신을 관찰해 주도록 해라. 만약 당신이 실수를 했다면 당신은 또 다시 45초 동안 말하기를 시도를 해야 할 것이다. 창 밖에 보이는 것을 묘사해라. 어떤 뉴스 거리나 짧은 즉석 연설 거리가 되는 화제에 대해 말해 보아라.

변명적인 어조로 시작하기: 최고의 연설가들만이 변명할 여유를 가질 수 있다. 그들은 변명을 하되 바쁜 일정으로 인해 연설을 준비할 충분한 시간이 없을 때만 한다.

청중들은 당신의 변명적인 어조로 시작하는 것을 하나의 관례적인 것으로 생각할 것이다: 아니면 만약 당신이 너무 확신에 차있으면, 그들은 당신의 변명에서 결점들을 찾기 시작할 것이다. 만약 당신이 준비할 충분한 시간을 가지지 못했거나 당신이 그 주제에 대해 많이 알지 못하다면, 될 수 있는 한 그 발표에서 벗어나라. 더 많은 지식을 갖춘 누군가에게 연설을 대신 하도록 하라.

모방자 되기: 연설을 리더스 다이제스트나 당신이 보는 신문의 일요 매거진 부분의 문체나 그 내용을 그대로 베끼지 마라. 그 기사들은 청중들이 읽도록 만들어진 것이다. 그 문체가 당신의 입술에서 나올 때는 청중들은 부자연스럽게 들을 것이다.

당신 자신의 얘기를 만들어라. 만약 잡지 기사가 흥미롭다면 같은 주제로 된 다른 기사를 읽어보고 기록해 두어라. 그리고 거기에 자기의 생각과 관찰을 덧붙여라. 그리고 나서, 당신의 말로 연설을 준비하라.

어떤 물건을 가지고 안절부절 만지작거리고 흔들어 보기도 하면서 놀기;

초보자들은 때때로 동전, 단추, 열쇠, 연필, 펜, 공책 등을 가지고 초조한 놀이를 함으로써 그들의 남은 힘을 써버린다. 그렇게 함으로써 그들은 청중의 주의를 흩트려 놓고 만다. 연단으로 작은 물건들을 가지고 가지 마라. 당신의 메시지에 집중하고 활력이 넘치는 연설이 되도록 당신의 남은 힘을 모두 사용해라.

청중과 관계 부족: 초보자는 혼자만 중얼거리거나 맨 앞좌석에 있는 사람들에게만 말하게 될지도 모른다. 대중연설은 확대된 대화로, 그것은 다른 사람과 의사 소통하는 것이다.

고치기: 먼저 맨 마지막 줄에 있는 사람에게 말해라. 그 다음 당신에게 점점 더 가까이 있는 사람들에게 말하라.

은어: 전문적 직업을 가진 사람들은 다른 직업의 사람들이 전혀 알아들을 수 없는 전문용어를 사용하는 경향이 있다. 예를 들어;

가족의 사회성은 이미 생물학적으로 해결된 문제이고, 우리의 조상에게서 물려받은 신체와 정신 상태 속에 형성되어 있다…… (1953년 12월 에틀랜틱에 잭퀴즈 바르준이 쓴 끔찍한 일례로서 인용된 사회적 사례에서.)

때때로 초보자들은 그런 전문 용어를 사용해서 청중에게 자기의 말을 이해하기 어렵게 하는 것이 감명을 줄 수 있는 것이라고 생각하기도 한다. 연사들은 알기 쉬운 일상의 언어를 사용하여(위의 말을 해석하면): "가족의 삶은 우리들 속에서 태어나고 자란다."라고 말할 때 훨씬 더 큰 감명을 줄 것이다.

무의미한 단어와 구: 명확하게 하라. 이름을 붙여라. 당신이 의미하는 것이 무엇인지 정확하게 말하라.

피해야 할 말: "어떤 것 또는 다른 것", "등등", "똑같은 것", "모든 종류", "여기 있는 것", "저기 그 곳"

또 피해야 할 말: "시작하기 전에 나는 …… 을 말하자고 한다.", "나는 몇 시간 동안이라도 이것에 대해 얘기 할 수 있다.", "나는 이것에 대해 충분히 토론할 시간이 없었지마는……". "나는 이것을 다음 기회로 남겨두어야 하겠다.", "나는 오늘 하는 이 말이 당신을 지루하게 만들지 않기를 기대한다. 그러나……".

이런 구들은 쓸모 없고 사람들을 짜증나게 한다. 그런 말에 의지하고 싶은 유혹을 받지 않기 위해 당신의 연설을 잘 준비해라.

1)연설 능력 검사

무엇이 훌륭한 화자를 만드는가.

이 장에서 얻어진 요점들을 사용, 다음 두 연설간의 차이를 설명해 보라.

(1)내가 말을 시작하기 전에, 다음 주제가 상반된 주제라는 것을 지적하고 싶다. 즉, 자가용 사용이 제한되어야 하는가 아니면 금지되어야 하는가. 요즘엔 자동차가 값이 비싸고 천연 자원을 낭비시킨다고 알려져 있다. 정부는 대중 교통 시설의 필요성을 인정하고 그 시설을 개발하는데 많은 지출을 하고 있다. 그러나 어떤 사람들은 정부가 하는 일이 아직 충분하지 못하다고 느낀다. 길이 차 때문에 막힌다는 사실과 오염이 심각하다는 것 그리고 이러한 사태가 점점 나빠지고 있다는 사실을 고려하지 않고 있다. 그래서 자동차 사용을 반대하는 사람들은 바로 어떤 조치가 취해져야 한다고 말한다.

(2)오늘날 미국에서 많은 논란이 되고 있는 주제 중 하나는, 자가용 사용을 금지 해야하는가 아니면 제한해야 하는가에 대한 것이다. 최근 연구에 따르면 미국 철강의 5분의 1, 천연고무의 60%, 유리제품의 3분의 1, 그리고 감소추세에 있는 다른 자원의 많은 양이 모두 자동차 산업에 쓰여졌다고 밝혀졌다. 정부는 대중교통의 필요성을 인정하고 최근에 연방 철도 운영청, 즉 전국 철도 여객 공사인 '엠트랙'을 설립하는데 3천 4백만 달러를 충당했다. 많은 비평가들은 이것은 더 많은 공공 운송기관을 필요로 하는 거대한 욕구에 부적절한 대응이라고 주장한다. 그들은 미국의 고속도로가 현재 천 오십 만 대의 자동차들로 가득 메워져 거의 질식할 지경이라는 것(세계 전체 자동차의 거의 반쯤)과 이러한 자동차는 일산화 매연과 다른 방사물질로 대기를 오염시키며 나아가 건강을 심각하게 위협할 것이라고 지적한다. 그들은 또한 1975년에 발효된 "깨끗한 엔진"을 요구한 법률이 생기기 전에는 이러한 상황이 더욱 악화되었음을 지적한다. 이러한 비평가들은 자동차와 고속도로의 급증으로 인해 우리가 심각한 건강상의 위협과 사회적 혼란, 그리고 그것들이 야기하는 수많은 문제점들에서 벗어나기 위한 즉각적인 행동을 요구하고 있다.

　데일 카네기의 지지자 모임에서, 한 사람이, 어떤 사업의 유망주와 우연히 만났을 때 카네기의 가르침을 어떻게 응용하였는지를 다음과 같이 증언하였다. "나는 규범집에 있는 것을 모두 행했다. 나는 온화하게 그를 맞이함으로써 그와 관계를 시작하였다. 나는 그에게 미소를 지었으며, 그 자신에 대한 것들을 물었다. 그리고 그가 나에게 말하는 동안 나는 최대한 주의를 집중했다. 나는 자신이 매우 멋있는 사람이라는 그의 견해에 일부러 동조해 주었다. 그는 거의 한 시간 동안 말을 했고, 우리가 마침내 그 모임에서 헤어졌을 때 나는 평생 갈 친구를 사귀었다는 것을 알았다." 그 사람은 잠시 멈추고 숨을 고르더니 "하지만, 이런 참! 그(=사업의 유망주)가 만든 적은 어떻구요"라는 문장으로 자신의 말을 끝맺었다.

— 「맥클린스」 매거진에서

　칼럼리스트 메릴레 스탠리 룩키서가 피치버거 광고 클럽의 오찬회에서 연설할 때, 그는 칼 도저 회장에게 "제가 연설을 얼마 동안 할까요?" 라고 물었다. 그러자 칼은 그에게 웃으면서 말하기를 "당신이 원하는 만큼 오래 하세요. — 우리들은 한 시 반에는 떠날 테니까요."

— 「피치버거 포스트 거제트」(신문)에서 찰스 에프, 댄버

19. 훌륭한 연설의 비밀

　　　　훌륭한 연설에 도움되는 요소들에 대한 다음과 같은 전통적인 연구에서 데일 카네기는, 연설이라는 신비로운 주제의 껍질을 벗겨내어 인위적 구속에서 당신을 자유롭게 하고, 당신을 연단에서 자연스럽고 가장 효과적인 연설을 하게 해주는 네 가지 상식적인 원칙들을 주장하고 있다.

우리가 세계와 관계를 맺는 유일한 네 가지 방법이 있다는 것을 당신은 믿을 수 있는가? 우리는 이들 네 가지 관계에 의해서 우리 스스로가 평가되고 분류된다. 그것은 즉, 우리가 무엇을 하는가, 우리가 어떻게 보는가, 우리가 무엇을 말하는가, 그리고 그것을 어떻게 말하는가 하는 것이다. 이 장에서 우리는 이 중 마지막에 있는 '우리가 그것을 어떻게 말하는가'에 대해 알아 볼 것이다.

　　내가 처음 대중 연설반을 맡아 학생들을 가르칠 때는, 소리 울림을 좋게 하는 방법, 음량을 크게 하는 방법, 억양의 민첩성을 높이는 방법과 같은 음성 연습을 하는데 많은 시간을 보냈다. 그러나 내가 성인들에게 음조를 높은 구강에서 내는 방법과 횡경막으로 숨쉬는 방법, 그리고 유음과 모음을 발음하는 방법을 가르치는 일이 전혀 필요 없다는 것을 매우 빨리 알았다.

　　이런 훈련은 자기 혼자서 음성 전달의 기법을 향상시키기 위해 여러 해 걸쳐 노력하는 사람에게는 매우 좋은 것이다. 나는 내가 가르치는 학생들이 선천적으로 타고난 음성 장치에 만족해야 함을 깨달았다. 만일 내가 학생들에게 음성전달기법을 가르치는데 이전에 쏟아 부었던 그 시간과 힘을 확대시켜, 그들이 스스로 해보려는 것을 방해하거나 일반적으로 학생들이 하기 싫어하는 연습 방법에서 학생들을 벗어나게 하여 그들을 자유롭게 해주는 매우 중요한 일에 나의 힘을 쏟는다면 정말로 기대했던 결과를 빨리 성취할 수 있을 것이다. 그리고 또 그 결과가 오래 지속될 것이라는 것을 알게 되었다. 내가 이러한 것을 알게 된 것을 하나님께 감사한다.

내가 가르치는 교육 과정에는 강한 긴장감에 구속을 받고 있는 어른들을 자유롭게 하는 데 교육 목적이 있었던 수업이 몇 개 있었다. 나는 정말로 학생들이 자기의 속마음을 털어놓고 대화하고, 그들이 진심과 온정으로 세상을 대할 때, 세상도 그들을 그렇게 대한다는 것을 스스로 알기를 무릎을 꿇고 진심으로 바랐다. 그것은 여간 힘든 일이 아니었지만, 그것이 매우 가치 있는 일이었다는 것만은 인정한다. 1차 세계 대전에서 연합군을 승리로 이끈 포크 장군이 전쟁술을 가리켜 "그 생각은 매우 간단했으나 불행히도 그 실제는 매우 복잡했다."라고 말했듯이 말이다. 물론 가장 큰 장애물은 육체적, 정신적 경직성이다. 이는 사람이 성장함에 따라 나타나게 되는 일종의 태도의 경직성인 것이다.

자아 인식의 틀을 깨뜨려라

청중 앞에서 자연스러워지기란 쉽지 않다. 배우들은 그것을 안다. 당신이 4살의 어린애였을 때는 아마도 연단에 서서 청중에게 자연스럽게 말할 수 있었을 것이다. 그러나 당신이 24살이나 44살이 되어 연단에 올라 말하기 시작한다면 어떤 일이 일어날까? 당신이 네 살 때 가지고 있었던 그 무의식적인 자연스러움을 그대로 지속하고 있는가? 아마 그럴지도 모른다. 그러나 당신은 딱딱하고 과장되며 기계적으로 되어서 당신의 외형은 마치 딱딱한 거북이처럼 움츠려들 것이 틀림없다.

연설에 있어 어른들을 가르치거나 훈련시키는 데는 여러 부가적인 특성 가운데 중요한 하나가 있다. 그것은 넓게는 장애물을 없애는 일 중의 하나이다. 즉, 사람들로 하여금 만약 누군가가 그들에게 다가와서 말없이 그들을 때려눕힐 때, 그들이 당연하게 반응하게 될 바로 그 자연스러움으로 말하게 하는 것이다.

나는 연사들이 말하는 도중에 연설을 멈추게 하고 그들에게 "사람처럼 말하라"고 간청한 것이 수백 번이다. 나는 내 반 훈련생들에게 자연스럽게 말하도록 훈련시키는데 온힘을 쏟았기 때문에 정신적으로 피곤하고 지친 상태가 되어 집으로 돌아오곤 했던 일도 수백 일이나 되었다. 아니, 그것은 정말로 말처럼 쉬운 것이 아니었다.

내가 가르친 학기 중에 방언이 섞여 있는 대화의 일부를 연기해 보라고 학생들에게 시켜보았다. 나는 그들을 마음껏 그들의 극적인 이야기 속으로 빠져들게 했다. 그들이 그렇게 했을 때 비록 바보처럼 행동했을지도 모르지만, 그들은 놀랍게도 그 이야기를 하는 동안 그리 나쁘지 않는 느낌을 발견했다. 학급 학생들은 몇몇 학생들이 보여준 그 극적인 능력에 너무나 놀라워했다. 내 말의 요지는 당신이 일단 집단 앞에서 툭 터놓고 이야기를 한다면 그 대상이 개인이건 혹은 집단이건 이야기하는 일이 아무리 평범한 일이 되어도 좀처럼 망설이지 않게 된다는 것이다. 당신은 당신의 자의식으로부터 자유로워진 것이다.

당신이 느끼는 그 갑작스런 자유는 마치 새장 안에 갇힌 새가 새장을 탈출한 것과 같다. 당신은 사람들이 극장이나 영화관에 떼지어 가는 이유를 알게 될 것이다. 그 이유는 거기에서는 그들의 친구들이 거의 아무런 제약 없이 행동하는 것을 볼 수 있고, 또 거기에서 그들은 감정을 솔직히 표현하는 사람들을 쉽게 볼 수 있기 때문이다.

남을 모방하려 하지 마라 ─ 당신 본연의 모습을 보여주어라

연설할 때 흥행 수완을 발휘 할 수 있는 사람, 자신을 표현하는 데 두려워하지 않는 사람, 청중에게 독특하며 개인적이고 상상력이 풍부한 방법을 사용하여 말하는 것을 두려워하지 않는 사람을 우리는 모두 존경한다. 1차 세계 대전 종식 직후에 나는 런던에서 로스 경과 케스 스미스 경이라는 두 형제를 만났다. 그들은 호주 정부에서 주는 상금 5만 달러를 받기 위해 런던에서 호주로 갔다가 첫 비행기로 금방 다녀온 상태였다. 그들은 대영 제국 도처에서 큰바람을 일으켰고 왕으로부터 기사 작위까지 받았다.

풍경 사진사로 유명한 허레이 대위는 그 두 사람의 여행을 활동 사진에 담기 위해 그들과 함께 비행기를 타고 갔다. 그래서 나는 그들에게 그들이 비행기를 타고 가면서 겪었던 일을 실례로 들어가면서 여행 이야기를 준비하는 데 도왔으며, 그것을 연설하도록 그들을 훈련시켰다. 그들은 런던 필하모니 공연장에서 네 달에 이틀 정도는 연설을 했다. 오후에 형제 중 한 명이 연설하면 밤에는 다른 형제가 연설을 했다.

분명히 그들은 세계의 반을 나란히 앉아 비행하는 동일한 경험을 했으며 문자 그대로 거의 같은 내용의 연설을 했다. 하지만 웬일인지 결코 같은 이야기처럼 들리지 않았다.

이야기 속에는 단순한 단어들 이외의 중요한 무엇인가가 있었다. 그것은 바로 말을 전달할 때 들어있는 독특한 풍미로서, 당신이 무엇을 말하느냐가 아니라 오히려 당신이 어떤 방식으로 말하느냐 하는 것이다.

위대한 러시아의 화가 브룰로프는 한때 학생들의 습작을 고쳐준 적이 있었다. 학생들은 바뀌어진 그림을 보고 놀라, "당신이 조금만 손을 댔을 뿐인데, 그림이 아주 다른 것이 되어버렸군요. 왜 그렇습니까?" 라고 외치자, 브룰로프가 대답하기를 "예술은 매우 작은 것에서부터 시작한단다."하고 말했다. 이것은 그림 그리기와 루빈스테인의 연주에서 사실인 것처럼 '말하기'에도 당연히 사실이다.

똑같은 것도 단어를 어떻게 매만지느냐에 따라 진실성이 다르게 배어나게 된다. '모든 것은 그 문제 자체가 아니라 사람이 말하는 태도에 달려있다.'고 하는 옛말이 영국의회에서 오랫동안 전해져 오고 있는데, 그 말은 옛날 영국이 로마의 외딴 식민지였을 때 퀸틸리안이 한 말이다.

　"포드 차들은 모두 똑같다"라고 차를 만든 사람은 말하곤 했다. 그러나 완전히 똑같은 것은 없다. 모든 삶은 태양 아래 항상 새로운 것이다. 완전히 동일한 것이란 이전에도 없었고 앞으로도 결코 없을 것이다. 젊은이는 자아를 바라보는 눈을 가져야만 한다. 그는 자기를 다른 사람과 다르게 만들어주는 유일하고 번득이는 개성을 찾아야만 한다. 그리고 자기의 모든 가치를 걸고 그것을 개발해야 한다. 사회와 학교는 젊은이의 개성을 무시하려 할지도 모른다. 사회와 학교는 우리 모두를 같은 틀에 짜 넣으려는 경향이 있다. 그러나 나는 번득이는 재능을 잃어버리도록 내버려두어서는 안 된다고 말한다. 그것이야말로 당신이 반드시 주장해야할 중요한 것이다.

　그 번득이는 재능은 효과적인 연설에도 매우 중요하다. 이 세상에는 당신과 같은 사람이라고는 아무도 없다. 수천만의 사람들이 눈, 코, 입을 가졌지만 그들 중 아무도 당신과 똑같이 생긴 사람은 없다. 그들 중 당신과 똑같은 성격과 방식, 그리고 마음씨를 가진 사람은 아무도 없으며, 당신이 자연스럽게 얘기할 때와 똑같이 얘기하고 표현하는 사람 또한 거의 없다. 다시 말하면, 당신은 개성을 가지고 있으며, 연설가에게 그 개성은 가장 고귀한 재산이다. 그 개성을 계속 유지하고, 소중히 여기고, 개발시켜라. 그것은 당신의 연설에 힘과 진실성을 불어넣어 줄 활기이며, 그것은 당신이 주장해야할 중요한 것이다. 나는 당신이 스스로를 어떤 틀에 짜 넣어 당신의 특성을 잃어버리지 않기를 간절히 바란다.

라디오나 텔레비전에서 말하기

라디오나 텔레비전에서 말할 때는 특수한 점이 있다. 청중들은 직접 당신을 볼 수 없으며, 당신은 그들이 당신을 즐겁고, 따뜻하고, 성실한 사람으로 생각하기를 기대한다. 당신은 청중들을 볼 수 없으며, 그들의 직접적인 반응을 알 수 없다. 당신 앞에는 오로지 기계 장치나 마이크로폰 — 그리고 텔레비전에서는 어마어마하게 큰 카메라만 있을 뿐이다.

만약 당신의 시선과 생각을 기계 장치에 집중하면, 당신은 실제 듣는 이와 직접 대화하는 느낌을 갖기 어렵다는 것을 발견할 것이다. 그러므로, 말을 할 때는 당신의 말을 듣는 사람들을 생각하라. 스튜디오에 둘러싸인 장치들은 잊어버려라. 이것들은 청중들이 당신의 말을 밋밋하고 표정 없이 듣지 않도록 도와줄 것이다.

비록 한 홀에 모일 수 있는 관중들보다는 더 많은 청중들이 있더라도, 그들은 각각 개인적으로 당신의 말을 듣고 있다. 그러므로 당신은 단지 한 사람 아니면 두 사람과 대화하는 것처럼 연설을 하라. 공식석상에서 하는 전형적인 연설로 생각하지 마라.

탁자에 앉아서 탁자 위에 팔꿈치를 기대라. 그리고 마치 탁자 맞은 편 끝에 청중들이 앉아있다고 생각하면서 말하라.

이 사람들과 함께 말하고, 그들에게 말하라. 그들에게 일방적으로 말하지 마라.

생기 있는 목소리와 활기찬 대화를 유지하라. 질문 하나마다 한 문장으로 답하도록 하라. 다음 문장은 당신의 머리에서 금방 갑작스럽게 떠오른 생각처럼 되게 하라. 마치 적당한 단어를 찾는 것처럼 잠시 쉬어라. 적절한 단어를 생각하기 전에 "왜냐하면"이나 "결코", 또는 "간단히 말하면"과 같은 말을 생각하라. 마치 말을 연습한 것과 같은 모습은 보이지 마라. 당신이 말하고 있는 것이 그들에게 처음으로 말하는 것이라는 환상을 청중들에게 심어 주어라.

강하면서도 주의를 집중시키는 문장으로 시작하라. 왜냐하면 당신이 청중의 관심을 끌지 못하면, 청중도 당신의 말에 흥미를 잃을 수 있기 때문이다. 청중이 당신의 말을 나중에라도 방송을 통해 다시 들을 수도 있으므로 늦게라도 막간에 요점을 반복해서 말하라.

어쨌든 당신의 말을 듣고 있을 것이라고 상상하는 한 두 명의 가공의 인물이 그 주일, 그 날, 그 시간에 들을 수 있는 청중들의 대표자라고 해두자. 당신 스스로에게 물어 보라. 지금 누가 당신의 말을 가장 귀기울여 듣고 있을 것 같은가? 바쁜 주부, 긴장이 풀린 사무실직원, 아니면 일요신문을 뒤적거리는 사람인가?

방송실 아나운서는 마이크를 당신 머리나 입에서 8인치가 되든, 한, 두 자가 되든 가장 적당한 거리를 유지하라고 당신에게 말할 것이다. 그 거리가 얼마가 되든지 간에 그 거리를 유지하라. 좌우나 앞뒤로 엉키듯 움직이지 마라. 목소리를 어느 정도 크게 하려고 할 때면, 약간 뒤로 물러서라. 어떤 부분에서 조용하게 말하려고 할 때는 "마이크"에 약간 더 가까이 다가서라.

당신 목소리를 마이크 바로 한가운데 맞추지 말고 약간 마이크 옆쪽에 맞추어라. 나직이 숨을 쉬어라. /ㅂ/, /ㄱ/, /ㅍ/, /ㅋ/, /ㅌ/ 소리를 너무 많이 파열시키지 마라. 당신이 실제 청중들 앞에서 말하는 것보다 조금 빠른 속도로 말하라. 일분에 140에서 180단어로 말하되 150단어가 가장 좋다. 스튜디오에 도착하기 전에 이러한 비율로 연습하라.

큰 목소리로 낱말을 강조하는 것을 피하라. 대신, 소리높이의 변화, 쉼, 그리고 어법을 바꿈으로써 강조하라.

비록 당신이 연설문을 읽어가더라도 적어도 연설시간의 1/3은 원고에서 눈을 뗄 수 있도록 그 자료를 충분히 알아두어라. 입과 마이크 사이에 원고를 놓지 마라. 그리고 원고를 다 읽었으면 조용히 한쪽에 치워 두어라.

당신에게 주어진 시간을 채우기 위해 충분한 자료를 준비하라. 일 분에 타이프 원고로 14줄에서 16줄 또는 150단어가 되도록 하라. 시간이 부족하지 않도록 약간의 여분만 준비하라. 3분이나 4분, 5분 단위로 원고에 표시를 해두라. 그 길이가 몇 분이든 연설의 전체 시간 길이에 적당한 것을 선택하라. 혹시 당신이 시간을 넘기고 있다는 것을 알았을 경우에 대비해서 말을 끊을 수 있도록 자료를 괄호로 표시하라. 결론 부분에 충분한 시간을 가질 수 있도록 하기 위해 일정한 다음부터 마지막 쪽까지를 과감히 끊어 버릴 수 있도록 준비해 둬라.

텔레비전 방송에서는 지금 사용하고 있는 카메라 쪽을 향하라(그것은 불빛
이나 다른 것으로 지시해 준다). 거기에 있는 한 가공의 인물에게 초점을 맞추
어 그 사람에게 말하라. 라디오의 경우와 마찬가지로, 당신이 대중에게 말하
고 있다기보다 개개인에게 말한다고 생각하면 당신의 말은 훨씬 더 반응이 좋
을 것이다. 시선의 초점을 흐리지 않도록 하라. 왜냐하면, 시선의 초점을 흐리
면 당신의 말이 청중을 그냥 통과하거나 지나치면서 말하는 것처럼 보이기 때
문이다.

몸짓은 목적에 충실하도록 하라. 복잡한 몸짓이나 빠르고 갑작스런 움직임
은 피하라.

당신의 말 속도는 1분에 약 125 단어 정도로 정상적인 말이 되도록 해야
한다. 머리 위나 목에 걸고 있거나 숨겨져 있는 마이크에 말해야 한다는 걱정
은 필요가 없다.

청중과 함께 이야기하라

수 천명의 사람들에게 말하는 전형적인 방식에 대한 실례를 보여주겠다. 나
는 스위스 알프스 산맥에 있는 여름 휴양지인 뮤렌에 우연히 머물게 되었는
데, 런던의 한 회사가 운영하는 호텔에 묵었다. 그런데 그들은 영국으로부터
손님들에게 강연을 해 줄 두 명의 강연자를 매주 보내왔다. 그들 중 한 명은
영국의 소설가로 잘 알려진 사람이 있었다. 그녀의 주제는 "미래의 소설"이
었는데, 그것은 자기가 정한 것이 아니라고 시인했다. 요컨대 그녀는 자기가
주의를 기울여 이야기할 만한 가치 있는 주제가 아무것도 없었다고 하였다.
그녀는 황급히 두서 없이 메모를 하고 청중 앞에 서서 청중을 무시하고 심
지어 그들을 바라보지도 않았으며, 때로는 그들의 머리 위를, 때로는 그녀의
메모를, 때로는 바닥을 응시했다. 그 소설가는 꿈꾸는 듯한 멍한 눈길로, 멀
리서 아득하게 들리는 목소리로 허공에 단어들을 늘어놓았다.

그 소설가는 결코 말을 하고 있는 것이 아니라, 독백을 하고 있는 것이었
다. 그것은 의사소통으로서의 의미를 가지고 있지 않았다. 의사소통을 나눈

다는 느낌은 훌륭한 연설을 하는데 가장 본질적인 것이다. 청중들은 말하는 이의 머리와 가슴에서 그들의 머리와 가슴으로 곧바로 전달되는 어떤 메시지가 있음을 느껴야만 한다. 내가 방금 예를 든 그런 종류의 이야기는 고비사막의 물 없는 황무지에서 소리를 외치는 것이라고 해도 좋다. 사실, 그것은 살아있는 인간의 무리에게 전달하기보다는 아무도 없는 어떤 장소에 전달되는 것같이 들렸다.

이제까지 많은 사람들은 연설에 대해 수많은 허튼 소리와 군소리를 썼다. 그것은 법칙과 의식에 가려져 신비로운 것처럼 들렸다. 구식의 "발성법"은 연설을 종종 우스운 것으로 만들곤 하였다. 사업가들은 도서관이나 서점에 가서 쓸모가 전혀 없는 "웅변술"이라고 쓰여진 책을 찾아왔다. 세상이 다른 방향으로 발전되었음에도 불구하고 오늘날 미국의 거의 모든 주에서 학교 학생들은 아직도 '웅변가의 웅변술' — 다람쥐 머리로 된 타이어 펌프와 같이 쓸모 없거나 깃펜으로 쓴 구식인 것 —을 억지로 외우도록 강요당하고 있다.

수십 년이 지나면서 완전히 새로운 연설학교가 갑자기 생겨났다. 시대 정신에 따라 그 학교는 자동차처럼 현대적이고 실제적이며, 전보와 같이 직접적이며, 말하는 광고처럼 능률적으로 학생을 가르쳤다. 한때 유행했던 기교적 재치는 오늘날 청중들에 의해 더 이상 허용되지 않을 것이다.

사업 회의석상에 15명이 있든, 연단 아래 수 천명이 있든지 간에 현대의 청중들은 연사가 마치 잡담을 하는 것처럼 직접적으로 이야기하기를 원한다. 그리고 청중들 중 어느 한 명에게 대화하는 것과 똑같이 일상적인 태도로 말하길 원한다. 단지 더 큰 힘과 정열을 바쳐서 말할 것을 원한다. 자연스럽게 보이기 위해서 연사는 한 명에게 말하는 것보다 40명에게 말할 때 더 많은 힘을 쏟아야 한다. 이것은 마치 빌딩 꼭대기에 있는 동상을, 땅위에서 그것을 바라보는 사람에게 살아있는 것과 같은 크기로 보이기 위해서는 거대한 크기로 만들어져야 하는 것과 마찬가지이다.

네바다 주의 한 금광 광산에서 마크 트윈의 강연이 끝나갈 무렵, 늙은 한 채굴자가 그에게 다가가서 "웅변할 때 당신의 자연스런 음조를 그들에게 들려주시오"라고 요구했다. 청중이 바라는 것이 바로 그것이다. 즉, 조금 과장 되긴 했지만 "자연스러운 음조의 웅변"인 것이다.

이처럼 넓은 의미에서 '자연스러움'이라는 비결을 얻을 수 있는 유일한 방법은 오로지 연습에 의한 것이다. 그리고 당신이 연습할 때, 과장된 태도로 말하고 있다는 것을 알게 되면, 잠시 쉬었다가 스스로 자기 마음속으로 준엄 하게 말해보라. "자! 무엇이 잘못되었지? 정신차려, 인간적으로 해!". 그리고 나서 마음속으로 청중들 가운데 한 사람을 선택해라. 즉, 뒤에 앉은 사람 아 니면 당신이 보기에 가장 주의가 산만한 사람을 선택하고, 그 사람에게 말하 라. 그 외에 다른 누군가가 있다는 사실을 잊어버려라.

그 사람과 함께 대화하라. 그가 당신에게 질문하고 당신이 그것에 대답하 고 있다고 상상해라. 그리고 그것에 대답할 수 있는 사람은 오직 당신뿐이라 고 생각해라. 만약 그가 일어서서 당신에게 질문하고 당신이 그에게 대답한 다면, 그 과정은 즉시 그리고 반드시 당신의 연설을 훨씬 더 대화답고, 훨씬 더 자연스러우며, 훨씬 더 직접적인 것으로 만들어 줄 것이다. 그러므로 그것 이 바로 일어나고 있다고 상상해라.

당신은 실제로 질문을 하고 그 질문에 대답하는 것으로 진행할 수도 있 다. 예를 들어, 당신이 말하는 도중에 당신은 "이런 주장에 대해 내가 어떤 증거를 가지고 있냐고 당신이 묻고 있겠지요? 나는 충분한 증거를 가지고 있 고 여기 이것이…"라고 말할 수도 있다. 그리고 나서 그 질문에 대한 대답으 로 계속 진행한다. 이러한 것은 매우 자연스럽게 이루어질 수 있고, 연설의 단조로움을 깨뜨릴 것이며, 연설을 직접적이고, 유쾌하고, 대화답게 해 줄 것 이다.

당신이 존 헨리 스미스에게 했던 것과 똑같이 상공회의소에 가서도 그렇 게 얘기해 보아라. 상공회의소의 회의가 무엇인가? 결국 한낱 존 헨리 스미스 와 같은 사람들이 모인 것이 아닌가? 그 사람들 각자에게 성공을 거둘 수 있 는 이야기와 동일한 방법이 집합적으로 모여있는 그들에게도 성공을 거둘 수 있는 올바르고 합리적인 방법이 아닌가?

　이 장 앞쪽에서 어떤 소설가의 강연을 다루었다. 그 소설가가 연설했던 바로 그 연회장에서, 우리는 며칠 후 올리버 로지 경의 얘기를 듣는 기쁨을 안았다. 그의 주제는 "원자와 세계"였다. 그는 반 세기 이상을 그 주제에 대해 생각하고, 연구하고, 실험하고, 조사하는데 전념했다. 그는 본질적으로 그의 머리와 가슴과 삶의 일부분에 거기에 대한 무언가를 가지고 있었다. 즉 그는 그토록 말하고 싶어했던 그 어떤 것을 가지고 있었다. 그런데 그는 "연설"하려고 하는 것을 잊었다. 말하려고 한 내용은 그것은 그의 걱정거리가 전혀 아니었다. 그는 청중들에게 원자에 관해서 정확하고, 이해하기 쉽고, 감동적으로 말하는 데에만 신경을 썼다. 그는 그가 본 것을 우리가 보고, 그가 느낀 것을 우리가 느끼게 하려고 열심히 노력했다.

　그리고 그 결과는 어떻게 되었는가? 그는 훌륭한 연설을 했다. 그 연설은 매력과 힘 둘 다를 가지고 있었다. 그것이 청중들에게 깊은 감명을 주었다. 그는 비범한 능력을 가진 연설가였다. 그렇지만 그는 자기를 그런 능력을 가진 연설가로 보지 않았다고 나는 확신한다. 심지어 그의 연설을 듣고 그를 "대중 연설가"로 여긴 사람은 거의 없었다는 것도 나는 확신한다.

　만약 당신이 대중 앞에서 연설할 때, 청중들이 당신을 공공연설에 대한 훈련을 받은 것으로 여긴다면, 그것은 결코 당신 선생님 — 특히 내가 이끄는 학습과정의 교사 — 의 자랑이 되지 못할 것이다. 당신 선생님은 당신이 철두철미하게 자연스럽게 말하여 당신이 "공식적"으로 훈련받았다는 것을 청중들이 결코 꿈에도 생각하지 못할 정도가 되기를 바란다. 좋은 창문은 그 자체에 주의를 끄는 것이 아니라, 단지 빛을 통과시킬 뿐이다. 훌륭한 연설자도 이와 같다. 당신은 청중들이 당신의 연설태도에 전혀 주목하지 않을 만큼 다정하고 자연스럽게 해야 한다. 즉, 청중들은 단지 당신이 말하는 내용만을 의식하는 것이다.

연설에 당신의 마음을 담아라

성실과 정열과 깊은 열성 또한 당신의 연설을 도와 줄 것이다. 어떤 사람이 자기 감정에 영향을 받을 때, 그의 진실된 자아가 표면에 떠오르며, 장애물들은 무너진다. 그의 감정이 내뿜는 열기는 모든 장벽을 불태워 없애 버린다. 그는 말하는 동시에 행동으로 옮기게 되며, 그것은 지극히 자연스럽다.

그래서 결국 연설을 올바로 하는 방법은 앞에서 이미 여러 번 반복하여 강조한 것으로 되돌아온다. 즉, 당신의 말 속에 애정을 불어 넣어라는 것이다.

예일 성경학교 앞에서 딘 브라운은 설교에 관해서 말한 적이 있다. "한 친구가 런던에서 언젠가 한 번 참석했던 교회예배에 관해 말한 것을 나는 결코 잊지 못할 것입니다." 설교자는 죠지 맥도날드였는데, 그는 그 날 아침 히브리서 11장을 성서 봉독으로 읽었다. 설교할 시간이 되었을 때, 그는 "여러분들은 여기 있는 사람들의 믿음에 대해 모두 들었을 것입니다. 나는 믿음이 무엇인지 여러분께 말하려고 하지 않겠습니다. 내가 말할 수 있는 것보다 훨씬 더 잘 할 수 있는 신학교수들이 계십니다. 나는 여러분이 믿는데 도움을 주려고 여기에 있을 뿐입니다." 그의 말을 듣는 모든 사람들의 가슴과 마음속에 믿음의 싹이 돋도록, 영원히 보이지 않는 진실들 속에 존재하는 자기의 믿음을 간단 명료하면서, 진심에서 우러나고 위엄 있게 설교를 계속해 나갔다.

그는 자기 일에 진솔한 마음을 실었다. 그리하여 그의 연설은 효과적이었다. 왜냐하면 그것은 그 자신의 내면적 삶의 참된 아름다움에 의존했기 때문이다.

"그는 자기 일에 마음을 실었다". 그것이 비결이다. 하지만 나는 이와 같은 충고는 대중적이지 않다는 것을 알고 있다. 그것은 막연하게 보이고 불분명하게 들린다. 보통사람들은 누구나 알 수 있는 규칙, 확실한 것, 직접 만질 수 있는 것, 차를 운전하는 지침서와 같이 명확한 규칙을 바란다.

그것이 그들이 원하는 것이며, 내가 그들에게 주고 싶어한 것이기도 하다. 그것은 그들에게도 쉬운 일일 것이고, 나에게도 쉬울 것이다. 거기에는 그러한 규칙들이 있다. 그러나 그 규칙들에는 단 한 가지 작은 오류가 존재하는데, 그것은 그 규칙들이 전혀 효과가 없다는 것이다. 그 규칙들은 연설에서 자연스러움, 자발성, 인생 그리고 정의 모든 것을 빼앗아간다. 내가 젊었을 때 그 규칙들을 시도해보려고 많은 힘을 허비했다. 그것들은 이 글에 실리지 않았다. 왜냐하면, 죠스 빌링스가 그의 영광된 어느 한 순간에 발견했던 것처럼, "별로 쓸모 없는 것들을 그토록 많이 아는 것은 아무 소용이 없기" 때문이다.

목소리가 힘있고 탄력성 있게 되도록 연습하라

우리는 우리의 생각을 청중들과 실제로 주고받을 때, 다양한 음성적, 신체적 요소들을 많이 사용한다. 어깨를 으쓱하고, 팔을 움직이고, 이마를 주름지게 하고, 목소리를 높이고, 피치나 억양에 변화를 주고, 경우나 사건에 따라 빨리 또는 천천히 말한다. 이러한 모든 것들은 결과이지 원인이 아니라는 것을 기억하는 것이 좋다. 소위 변수 또는 음조의 억양법이라고 하는 것은 우리의 정신적, 정서적 상태에 직접적인 영향을 받는다. 바로 그것이, 우리가 청중 앞에 나설 때마다 우리가 알고 있고, 우리가 흥미를 가지고 있기 때문에 청중들과 꼭 나누어 갖고 싶어하는 주제를 선택하는 것이 왜 그토록 중요한가 하는 이유이다.

우리들은 대부분 나이가 들어감에 따라 어릴 때의 자발성과 자연스러움을 잃기 때문에, 물리적이고 음성적인 의사소통의 틀에 빠지는 경향이 있다.

우리는 어조의 높낮이를 거의 변화시키지 않는다. 우리는 너무 느리게 또는 너무 빠르게 말하는 습관에 젖을 수도 있다. 그래서 그 말투가 때로는 남을 희롱하고 부주의한 말투가 될 수도 있다. 이 장에서 우리는 자연스럽게 행동하라고 호소해왔다. 그래서 당신은 당신이 자연스럽기만 하다면 모든 나쁜 말투나 단조로운 연설도 옹호될 것으로 생각할 지도 모른다. 반대로 나는 우리가 활기차게 우리의 생각을 표현한다는 의미에서 자연스러워야 한다고 말하는 것이다. 훌륭한 연설가는 오히려 폭넓은 어휘와 풍부한 말투와 상상력으로 또 다양하고 힘찬 표현을 하기 위해 끊임없이 노력할 것이다.

　소리의 크기와 어조의 다양성 그리고 속도라는 면에서 자기의 말을 평가하는 것은 훌륭한 생각이다. 이것을 하는 데 녹음기를 활용할 수도 있다. 그리고 이런 평가를 하는데 당신 친구의 도움을 얻는 것도 역시 유용하다. 그러나, 이것들은 청중들과 분리하여 연습하는 영역임을 기억하라. 청중 앞에서 기교에 신경을 쓰는 것은 연설의 효율성에는 치명적이다. 일단 청중 앞에 서면 이야기에만 자신을 쏟아 부어라. 당신의 모든 존재를 청중에게 정신적, 정서적 영향을 주는 것에만 혼신의 힘을 다하라. 그러면 십중팔구 당신이 책에서 얻을 수 있었던 것보다 더 강하고 힘있는 연설을 할 수 있을 것이다.